LÍDER... LO QUE NO TE DEJA DORMIR

LÍDER... LO QUE NO TE DEJA DORMIR

CÓMO RECONOCER Y RESOLVER LAS CUESTIONES MÁS PROBLEMÁTICAS QUE SE PRESENTAN AL GESTIONAR

NICOLE LIPKIN

GRUPO NELSON
Una división de Thomas Nelson Publishers
Desde 1798

NASHVILLE   MÉXICO DF.   RÍO DE JANEIRO

Título en inglés: *What Keeps Leaders Up at Night: Recognizing and Resolving Your Most
Troubling Management Issues*
© 2013 por Nicole Lipkin
Publicado por AMACOM, una división de la American Management Association,
International, Nueva York. Todos los derechos reservados.
AMACOM, a divison of the American Management Association, International, New
York. All rights reserved.

Editora en Jefe: *Graciela Lelli*
Traducción: *María Pia Caputo*
Adaptación del diseño al español: *Ediciones Noufront / www.produccioneditorial.com*

ISBN: 978-0-52910-984-2

Impreso en Estados Unidos de América
15 16 17 18 19 RRD 9 8 7 6 5 4 3 2 1

A todas las personas que han enriquecido mi vida.

Contenido

Contenido

Agradecimientos

MUCHA GENTE MARAVILLOSA HIZO POSIBLE este libro. Sin mi equipo de apoyo habría pasado muchos días atormentada y muchas noches sin dormir luchando con el manuscrito pero, en cambio, mis amigos y colegas convirtieron esta experiencia en una aventura divertida, agradable e inspiradora.

Algunas personas merecen una mención especial. En primer lugar, mi agradecimiento más cálido y sentido para mi agente literario, mi colaborador en la escritura y, aun más importante, mi amigo Michael Snell. Su aporte creativo y sus contribuciones editoriales ayudaron a darle al libro su forma final. Trabajar tan cerca de él me benefició tanto en lo profesional como en lo personal y me ha hecho muy consciente de mi propensión a las metáforas.

Debo brindarle un saludo a viva voz a mi editor secreto, creador de ideas, gran amigo, animador y saco de boxeo personal, Justin Crump. Gracias, Justin, por soportar toda la locura y por ayudarme incansablemente a organizar mis pensamientos e ideas, dentro y fuera de las páginas. Nada ilumina más mi día que una sana dosis de tu seco humor británico.

Le debo también un agradecimiento especial a la maga de las palabras *par excellence* Patricia Snell, que escudriñó cada capítulo para ajustar la redacción y pulir el relato. La doctora Ann Bowers-Evangelista enfocó su ojo de águila en el contenido psicológico y empresarial, me brindó sugerencias iluminadoras y me desafió a examinar los temas desde diferentes perspectivas. Gracias, Ann. A mi reforzadora de la confianza, confidente y gurú de la mercadotecnia, Betty Rauch, le mando un beso enorme.

Aprecio profundamente todos los esfuerzos de la gente de AMACOM Books, en particular de mi editora Christina Parisi y su editor asociado, Michael Sivilli. Muchas gracias por sus consejos, ediciones, defensas y su gran sentido del humor. Y gracias a ti, mi correctora, Carole Berglie, por dar los toques finales, y a ustedes —querido equipo de diseño, específicamente Michael Warrell— por hacer que este libro se vea maravilloso.

También quisiera expresarle mi ilimitado aprecio a todos mis compañeros de trabajo por prestarme su apoyo y reemplazarme en mis tareas mientras aprovechaba la luz del día y me quedaba hasta tarde en la noche escribiendo este libro. Y, queridos clientes, tengo con ustedes una gran deuda de gratitud por darme la oportunidad de seguir haciendo el trabajo que amo.

Me gustaría en especial reconocer grandemente a mi hermano y querido amigo, Ethan, no solo por su ayuda con este libro, sino también por ser mi fanático número uno, el que me devuelve la perspectiva y me recuerda que está bien tomarse una hora libre cada tanto. Del mismo modo, quisiera agradecer en especial a Till por su permanente aliento, amor, apoyo y bromas. No puedo siquiera enumerar a todos los amigos maravillosos que hicieron posible esta empresa estando a mi lado, apoyándome y haciéndome reír a lo largo del camino. Ustedes saben quiénes son. No obstante, debo destacar a tres mujeres fenomenales (Hilary, Rosa y Ali) que reflexionaron conmigo durante largos días y noches. Su amor incondicional, su perspectiva fresca y sus abrazos imprevistos me ayudaron más de lo que puedan imaginarse. Casi a lo último (pero no por eso menos importante), un enorme beso a El Guapo, Meatball y Kreplach, mis adorables gatitos, los cuales hicieron lo que saben hacer mejor: estar pegados a mí (o sobre el teclado, mi cabeza, mi regazo o los apuntes de la investigación), día tras día, durante los últimos nueve meses. Por último, pero en extremo no menos importante, agradezco el recuerdo de mis padres. Sin su gracia, humor, amor y fuerza nunca habría llegado a este momento, el más increíble de mi vida.

¿En qué estaba pensando?

DEJÉ EL MUNDO EMPRESARIAL ESTADOUNIDENSE en el año 2005 para dedicar toda mi energía a establecer un consultorio de servicios psicológicos y de asesoramiento. Para lograrlo, traté de contratar solo a profesionales de la salud mental bien equilibrados que necesitaran un mínimo de supervisión. Estas personas automotivadas, con los pies en la tierra y de buen carácter han forjado sus propias prácticas profesionales bajo la dirección de mi empresa.

Cuando la compañía creció y comencé a desarrollar mi negocio de consultoría para el liderazgo, tuve la necesidad de contratar a alguien que se ocupara de las tareas de rutina. Había elaborado en mi cabeza una descripción del puesto, la cual incluía manejar las remisiones de los clientes, la facturación médica, las cuentas a cobrar y a pagar, así como otros procedimientos administrativos generales. Contraté a una mujer joven, Hope, que en realidad nunca había operado una oficina, sino que quería convertirse en psicóloga. Hope le aportaba al empleo lo que parecía una experiencia útil en las relaciones con los clientes, el reclutamiento y la mercadotecnia. Y parecía aprender rápido, dando la impresión de que era alguien que podía incorporar las habilidades que necesitaba en un abrir y cerrar de ojos.

Desde el primer día, le enseñé el aspecto comercial de la psicología, una valiosa lección para alguien que comienza una carrera en este campo, ya que eso no se aprende en la universidad. Además de los procedimientos básicos de un consultorio médico, traté de convencerla gentilmente de que necesitaría dos cualidades importantes para seguir la carrera elegida: profesionalismo y aplomo. Hope era un típico exponente de su generación. Poseía un gran idealismo con respecto a su futuro y, al mismo tiempo, la sensación de tener derecho a las cosas buenas de la vida. A pesar de mis mejores esfuerzos, se fue convirtiendo poco a poco en mi peor pesadilla. Cometía errores descuidados y costosos al facturar y llevar la contabilidad. Trataba tanto a los pacientes como a los profesionales con una actitud arrogante. Sin la capacidad ni el deseo de prestar atención a los detalles de su trabajo, rara vez hacía seguimiento a las tareas importantes sin que tuviera que recordárselo varias veces. Los profesionales se quejaban constantemente, y en ocasiones solo se resignaban y hacían el trabajo que ella debía haber hecho.

Mi paciencia se agotaba. Estaba perdiendo más tiempo supervisando detalladamente a Hope que el que habría invertido haciendo el trabajo yo misma. La consulta sufría, estábamos perdiendo miles de dólares en errores de facturación y la tensión crecía de un modo alarmante, así que llamé a Hope para hacer una revisión de su desempeño. Como seguía pensando que podía lograr que volviera al buen camino, no consideré despedirla. Simplemente no podía aceptar la idea de que había cometido un error al contratarla en primer lugar. Mientras criticaba su trabajo, le dije que no podía concederle un aumento, pero que me gustaría trabajar con ella para fijar metas que mejoraran su rendimiento en los siguientes seis meses. Una alicaída Hope me dijo finalmente: «Nicole, en realidad no estaba esperando un aumento. Sé que sigo cometiendo errores. Pero quiero que sepas lo difícil que es tener mi edad y seguir dependiendo de mis padres para pagar el teléfono celular, las tarjetas de crédito y las vacaciones». ¿Cómo? Cuando le sugerí que hiciera un mejor trabajo para ganarse un aumento o consiguiera otro empleo a tiempo parcial, o incluso que encontrara uno que pagara mejor, me respondió entre lágrimas: «Pero, Nicole, se suponía que este era un año ¡para DIVERTIRME!».

Debí haberla echado ese día (o tres meses después de haber comenzado), pero me aferré a la esperanza de que iba a cambiar, lo cual probaría que yo era una buena jefa. Como probablemente has adivinado, la situación solo empeoró. Me estaba ahogando en un mar de frustración, estrés y enojo. Me encontraba atrapada en el lodo del *statu quo*, poco dispuesta a considerar un cambio y reducir mis pérdidas. Mis prejuicios cognitivos se habían desbocado e interferían con mis creencias, actitudes, pensamientos, conductas y mi capacidad para tomar decisiones. Mi estrés en aumento me volvió sorda, muda y ciega. Lo único que hacía era quejarme a espaldas de Hope y tratarla de manera contradictoria. De un modo extraño, le pagaba para que me atormentara y no podía salir de esta situación. Finalmente, tuve que admitir que en realidad era una mala jefa.

Un día, Hope irrumpió en mi oficina y me entregó su preaviso de dos semanas. Su padre le había ofrecido costearle un mes de vacaciones en Europa. Después de esas vacaciones pagas, me dijo como si nada, volvería a casa y encontraría un «trabajo de verdad».

Por fin me deshice de Hope y disfruté cada minuto. Sin embargo, la experiencia siguió incomodándome y, en última instancia, se convirtió en la inspiración para este libro. ¿Cómo había podido yo —una psicóloga bien entrenada, con un doctorado en psicología y un máster en administración de empresas, una «psicóloga corporativa» que ayuda a otros a convertirse en mejores líderes y gerentes, y la autora de un libro sobre cómo dirigir a los miembros de la generación Y— equivocarme tanto? ¿Cómo pude fallarles a mis médicos y a la cultura de mi empresa? ¿Cómo pude fallarme a mí misma? En resumen, ¿en qué estaba pensando? Si podía inconscientemente pasar de ser una buena jefa a una mala en un abrir y cerrar de ojos, ¿no le podía suceder eso a cualquiera?

Crucé la línea que separa a una buena jefa de una mala porque no hice lo que me he pasado toda mi carrera ayudando a otros a hacer. No le presté atención a lo que influye en nuestro cerebro, a los principios básicos de la psicología, y a las antiguas doctrinas sobre la naturaleza humana.

El filósofo Jean-Paul Sartre escribió maravillosamente sobre la «pegajosidad» de la naturaleza humana. Ya sea que estemos sentados en la cima de la pirámide corporativa, protegidos en el esplendor de las instalaciones ejecutivas, o pasemos nuestros largos días entregando bienes de una costa a la otra en un enorme camión, todos somos seres humanos. Ser humano es una experiencia desordenada, poco convencional, complicada, frustrante, confusa y a veces aterradora.

Todos los líderes y gerentes deberían invertir tanto tiempo en dominar el lado suave, humano y mental de los negocios, como el que invierten en el lado duro financiero. Mientras más sepamos acerca de las pequeñas cosas que disparan la química de nuestro cerebro para bien o mal, el poder de las condiciones ambientales, el funcionamiento interno de la dinámica grupal, la naturaleza de los mecanismos de defensa y los prejuicios psicológicos profundamente arraigados y firmemente fortificados, así como sobre la función de los procesos cognitivos, menos errores cometeremos con nuestra gente y más rápidamente corregiremos aquellos en los que incurrimos.

Durante años he ayudado a clientes, empresarios y líderes potenciales a resolver los desafiantes problemas que los molestan y los mantienen despiertos por la noche. En este libro, exploraremos formas de reconocer y resolver ocho de las cuestiones problemáticas que los líderes enfrentan hoy al dirigir: el caos del liderazgo que nos arrastra temporalmente de lo bueno a lo malo, la incomunicación, el estrés debilitante, la competencia dañina, el éxito esquivo, el cambio alarmante, el daño a la dinámica grupal, y la pérdida de la motivación y el compromiso.

Las soluciones, como dice el dicho, «están en tu cabeza». Es posible que no siempre resuelvas tus problemas de liderazgo más desconcertantes, pero puedes aprender a afrontarlos de un modo más efectivo. Cometerás errores, lamentarás algo que dijiste, te verás envuelto en una mala pelea, te sentirás insatisfecho con un éxito, lucharás contra el cambio, harás algo en un grupo que nunca harías solo, y pensarás que a tu compañía o a tu gente no les importas en absoluto. Pero, y este es un gran *pero*, puedes ser más consciente de aquello que provoca estos problemas recurrentes y encontrar mejores soluciones al reconocer y abordar esas causas con más rapidez y efectividad.

Los consejos que he reunido en este libro provienen de un largo estudio sobre la naturaleza humana, la psicología y las neurociencias, tanto dentro como fuera del mundo de los negocios. He aprendido que dos «subidas» pueden provocar una «bajada», y que cuando cometemos un error, no tiene sentido castigarnos por eso. No es posible cambiar lo que ha sucedido, pero puedes cambiar lo que harás a continuación. Eso se convirtió en mi lema, ya que he aprendido a detenerme y considerar las razones psicológicas y fisiológicas por las que otra persona o yo actuamos de determinada manera. He aprendido que las soluciones siempre comienzan al aumentar la conciencia que tengo de mí misma y ayudar a que otros hagan lo mismo con las suyas.

En este libro, ofrezco algunas formas nuevas de mirar y considerar varios de los problemas más difíciles vinculados con las personas, los cuales los líderes enfrentan a cada minuto del día (y de la noche). Estos problemas a veces no me han dejado dormir. Y estoy dispuesta a apostar que en ocasiones también han perturbado tu sueño. Nada me haría más feliz que ayudarte a tener una buena noche de descanso por el resto de tu vida.

Soy un buen jefe. Entonces, ¿por qué a veces actúo como si fuera malo?

EN 1995, EL MILLONARIO HOLANDÉS Jaap Kroese compró Swan Hunter, una empresa naviera famosa del norte de Inglaterra, pero que estaba en problemas. En 2000, la firma consiguió el contrato principal a fin de diseñar y construir dos buques dique de desembarco para la Flota Real Auxiliar. Las especificaciones del contrato exigían que Swan Hunter construyera las naves por 210 millones de libras con una fecha de entrega programada para 2004. Sin embargo, en julio de 2006, Swan Hunter había terminado solo uno de los barcos y excedido su presupuesto en millones de libras. El Ministerio de Defensa británico, molesto por el mal desempeño de la empresa, le retiró el contrato para el segundo barco y se lo otorgó a su competidor, BAE System Naval Ships. La pérdida de este contrato, financieramente devastadora, descalificó a Swan Hunter para trabajos posteriores con el Ministerio de Defensa. En noviembre, Jaap Kroese anunció que su compañía tendría que vender activos significativos a fin de compensar estas pérdidas hasta que comenzaran nuevos negocios en 2008. Como esos nuevos negocios nunca se materializaron, la compañía se vio obligada a vender sus emblemáticas grúas fluviales a un astillero indio.

Dicho de un modo simple, este triste relato revela un error de juicio. La historia comienza con un Jaap Kroese de quince años trabajando en la industria de transporte marítimo, y culmina con una carrera exitosa en la industria de la perforación petrolera. Kroese compró Swan Hunter con la expectativa de poder devolverle a esta compañía en problemas su estatus de primera clase. Se sumergió en el negocio con un entusiasmo incansable y una ilimitada energía, tomando la decisión de vivir en el astillero, lejos de su esposa, para controlar la compañía y llegar a conocer a sus trabajadores. Era famoso por saludarlos a todos cuando llegaban a trabajar. Sus esfuerzos le procuraron una imagen casi legendaria en los medios como un empresario sensato y práctico. Sin embargo, esa fortaleza se convirtió en su debilidad. Participar en la lucha y ensuciarse las manos tomando cada pequeña decisión inspiró la lealtad de sus tropas, pero tuvo un costo. Al trabajar tan cerca de la base, fue incapaz de ver la imagen completa. Disfrutaba de la perspectiva que da una vista de gusano, no de pájaro. Trabajar duro en el barco con los soldadores puede haber inspirado lealtad, pero hizo que fallara en percatarse de los costosos errores de dirección del proyecto, el déficit presupuestario y el incumplimiento de los plazos. Peor aun, BAE Systems terminó sus dos barcos antes que Swan Hunter, y se hizo cargo del trabajo de esta última empresa durante la construcción de la embarcación final.

EL SÍNDROME DEL *BUEN JEFE* QUE SE CONVIERTE EN MALO

En muchos aspectos, Jaap Kroese era un buen jefe. Aquellos que trabajaban a su lado lo apreciaban y respetaban. ¿Qué salió mal? Su trabajo arduo a un nivel inferior/trabajador terminó llevándolo al fracaso, a un nivel superior/estratégico. Los buenos jefes se convierten en malos por muchas razones.

Hasta el mejor jefe del mundo puede tener un mal día. Nadie escapa al mal humor, al pensamiento irracional, a la explosión de enojo, la horrible santurronería, la mala decisión o a la reacción de desconfianza ocasionales; las imperfecciones nos hacen humanos. Con mucha frecuencia cometemos estas faltas en privado. No obstante, si te comportas de este modo solo una vez a la vista del público, te ganas la reputación de ser «ese tipo de persona». ¿Por qué? Porque estar por encima de otros puede darte el poder de la celebridad. En los debates presidenciales republicanos de 2011, Rick Perry, el gobernador de Texas, que fue elegido para ocupar este cargo casi sin esfuerzo por tres términos, no pudo recordar el tercer organismo federal que proponía abolir. Y desde ese momento se convirtió en el «candidato ignorante».

Nadie maneja de un modo perfecto las fluctuaciones hormonales (sí, también afligen a los hombres) o los altibajos biológicos. En última instancia, al observar el proceso y el procedimiento del liderazgo, todo se reduce a la gente. El buen liderazgo requiere lidiar de un modo eficaz con personas desordenadas, inestables, impredecibles, confusas, irracionales y torpes. Esto es lo que hace que el asunto del liderazgo sea tan ridículamente difícil y complejo.

Cuando uno observa de cerca por qué los buenos jefes se vuelven malos (de un modo temporal en comparación a los jefes crónicamente horribles que se desempeñan mal a cada minuto del día), por lo general encuentra tres motivos dominantes:

- Demasiado ocupado para ganar.
- Demasiado orgulloso para ver.
- Demasiado temeroso de perder.

Piensa en estas causas de origen no como cánceres que pueden matar, sino como resfríos comunes que cualquiera puede curar de manera fácil y rápida con el medicamento adecuado. Una vez que comprendas por qué a veces presentas los síntomas del síndrome del *buen jefe que se convierte en malo*, serás capaz de usar esta comprensión recién adquirida para curar lo que te está enfermando.

DEMASIADO OCUPADO PARA GANAR

En un reciente viaje de negocios conocí a un tipo agradable, Rob, que se sentó a mi lado en el avión. Después de unos minutos, comenzamos a hablar de su trabajo. Como suelen hacer mis clientes a menudo, se sinceró y pronto empezó a contarme acerca de su insatisfacción laboral. Ascendido poco tiempo atrás a una posición gerencial, se encontraba abrumado, retrasado en sus tareas e incapaz de mantenerse al día con la avalancha de correos electrónicos y llamadas telefónicas de sus subordinados directos. Se despertaba todas las mañanas atemorizado, con un nudo en el estómago. «Me siento como un malabarista con solo un brazo y diez pelotas en el aire. Mi jefe sigue dándome trabajo. No tiene idea de que esto es demasiado para mí». Cuando le pregunté por qué no le delegaba más tareas a su gente, me confesó: «Quiero que me aprecien y me respeten. Me preocupa que se vuelvan en mi contra si les asigno tareas que podría hacer yo mismo con facilidad». Irónicamente, se daba cuenta de que las personas a su cargo, en realidad, estaban perdiendo el respeto por él al verlo agitado y en tal estado emocional. Nadie daba lo mejor de sí, y sentía que cada día perdía terreno. «Estoy atascado», admitía. «Solo estoy esperando que mi jefe me destituya y me mande de nuevo a las trincheras».

Como Jaap Kroese, Rob se había quedado atrapado en la clásica situación de estar «demasiado ocupado para ganar». Todo gerente exitoso camina sobre una línea delgada entre la ocupación productiva y la improductiva. Es fácil cruzar la línea y volverse solo otro buen jefe que se convirtió en malo. Sin embargo, afortunadamente, uno puede dar algunos pasos seguros para volver al lado correcto de la línea.

Antes de considerar esos pasos, disipemos desde el principio un mito. Estar ocupado no es necesariamente *malo*. Demuestra que se es una persona activa, productiva, comprometida y exitosa, siempre y cuando uno no esté ocupado por el mero hecho de estarlo. En realidad, la gente que se regodea en un estado de desocupación a menudo sufre los efectos del aislamiento social, la depresión, el abandono y la ansiedad, para nombrar solo algunos resultados.

Sabemos que las personas se sienten mejor cuando se mantienen ocupadas. En 2010, los investigadores Christopher Hsee, Adelle Yang y Liangyan Wang diseñaron un experimento para poner a prueba esta teoría. Les dieron a sus estudiantes la instrucción de que completaran una encuesta y luego eligieran una de dos opciones: podían quedarse en el lugar y esperar quince minutos antes de completar otra encuesta, o caminar quince minutos hasta otro lugar donde dejarían la primera antes de volver y responder la segunda. En ambos casos, los estudiantes recibirían golosinas como recompensa. Sin embargo, más estudiantes eligieron caminar, estar activos y no ociosos.

Cuando los investigadores midieron la sensación de bienestar de los participantes, hallaron un mayor grado de satisfacción entre los caminantes. Luego repitieron el experimento, pero no les dieron a los estudiantes la posibilidad de elegir. Les dijeron a algunos que caminaran y a otros que se quedaran en el lugar. Aun cuando a algunos de los «ociosos» se les obligó a hacer tareas menores, los caminantes se sintieron más contentos.

Supongamos ahora que los investigadores le hubieran ordenado a la mitad de los estudiantes que corrieran un kilómetro y medio hasta el lugar donde debían dejar la encuesta mientras realizaban malabarismo con esas diez pelotas que hacían tan infeliz a Rob, mi compañero de asiento. Mantenerte ocupado puede hacerte feliz, pero en algún punto el exceso de ocupación tal vez supere tu capacidad de adaptación. Es entonces cuando estás demasiado ocupado para ganar. La ocupación excesiva puede afectar el rendimiento y la productividad, lo que te vuelve cada vez más olvidadizo, fatigado y proclive a tomar malas decisiones y resolver incorrectamente los problemas. La sensación de aislamiento aumenta en la medida en que se interrumpe la comunicación con los otros. La frustración, el enojo y la impaciencia resultantes pueden generar dolencias físicas, pérdida del trabajo y, en algunos casos, problemas de salud mental.

Todo depende del nivel de tolerancia individual de la persona. Algunos pueden asumir naturalmente una carga de trabajo más pesada que otros. Un nivel más alto no te hace una mejor persona; solo te hace diferente. Si alguna vez sucumbes a la variante de la ocupación excesiva para ganar del síndrome *del buen jefe que se vuelve malo*, deberías hacer una pausa para examinar la situación e intentar percatarte de la misma. Solo entonces puedes considerar resolver el problema. Comienza por hacerte tres preguntas:

1. ¿Me he perdido tanto entre los árboles que ya no puedo ver el bosque?

2. ¿He asumido trabajo adicional pensando que puedo hacerlo mejor o porque no quiero perder tiempo explicándole a otro cómo hacerlo?

3. ¿Me he resistido a delegar tareas porque quiero que la gente me aprecie y respete?

Si tu respuesta es sí a alguna o todas estas preguntas, quizás estés demasiado ocupado para ganar. Antes de considerar la cura para este síndrome, démosle una mirada al motivo por el que sucede.

LAS RAÍCES

Nuestra investigación comienza hace diez mil años. Nuestros ancestros de Cromañón competían con tanta tenacidad por recursos tan escasos, que necesitaban conservar su energía siempre que fuera posible para sobrevivir. Sin embargo, vivir se ha vuelto hoy mucho más fácil. Adquirir comida, agua y refugio requiere trabajo, pero la tecnología ha reducido gran parte de ese esfuerzo agotador. ¿Se ha adaptado plenamente a este hecho nuestro cerebro, nacido en los tiempos de Cromañón? No del todo. En lugar de convertir la vida en un gran tazón de cerezas, la tecnología nos ha entregado una gran pila de pepitas. En lugar de permitir que nos relajemos, nos ha vuelto más ocupados. Un relevante artículo de Pico Iyer en el *New York Times* (29 de diciembre de 2011) trata acerca del impacto de la tecnología en los seres humanos y cómo muchas personas se arriesgarían gustosas financiera y emocionalmente para encontrar la calma. Describe las continuas interrupciones que provienen de las llamadas telefónicas, los correos electrónicos, las alarmas, los mensajes y muchas cosas más que parecen inundar nuestra vida. Como afirma Iyer, hay más formas de comunicarse, «pero cada vez menos que decir, estamos tan apurados para cumplir con tantas fechas límites que difícilmente nos damos cuenta de que lo que más necesitamos es vivir sin tantas ocupaciones».

La avalancha de información no solo abruma nuestra vida personal, también nos asfixia en el trabajo. Las personalidades difíciles, los preocupantes recortes de personal, el intrincado papeleo burocrático y la complicada política laboral nos inundan rápidamente. Solo deberías sorprenderte si *no* estás demasiado ocupado para ganar. Y aunque te encante odiar esta situación, probablemente en secreto te enorgullezcas en cierta medida de tener demasiadas cosas a tu cargo, en especial si eres el jefe. Si no crees esto, pregúntate:

- Cuando estoy ocupado, ¿doy a conocer ese hecho a los demás?
- Cuando la gente ve lo ocupado que estoy, ¿pienso que obtengo más respeto?
- Cuando escucho que otras personas se quejan de que están demasiado ocupadas, ¿me siento superior o, al contrario, un poco celoso?
- Cuando estoy sin hacer nada, ¿me siento incómodo? ¿En mis momentos de descanso busco tener mucha actividad?

Las respuestas positivas reflejan una tendencia a estar demasiado ocupado para ganar. Esto le sucede a mucha gente. Muchas culturas, en particular la anglosajona (piensa en la ética de trabajo protestante), recompensan a las personas ocupadas y definen a las no tan ocupadas como inútiles y perezosas. A menudo nos sentimos superiores a los «holgazanes» (aunque en secreto envidiamos su ociosidad). Al mismo tiempo, deseamos naturalmente el aprecio y el respeto de los demás. Por lo tanto, podemos descubrir que es difícil bajarnos del tren de la ocupación y acumulamos un montón de actividades, a menudo improductivas, en los espacios vacíos.

Los seres humanos tienden a llevarlo todo demasiado lejos. Nos dan un recurso —cualquier cosa, desde chocolates Godiva y Jack Daniels, hasta Twitter y Facebook— y sin darnos cuenta nos excedemos hasta convertirlo en un problema. Lo mismo ocurre con la ocupación. Si abusas de tu energía, talento y habilidad mental o física, puedes convertir rápidamente un activo en un pasivo.

En estos días, la ocupación puede seducirte fácilmente. En realidad, en el mundo tan intercomunicado de hoy, las personas pueden conectarse con tanta sencillez con otros que resulta casi imposible permanecer «desocupado». Si bien la gente se apoya en la Internet, las redes sociales, los teléfonos móviles y otras comunicaciones instantáneas para mantenerse conectada, muchos se sienten más desvinculados emocionalmente. En el lugar de trabajo, todos tus contactos pueden absorberte por completo. En poco tiempo mantenerte al día con todos esos «amigos», «seguidores», «conexiones» y «compañeros» llega a convertirse en un trabajo en sí mismo.

Según Victor González y Gloria Mark, el trabajador promedio no pasa hoy más de tres minutos sin que lo interrumpan o inicie otra tarea. Cuando tu trabajo implica supervisar el desempeño de otras personas, quizás no goces de un solo segundo sin interrupciones durante la jornada laboral. No es de extrañar que te empiece a doler la cabeza antes del mediodía y te pongas irritable con la primera persona que entra por la puerta. De modo que veamos qué está pasando en tu cerebro.

LA SATURACIÓN

Con bastante frecuencia ni siquiera reconocemos que nos hemos convertido en un caso de los que están demasiado ocupados para ganar. Ninguna rana sana salta voluntariamente a una olla de agua hirviendo. Sin embargo, colócala en un recipiente con agua fría puesto sobre el fuego y no sentirá que la temperatura se va elevando lentamente hasta que muere hervida. En el mismo sentido, el cerebro se adapta gradualmente al aumento de ocupación hasta que comienza a quemarse. Esto explica por qué puedes quedar atrapado con facilidad en el síndrome del *buen jefe que se vuelve malo.*

El cerebro y el cuerpo procesan de manera natural la información sensorial, usando los ojos, los oídos y la piel para llevar a cabo esta tarea. Milisegundo por milisegundo nuestros órganos sensoriales reciben información y captan las señales importantes mientras filtran las cosas superfluas. Sin este filtro mental, todos los aportes de la vida moderna sobrecargarían por completo nuestra mente y nos volverían incapaces de procesar algo. Debido a que los jefes ocupados reciben más señales que el trabajador promedio, no debería sorprendernos que cayeran presos de una sobrecarga sensorial.

¿Cómo sabes que has alcanzado un estado de sobresaturación? Bueno, no es tan fácil, ya que a diferencia de las máquinas nuestro cuerpo y nuestra mente pueden manejar una cantidad increíble de datos sensoriales, en especial durante períodos de estrés no muy extensos. Sin embargo, nos resulta casi imposible funcionar de manera efectiva cuando sufrimos un estrés o una sobrecarga sensorial durante un tiempo prolongado (para más información sobre este tema, ver el capítulo 3). Imagina un estante de plástico en el que sigues apilando libros. Quizás pueda soportar cincuenta y cuatro libros, pero cuando agregas el número cincuenta y cinco, de repente se parte en dos. No obstante, si hubieras estado prestando atención, habrías visto que comenzaba a combarse con el libro treinta y nueve. De un modo muy similar, puedes lidiar con una cantidad cada vez mayor de tareas y responsabilidades, pero en un punto comienzas a doblarte bajo la presión. Si no prestas mucha atención, no sientes el peso hasta que te quiebras con lo último que agregas a tu carga de trabajo. Piensa en tu carga actual de trabajo o en la última vez que te sentiste sobrecargado y pregúntate:

- ¿Pierdo los estribos más rápidamente?
- ¿Parezco más ansioso con regularidad?
- ¿Me impaciento más de lo habitual?
- ¿Veo y resuelvo los nuevos problemas más lentamente?
- ¿Pierdo el enfoque con más frecuencia?
- ¿Sufro más pérdidas de memoria?
- ¿Realizo tareas insignificantes de manera repetida?
- ¿Me preocupo con las listas de cosas por hacer?

Estos síntomas indican que estás obligando a tu cerebro a operar en demasiados lugares al mismo tiempo, y casi con seguridad descubrirás que tu productividad se esfuma. ¿Te crees bueno para ejecutar varias tareas al mismo tiempo? Estudios recientes (como el de Harold Pashler en 1994 o el de Rachel Adler y Raquel Benbunan-Fich en 2012) indican que la multifuncionalidad efectiva es tan rara como la verdadera memoria fotográfica. Aquellos que piensan que lo hacen bien, en realidad realizan cada tarea peor que si se concentraran en ella. El cerebro humano no puede enfocarse en más de una o, en casos raros, dos tareas cognitivas al mismo tiempo. La sobrecarga sensorial hará que el cerebro se concentre en una tarea inmediata a expensas de otras, o lo urgirá a que lleve a cabo un conjunto de tareas mecánicas que lo calmen, del mismo modo que el balanceo calma a un bebé de mal humor. Esto explica por qué a la gente muy ocupada le encanta hacer listas.

Los jefes que están demasiado ocupados para ganar caen fácilmente en un ciclo de autosabotaje. Cuando tu carga de trabajo crece hasta ser demasiado pesada para soportarla, te quedas atrapado en las pequeñas cosas y pierdes de vista lo importante. El bosque (dirigir a otros) desaparece mientras deambulas entre los árboles. Sin la suficiente supervisión efectiva de tu parte, tus empleados comienzan a cometer más errores, lo que agrega aun más a tu carga de trabajo, porque ahora debes dedicar tiempo a solucionar esos problemas. Esto se convierte en un círculo vicioso. Mientras más errores cometes, más errores comete tu gente, y mientras más errores comete tu gente, más errores cometes tú. ¿Cómo es posible salir de esta espiral descendente?

EL CICLO

Los psicólogos usan lo que llaman el modelo de competencia consciente a fin de describir la capacidad para aprender de una persona. El modelo incluye cuatro etapas (figura 1-1). Un antiguo proverbio captura muy bien estas cuatro fases:

FIGURA 1-1   El modelo de competencia consciente-productividad

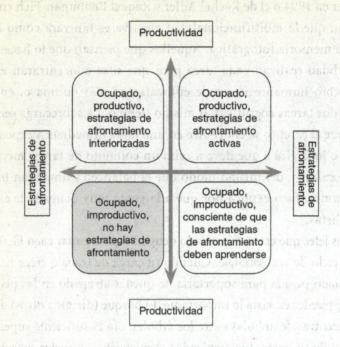

	Productividad	
Ocupado, productivo, estrategias de afrontamiento interiorizadas		Ocupado, productivo, estrategias de afrontamiento activas
Ocupado, improductivo, no hay estrategias de afrontamiento		Ocupado, improductivo, consciente de que las estrategias de afrontamiento deben aprenderse
	Productividad	

El que no sabe y no sabe que no sabe es un tonto: evítalo. *[Etapa 1]*

El que no sabe y sabe que no sabe es un ignorante: enséñalo. *[Etapa 2]*

El que sabe y no sabe que sabe está dormido: despiértalo. *[Etapa 3]*

Pero el que sabe y sabe que sabe es un sabio: síguelo. *[Etapa 4]*

En la etapa 1, Rob (¿te acuerdas de él?) se queja de estar tan ocupado como un malabarista con un solo brazo, pero no tiene noción de que trabajar de este modo ha afectado negativamente su proceso de toma de decisiones, minado su autoridad y disminuido su productividad general. Está ocupado, es improductivo y no está manejando la situación.

En la etapa 2, Rob se da cuenta de que ha asumido más de lo que puede manejar de un modo efectivo, pero no sabe cómo abordar el problema. Ha tomado nota de los síntomas y prestado atención a las quejas de los otros —tal vez sus compañeros, su jefe o sus subordinados directos—, pero no ve la forma de salir de este aprieto. Está ocupado y es improductivo, pero es consciente de que tiene que adquirir mejores habilidades para afrontar la situación. Aquí es donde se encontraba Rob cuando se sentó en el avión.

En la etapa 3, Rob comienza a hacer algunos cambios positivos porque ha descubierto una forma de abordar el problema y evitar la caída en picada que implica estar demasiado ocupado para ganar. Ahora está ocupado, es productivo y está afrontando la situación de manera activa.

En la etapa 4, Rob aprende las estrategias de afrontamiento que puede usar siempre que se dé cuenta de que está volviendo a caer en la trampa de estar demasiado ocupado para ganar. Ahora está ocupado, es productivo y ha interiorizado estrategias efectivas para afrontar la situación.

¡Advertencia! Se necesita un gran esfuerzo deliberado para pasar de la etapa 1 a la etapa 4, pero se puede regresar fácilmente a la 1 sin darse cuenta. Hay que observar con atención la carga de trabajo y la aparición de cualquiera de los síntomas que indican estar demasiado ocupado para ganar. Todo se reduce a obtener y mantener la autoconciencia.

Ninguno de nosotros se ve a sí mismo con completa claridad y precisión. Por lo tanto, tienes que considerar apoyarte en un asesor confiable, un colega, un miembro de la familia o un amigo que sirva como barómetro de tu síndrome. Elige a alguien que te diga de inmediato si ve algún síntoma del problema. Al mismo tiempo, si sientes que estás deslizándote suavemente hacia un estado de sobrecarga de trabajo, invita a tu confidente a confirmar tu sensación.

En cualquier caso, una vez que aparezcan los síntomas, oblígate a tomar un descanso. Un colega mío, Michael, me pidió consejo después de haber estado trabajando cuatro días seguidos durante quince horas, incluido el fin de semana, cuando su computadora se averió mientras realizaba unas estresantes entrevistas con potenciales socios comerciales. «Pasaba seis horas por día en el teléfono hablando con técnicos de Apple y Carbonite. Me parecía que alguien me había golpeado el oído con un martillo. Estaba escuchando, escribiendo y evaluando muestras de redacción al mismo tiempo. Cuando fui a jugar tenis al cuarto día, mi cuerpo se sentía como un fideo cocido, no tenía energía para lanzar la pelota sobre la red». Insté a Michael a dejar todo por una tarde, respirar profundamente, dar una caminata por la playa, preparar su comida favorita para la cena y mirar una película frívola. A la mañana siguiente se sentía como un hombre nuevo. «Sorprendente. Fue muy difícil dejar de trabajar en medio de todo el lío, pero cuando regresé, logré hacer en tres horas más de lo que había hecho durante los dos días anteriores. Y, por cierto, vencí a mis rivales en la cancha».

DEMASIADO ORGULLOSO PARA VER

El teniente coronel «H» Jones, un muy respetado e inspirador oficial, comandante del segundo batallón del regimiento de paracaidistas del Reino Unido, lideró la Batalla de la Pradera del Ganso durante la Guerra de las Malvinas en 1982. Cuando un subordinado con una visión clara de la acción le ofreció una forma de penetrar la línea de defensa argentina, Jones vociferó: «No me diga cómo llevar adelante mi batalla». Preocupado por el obstáculo que tenía enfrente, no pudo tolerar que su subordinado se entrometiera en sus pensamientos. Los ataques de Jones a la defensa enemiga fracasaron una y otra vez, muriendo en el proceso varios de sus compañeros más cercanos. Jones, en un singular acto de valor, decidió liderar personalmente la siguiente ofensiva, una decisión que le costó la vida. Poco después de la debacle, el segundo al mando del regimiento se hizo cargo y, siguiendo en parte el consejo del subordinado al que Jones había ignorado, penetró la defensa y ganó la batalla.

Jones murió, en cierta forma, porque fue demasiado orgulloso para ver. Esta variante del síndrome del *buen jefe que se vuelve malo* no implica un jefe narcisista o egomaníaco; solo significa que los líderes que en otros aspectos son competentes pueden quedar tan atrapados temporalmente en el asunto que tienen entre manos, que no son capaces de recibir la información que necesitan para tomar una decisión informada. Los soldados apreciaban y respetaban a Jones y pensaban que era un buen líder. Habitualmente comandaba con distinción, pero durante este único hecho fundamental no pudo asumir una actitud objetiva y avanzar más allá de sus propias ideas. Aunque la mayoría de nosotros no quiere admitirlo, a menudo todos nos obsesionamos con nuestras ideas, no porque seamos tontos, sino porque somos humanos. Es natural pensar que nuestras ideas son las mejores, en especial cuando somos los jefes.

Esta variante del síndrome del *buen jefe que se vuelve malo* implica conductas vinculadas con tres problemas:

1. Quedarte tan atado a una idea que no la puedes soltar.
2. Negarte a seguir el consejo de otros.
3. Apoyarte en éxitos pasados a expensas de considerar diferentes patrones, opciones o soluciones.

Estas tres conductas no solo perjudican el desempeño y la productividad, sino también pueden socavar la credibilidad del líder. Evitarlas requiere una fuerte dosis de autoconciencia.

EL PORQUÉ

> *«No vemos las cosas como son, las vemos como somos».*
> —Anais Nin

En 1979, Charles Lord, Lee Ross y Mark Lepper llevaron a cabo un experimento en la Universidad de Stanford que nos ha proporcionado una maravillosa comprensión de la psicología y la interacción humanas. Los investigadores seleccionaron a cuarenta y ocho estudiantes para participar en la experiencia. La mitad estaba a favor de la pena de muerte, mientras que la otra mitad se oponía. Ambos grupos creían que la investigación apoyaba su punto de vista. Cuando los investigadores les mostraron a los participantes extractos de dos estudios ficticios, uno que apoyaba que la pena capital tenía un efecto disuasivo y otro que mostraba una falta de disuasión, los estudiantes vieron el estudio que apoyaba su postura personal como válido y el que la contradecía como imperfecto.

Los alumnos evaluaron luego los procedimientos y los métodos usados en cada estudio. No es de extrañar que cada grupo hallara que el estudio que respaldaba su preferencia estaba bien elaborado y adecuadamente interpretado por los investigadores. Estos resultados sugieren que la gente establece estándares de evidencia más altos para las ideas, hipótesis o creencias que van en contra de sus posturas actuales. Lo interesante es que, al final del experimento, los estudiantes aseguraron que sus opiniones en realidad se habían arraigado con más firmeza. Este fenómeno, llamado *sesgo de confirmación*, nos hace buscar información que apoye nuestros puntos de vista o creencias y darles más peso a los datos que los confirman, al mismo tiempo que descartamos o no notamos la información que los contradice. El sesgo de confirmación es aun más probable cuando la gente está comprometida públicamente con su postura.

El sesgo de confirmación incluye:

- *Búsqueda sesgada*: el cerebro elige la información que ingresa a él, acepta los datos que confirman su postura y rechaza los que la contradicen.
- *Interpretación sesgada*: el cerebro interpreta los datos en formas que se adecuan a sus preferencias.
- *Memoria sesgada*: el cerebro conserva detalles que se ajustan a sus opiniones y olvida los que no lo hacen.

Katie cree que los hombres de tez oscura cometen la mayoría de los robos de bolsos. Cuando presencia un delito de este tipo en una multitud, recuerda a un arrebatador de piel oscura y con barba, mientras que otros testigos afirman que vieron a un hombre afeitado y de piel clara. Katie puede describir al hombre de piel oscura con gran detalle, pero ni siquiera recuerda al de piel clara.

Estos sesgos influyen tremendamente en nuestra vida, en especial cuando nuestro cerebro se satura de información sensorial. A fin de filtrar todo eso y operar de un modo más eficiente, la mente recurre a atajos como los sesgos de confirmación para que la ayuden a interpretar el tsunami de mensajes entrantes.

El sesgo de confirmación ha comenzado y mantenido guerras, instado a los consumidores a comprar cosas que no quieren ni necesitan, y originado algunas de las peores (y mejores) decisiones comerciales. No hallarás un mejor ejemplo del sesgo de confirmación que el mundo cargado de emoción de la opinión política. En 2009, tres investigadores de la Universidad Estatal de Ohio —Heather LaMarre, Kristen Landreville y Michael Beam— usaron el programa satírico de Comedy Central, *The Colbert Report*, para investigar el tema. Stephen Colbert parodia a los políticos y los comentaristas conservadores, simulando, por ejemplo, que ha lanzado una campaña para llegar a la presidencia. Los investigadores les pidieron a los 332 participantes en el estudio que describieran el punto de vista de Colbert. Los que sostenían opiniones liberales lo veían como un liberal y a su programa como pura sátira. Los conservadores, por otra parte, lo veían como un comentarista conservador que expresaba opiniones conservadoras honestas a través de su sátira. En suma, la perspectiva de los participantes matizaba fuertemente sus percepciones del comediante.

Nuestras percepciones también afectan nuestra evaluación de la personalidad. Mark Snyder, al hablar de las hipótesis que hacemos sobre los demás, menciona estudios en los que se les pidió a los participantes que describieran la personalidad de un individuo que pronto conocerían. A algunos se les dijo que iban a conocer a una persona tímida, callada, tranquila (introvertida), mientras que a otros se les dijo que conocerían a una persona efusiva, sociable, gregaria (extrovertida). Cuando los participantes posteriormente evaluaron a los individuos que conocieron, describieron personalidades que se correspondían con la descripción inicial.

¿Qué nos dicen estos estudios sobre la variante del demasiado orgulloso para ver del síndrome *del buen jefe que se vuelve malo*? Subrayan la necesidad humana básica de tener razón. Nos demos cuenta o no, tendemos naturalmente a aferrarnos a nuestras creencias y buscar información que las confirmen, mientras desechamos aquella que las contradice. Sin embargo, esto puede producir un caos cuando estamos dirigiendo a otros, porque puede impedirnos tomar decisiones y hacer juicios precisos y efectivos. El sesgo de confirmación interfiere con nuestra capacidad para atender todos los aspectos de un argumento, considerar todos los puntos de vista posibles, y evaluar una situación con una mente serena y objetiva. Este disminuye lo que los psicólogos llaman la *conciencia situacional*.

Supongamos que tienes que evaluar el desempeño de dos subordinados directos, John y Sally. John tiene la tendencia a no concordar contigo todo el tiempo, lo que te saca de quicio. Por otra parte, te encanta trabajar con Sally, ya que a menudo ve las cosas del mismo modo que tú. Quizás evalúes el desempeño de Sally como mejor que el de John solo porque te parece que ella es más agradable, a pesar de que ambos han alcanzado exactamente los mismos resultados. Si John se queja cuando Sally comete un error, te desagrada aun más e ignoras la falta de ella. Al final, John deja la empresa y contratas a alguien más agradable para ocupar su lugar en el equipo. En ese caso, te has equivocado por partida doble. El sesgo de confirmación no solo afectó tus evaluaciones, sino que también te ha llevado a poblar tu equipo con personas que piensan igual y siempre estarán de acuerdo contigo. Te has convertido en el emperador que anda desnudo.

Aquí es donde un asesor confiable puede salvarte. Todo el mundo tiene que buscar el punto de vista de alguien que te diga sin adornos la verdad con respecto a tu conducta. Si no eres capaz de ver que favoreces a Sally, un colega confiable o un mentor sí lo hará. Todo se reduce, como siempre, a tomar conciencia de nuestra conducta, una conciencia que las neurociencias pueden reforzar.

EL SESGO

Según un estudio de 2004 llevado a cabo por Drew Westen y sus colegas de la Universidad Emory, cuando se trata de opiniones, la emoción supera ampliamente al razonamiento. Westen y su equipo usaron imágenes por resonancia magnética funcional (IRMf) para escanear el cerebro de quince republicanos acérrimos y quince demócratas igualmente fanáticos durante el curso de la campaña presidencial de 2004. El escaneo del cerebro ocurría mientras todos los participantes observaban las declaraciones claramente contradictorias de los dos candidatos. Como era de esperar, ambos grupos hallaron formas de conciliar las incoherencias para respaldar y polarizar aun más sus creencias.

Las imágenes cerebrales confirmaron que las partes del cerebro de los participantes asociadas con el razonamiento registraban poca actividad cuando consideraban las afirmaciones contradictorias. En cambio, los circuitos asociados con la regulación de la emoción, así como aquellos responsables de resolver conflictos, estaban bastante ocupados. Además, una vez que los participantes hallaban una forma de explicar las incoherencias para apoyar sus posiciones originales, se activaba la parte del cerebro involucrada con la recompensa y el placer. Conclusión: el razonamiento motivado estimula nuestros centros emocionales y, una vez que sucede esto, no podemos cambiar de sentimientos, opiniones y decisiones fácilmente. En realidad, descubrir coherencia y puntos de afinidad nos proporciona placer. La mayoría de los jefes se sienten bastante seguros de sí mismos. Con el tiempo, este sentimiento aumenta gradualmente en la medida en que la opinión que tienen de ellos mismos se arraiga cada vez más.

Un estudio de 2011 realizado por los investigadores Bradley Doll, Kent Hutchison y Michael Frank, publicado en *The Journal of Neuroscience*, analizó cómo la genética podría contribuir a la propensión humana hacia el sesgo de confirmación. Los investigadores se centraron en dos genes que influyen en el neurotransmisor dopamina, el cual ayuda a facilitar el aprendizaje en la corteza prefrontal y el cuerpo estriado del cerebro humano. La corteza prefrontal nos ayuda a almacenar y procesar instrucciones explícitas como: «Toma tus vitaminas diarias». El cuerpo estriado nos ayuda a extraer lecciones de nuestra experiencia, por ejemplo: «Cuando no tomo mis vitaminas diarias, al parecer me enfermo».

Los investigadores concluyeron que «los hallazgos sugieren que el proceso de aprendizaje en el cuerpo estriado está modulado por expectativas previas y que la trascendencia de la asociación resultante no puede "deshacerse" fácilmente después que lo previo es rechazado» (p. 6197). En un lenguaje simple: nuestras percepciones de lo que debemos hacer tienen una gran precedencia con respecto a las instrucciones y el consejo de otros.

¡Vaya! Este estado de cosas no anticipa nada bueno para alguien que espera curarse de la variante de ser demasiado orgulloso para ver, del síndrome del *buen jefe que se vuelve malo*. Sin embargo, puedes tomar algunas medidas comprobadas para vencer la tendencia a ignorar los consejos, negarte a abandonar tus opiniones y sentirte muy envanecido con tu estatus de líder.

LA CURA

Ante todo, hay que entender que esta tendencia está profundamente arraigada en el cerebro, así que tenemos que luchar contra los procesos del pensamiento automático a fin de cambiarla. Naturalmente, se producen recaídas, pero eso no te da permiso para ignorar la tendencia. Mientras más alerta estés, más probable es que puedas mantenerla controlada e impedir que interfiera en tu liderazgo. Registra los síntomas. Pídeles a tus asesores que te avisen de su presencia o una recaída una vez que estás haciendo progresos. Nunca supongas que te has vuelto inmune.

También puedes aprender mucho prestándole atención a esta conducta en los demás. En cuanto comiences a observar, verás que está en todas partes y no es una imagen agradable. Solo notar sus efectos negativos en la vida de otras personas te llevará a minimizarla en la tuya. Trata de jugar un pequeño juego llamado «¡No bajes al sótano!». ¿Alguna vez has visto una película de terror en la que la heroína oye un ruido escalofriante en el sótano y después, asombrosamente, baja rápido las escaleras para investigar? Quieres gritarle: «¡No bajes!». Busca un ejemplo de la conducta del demasiado orgulloso para ver en las noticias o en una película o novela. Luego, aconséjate: «No hagas lo mismo». Este pequeño ejercicio puede fortalecer tu principal defensa contra el sesgo de confirmación: la autoconciencia.

También puedes aprender algo de un acalorado debate. A pesar del consejo de que nunca debes discutir de religión o política, porque esos temas pueden encender las opiniones más profundas, hacerlo con un buen amigo o un miembro de la familia también puede poner de manifiesto tu tendencia a ser demasiado orgulloso para ver. Encuentra a alguien que tenga una opinión o creencia opuesta. Ponla a prueba, pero observa en detalle tanto tu conducta como la del otro. ¿Hace la discusión surgir la pasión? ¿Defiende obcecadamente, alguno de los dos, su fuerte posición a pesar de los hechos que respaldan una perspectiva diferente? ¿Comienza alguno de los dos a levantar la voz? ¿Pierde fuerzas la capacidad de escuchar? ¿Interrumpe uno al otro mucho e incluso termina sus oraciones?

Ya sea que estés analizando una de tus recientes acciones como líder, una escena que hayas presenciado y que involucra a otras personas, o una discusión reciente sobre un tema candente, da un paso atrás y pregúntate:

- ¿Promovió la diferencia de opinión una batalla?
- ¿Se armaron las partes con datos para apoyar sus respectivas posturas?
- ¿Se esforzó alguno de los lados en algún momento por separar los datos objetivos de las opiniones puramente subjetivas?
- ¿Consideró genuinamente, alguna de las partes, el punto de vista de la otra?
- ¿Modificó, algún dato nuevo, la creencia de alguna de las partes?
- ¿Dijo alguna de las personas en un momento: «Ese es un buen punto»?
- ¿Erosionó, el cambio de opinión, el orgullo de alguno?
- ¿Socavó, el cambio de opinión, el respeto mutuo?

Realizar este ejercicio cada cierto tiempo puede, en última instancia, tener como resultado una mejor toma de decisiones, un juicio más desarrollado, relaciones interpersonales más satisfactorias y un aumento en la efectividad del liderazgo.

El énfasis en definir los puntos en disputa y apoyarse en hechos en lugar de en los sentimientos ayuda a reducir las fuertes emociones que a menudo se generan en una discusión acalorada o un debate. Las personas respetan a quien muestra empatía y se preocupa lo suficiente por su opinión como para escucharlas con cuidado y no interrumpirlas constantemente o terminar sus oraciones. Un buen oyente comenta y a menudo elogia el punto de vista del otro, aunque tenga una perspectiva diametralmente opuesta. Lejos de dañar su orgullo o erosionar el respeto, un enfoque considerado y receptivo de las opiniones diferentes construye una relación más fuerte y productiva.

Los buenos líderes son buenos maestros. Los mejores líderes son buenos alumnos también. Invitan a que se opongan a sus ideas, escuchan atentamente lo que los otros piensan y, por cierto, cambian de opinión cuando los datos los convencen. Para combatir la tentación a caer en la trampa de ser demasiado orgulloso para ver, recuerda la regla de la «proporción boca/oídos»: escucha al menos el doble de lo que hablas.

DEMASIADO TEMEROSO DE PERDER

Rich y Ethan, dos vicepresidentes de una gran firma financiera, se enorgullecen de sus habilidades como líderes. Gozan de la admiración de sus superiores, sus pares y sus subordinados directos. Su desempeño los ha convertido en valiosos activos para la compañía. Pero sucede algo sorprendente. La empresa lanza una nueva iniciativa en los medios sociales para brindar mejor servicio a sus clientes. Rich se hace cargo del aspecto tecnológico del proyecto, mientras que Ethan supervisa el aspecto comercial. Ethan y su equipo pasan las siguientes semanas investigando las iniciativas similares de sus competidores, reuniendo estadísticas y resultados propuestos, y creando documentos de apoyo para sus iniciativas de desarrollo comercial. Comienza el día con mucha energía y nunca se detiene. Su equipo, que está muy motivado, sigue su ejemplo.

Rich, a pesar de su conocimiento especializado en la última tecnología, se siente extrañamente ansioso con respecto al nuevo sistema. Preocupado porque todas las piezas pequeñas y complicadas logren ensamblarse de manera perfecta para obtener el resultado deseado, está siempre mirando por encima del hombro de sus programadores e interponiéndose en el camino de su equipo de desarrollo, mientras se pone nervioso ante cada pequeña decisión. Como nunca se ha comportado de ese modo, todos los que participan en el proyecto están desconcertados.

Rich no se ha vuelto loco de repente; experimenta un fuerte caso de la última variante del síndrome del *buen jefe que se ha vuelto malo*: tiene demasiado miedo a perder. El líder que evita ciertos riesgos no solo se daña a sí mismo, sino que también obstaculiza la capacidad de los demás para seguir adelante y hacer su trabajo. Llámesele asfixia o una parálisis igual a la de un ciervo encandilado por la luz de los faros, suele presentarse como el tipo de control excesivo e indecisión que Rich le inflige a su equipo. Los que sufren de esta variante:

- Se preocupan excesivamente por no poder lograr el resultado esperado.
- Se cuestionan y cambian de opinión a cada paso del camino.
- Evitan las decisiones y los compromisos que puedan provocar errores.
- Se involucran en cada detalle, en particular cuando se acerca la fecha límite.

Estos comportamientos tóxicos destruirán la credibilidad del líder. Más que las otras variantes, esta forma frustra una resolución de problemas creativa e impide el progreso del equipo. Rich se estaba comportando de un modo paradójico. Por un lado, se entrometía en los detalles en lugar de enfocarse en la imagen general. Sus interferencias invasoras hacían que el progreso se diera a paso de tortuga. Por otro lado, parecía prácticamente inerte cuando llegaba el momento de decidir. Se ocupaba de controlar en exceso a su equipo, pero no de tomar decisiones.

Los buenos jefes que caen en esta trampa a menudo se preocupan por no parecer débiles. Erróneamente asocian fracaso y errores con debilidad e incompetencia. Esta falsa relación hace que se comporten neciamente y fuera de lugar, supervisando los pequeños detalles o inmovilizándose. Los que sufren de este mal común están experimentando un problema con lo que los psicólogos llaman *autoeficacia*.

EL COMBUSTIBLE

El psicólogo Albert Bandura acuñó el término *autoeficacia* para describir la creencia de una persona en que puede alcanzar un resultado particular: «Las personas con una gran seguridad en sus capacidades abordan las tareas difíciles como retos que hay que dominar y no como amenazas que deben evitarse» (1997, p. 11). La autoeficacia tiende a fluctuar en dependencia de la situación particular. Por ejemplo, Ashley puede comportarse de un modo relajado y cómodo en situaciones sociales, en las cuales se siente segura de que sus habilidades en esa área producirán resultados positivos. En cambio, cuando se para delante de sus pares y el gerente para exponer una idea, se paraliza, porque está menos segura de poder obtener un resultado efectivo en esta situación. En la última circunstancia, su sensación de autoeficacia la ha abandonado.

Bandura sostiene que las capacidades de una persona, sus habilidades cognitivas y sus actitudes constituyen su autosistema, que determina cómo ese individuo percibe y reacciona en una situación determinada. Si el individuo es el motor, la autoeficacia es el combustible.

Los buenos jefes tienden a poseer una fuerte sensación de autoeficacia. Sin embargo, una serie de circunstancias pueden disminuirla o hasta destruirla. Supongamos que normalmente supervisas el trabajo de tu equipo con la máxima ecuanimidad y tienes la reputación de ser un jefe calmado. De pronto, en medio de un proyecto decisivo, dos de tus empleados más capacitados se van a trabajar para tu archirrival, lo que no solo te priva de un talento clave cuando más lo necesitas, sino también posibilita que la competencia acabe contigo. Adiós, señor Tranquilo como agua de pozo; bienvenido, señor Nervioso como león enjaulado.

Eso es exactamente lo que le ocurrió a Rich. Enfrentando el mayor desafío de su carrera, se paralizó como encandilado por los faros. O, para decirlo de otro modo, su sensación de autoeficacia lo abandonó en el peor momento posible.

Cuando tu sensación de autoeficacia desaparece, inmediatamente te hundes en las arenas movedizas del miedo a perder. Comienzas a dudar de ti y los demás, cuestionas cada decisión y empiezas a controlar en exceso cada pequeño detalle. Es fácil caer en ese estado, pero no lo es salir de allí.

EL PODER

Según Bandura, la sensación de capacidad personal de una persona influirá en su motivación, su aprendizaje, su desempeño y la percepción de si una tarea puede hacerse o no.

Los líderes con una sensación de autoeficacia fuerte tienden a:

- Mantener una fuerte sensación de compromiso.
- Recuperarse rápidamente de los fracasos.
- Aceptar los problemas complejos como si se tratara de tareas que pueden dominarse fácilmente.
- Hacer más esfuerzos para alcanzar resultados específicos.
- Demostrar altos niveles de responsabilidad tanto por los fracasos como por los logros.
- Atribuir los errores a un esfuerzo inadecuado en lugar de a una debilidad personal.
- Establecer metas personales elevadas.
- Creer que el éxito depende de la dedicación.
- Asumir riesgos e intentar nuevas formas de hacer las cosas.
- Trabajar bien bajo presión.
- Sentirse confiados con sus decisiones y sus habilidades para el pensamiento crítico.

Los líderes con una sensación de autoeficacia débil, por otra parte, tienden a:

- Evitar tareas desafiantes.
- Preocuparse por considerar que las tareas/situaciones están más allá de sus capacidades.
- Concentrarse en los resultados negativos y las deficiencias personales cuando las cosas salen mal.
- Hacer menos esfuerzos para lograr las tareas/metas.
- Perder la confianza en las habilidades personales.
- Establecer metas personales bajas.
- Cuestionarse si podrán tener éxito.
- Evitar los riesgos y los nuevos enfoques.
- Carecer de confianza en sus decisiones y habilidades intelectuales.
- Desempeñarse mal bajo presión.

LA FORMA

Según la investigación de Bandura, cuatro elementos contribuyen a la sensación de autoeficacia: las experiencias de dominio pasadas y presentes, las experiencias vicarias, la persuasión verbal/social y los estados emocionales/psicológicos.

Observemos el caso de Rich. Si tuviera antecedentes de haber encarado tareas exigentes en el pasado, probablemente se sentiría cómodo con esta. En cambio, si hubiera llegado a su actual puesto haciendo un gran trabajo en una serie de tareas relativamente fáciles, pronto podría sentir demasiado miedo a perder. Para contrarrestar este efecto, Rich debe dar un paso atrás y evaluar la naturaleza de este reto. Si lo encuentra de proporciones gigantescas, debe confiarles esta sensación a sus superiores y pedir ayuda. Un jefe que ha desarrollado un gran ego y se resiste a admitir su ignorancia («No sé») o miedo («No estoy seguro») considerará difícil admitir que no cree que pueda manejar una situación particular. Una persona de confianza puede darle consejos valiosos y ayudarlo a controlar su miedo a perder.

Supongamos que Rich nunca ha enfrentado un desafío así, pero ha visto a otros equipos que tuvieron éxito con algunos incluso superiores. En otras palabras, ha obtenido experiencia observando a otras personas cuando dominaban situaciones similares. Si repasa con cuidado sus experiencias vicarias, eso solo puede reforzar su sensación de autoeficacia. «Si ellos pueden hacerlo, yo también». La tutoría personal en el liderazgo puede ayudar a alguien como Rich a adaptarse a nuevos retos, pero un programa de desarrollo podría funcionar aun mejor, porque ofrece más oportunidades para aprender de las experiencias vicarias.

El jefe de Rich puede ayudarlo o perjudicarlo en esta situación. Si reconoce que esta tarea pondrá a prueba sus límites, puede brindarle la seguridad verbal de que confía en él y mantendrá siempre la puerta abierta si llega a necesitarlo cuando se encuentre con algún imprevisto. Rich puede darse a sí mismo charlas motivacionales cuando comience a experimentar miedo a perder. La persuasión verbal es una calle de dos sentidos. A todos puede servirnos un poco de aliento cada cierto tiempo; y todos debemos acordarnos de dárselo a otros cuando lo necesiten. Los jefes tienden a convertir en un hábito hacer comentarios críticos. Después de todo, quieren que sus empleados mejoren. Sin embargo, es fácil olvidarse de detenerse a cada rato y darle a alguien una palmada en la espalda.

Por último, pero no menos importante, Rich necesita convertirse en el médico de su autoeficacia, aprendiendo a monitorear sus estados emocionales/psicológicos. ¿Hace este nuevo proyecto que transpire frío por las noches? ¿Se me acelera el corazón? ¿Doy vueltas en la cama, incapaz de dormir, porque no puedo apartar de mi mente el trabajo de mañana? Rich debe también estar atento a cualquier señal mental y psicológica que indique la llegada de los síntomas del miedo a perder: preocuparse excesivamente por no poder lograr el resultado esperado, cuestionarse y estar indeciso a cada paso del camino, y evitar las decisiones y compromisos que puedan generar errores.

SÍNTESIS

Por lo tanto, eres como todos los demás en este mundo, al menos como aquellos que adquieren la suficiente conciencia para admitir que nadie es perfecto, que hasta el tipo más inteligente del lugar puede equivocarse de vez en cuando. Muchos errores resultan de las tres variantes del síndrome del *buen jefe que se vuelve malo*:

- Demasiado ocupado para ganar.
- Demasiado orgulloso para ver.
- Demasiado temeroso de perder.

La autoconciencia comienza con admitir que eres humano. Convertirte en jefe no te hace infalible. En el frenético ambiente de trabajo de hoy, en el que tu constitución neurológica y psicológica natural debe afrontar grandes presiones y exigencias extremas a cada minuto del día, puedes perder la calma con mucha facilidad. Cuando te ocupas de tantos árboles (que se están quemando), pierdes de vista el bosque. Ves lo que quieres ver. O comienzas a sucumbir ante las dudas personales y a sentirte cada vez más impotente e incómodo.

Nos sucede a todos. Los errores no tienen que hundirte en las arenas movedizas de la autocompasión y la autodestrucción. El camino que conduce a las filas de los buenos jefes está pavimentado de autoconciencia. Simplemente hacer una pausa para darle una mirada objetiva a tu conducta mal adaptada o improductiva, o pedirle a un aliado confiable que te dé su opinión honesta sobre cómo has estado actuando últimamente, puede ponerte de nuevo en la senda correcta.

CAPÍTULO

2

¿Por qué las personas no siguen mis sabios consejos?

SIETE VICEPRESIDENTES PRINCIPALES DE UNA gran empresa de seguros de salud se han reunido para compartir sus opiniones sobre el futuro de la compañía. Diane y Bob, dos de esos vicepresidentes, han trabajado para la firma durante tres años, ambos dirigiendo grandes equipos de ventas, los cuales han excedido sus objetivos de ingresos todos los años. Cada uno llegó con impresionantes credenciales a su puesto actual. Sin embargo, cuando se trata de lograr que la gente apoye sus ideas y haga avanzar sus planes para que se concreten, Diane siempre supera a Bob. Si parecen tan similares, ¿por qué terminan con resultados tan diferentes?

«Debemos poner la mirada en los pequeños empresarios», recomienda Diane en la reunión. Todos en la mesa asienten y toman abundantes notas mientras ella sigue hablando.

«¿Y si nos enfocamos en los departamentos de mercadotecnia de nuestros clientes intermedios ya establecidos y nos expandimos a partir de ahí?», sugiere Bob. Dos personas ponen los ojos en blanco, una hace una mueca, y los otros miran fijamente sus cuadernos de notas o el piso.

Más tarde en el pasillo, Sam, el vicepresidente ejecutivo que convocó a la reunión, palmea a Diane en la espalda: «Muy bien, niña. Unas ideas magníficas». Luego fija la vista en Bob: «¿No fueron maravillosas las ideas de Diane?».

¿Qué es lo que sucede exactamente aquí? A primera vista, parece un problema de difícil solución.

EL MAL DE CASANDRA

La mayoría de nosotros nos avergonzamos cuando vemos que alguien no logra influenciar y persuadir a otros. El que habla lucha denodadamente por captar y retener la atención de la audiencia para encontrarse solo con ojos en blanco, cabezas inclinadas, bostezos y miradas confundidas. En la mitología griega, el dios Apolo le otorgó el don de la profecía a Casandra. Al otorgarle este don, Apolo pensó que conseguiría su amor. Cuando la joven desdeñó su afecto, él le permitió retener sus poderes proféticos, pero con una maldición asociada. Aquellos que oyeran sus predicciones nunca creerían sus palabras, un problema terrible.

Bob sufría del mal de *Casandra*, un problema que puede afligir hasta al líder más talentoso. Nada es más devastador para un jefe que perder la capacidad de persuadir, influenciar y motivar a otros para obtener resultados. Imagínate recibiendo una maldición que te impida:

- Resolver conflictos o choques de personalidades.
- Asegurar la armonía en el lugar de trabajo.
- Estimular un gran desempeño y una alta productividad.
- Convencer a otros de que acepten una nueva idea o un producto desconocido.
- Conseguir la aprobación de un cambio importante en la estrategia.
- Crear equipos eficaces.

Cuando se trata de cumplir con estas responsabilidades del liderazgo, ¿qué hace que Diane sea tan eficaz? ¿Por qué Bob es un fracaso? Cuando uno examina a fondo toda la investigación hasta llegar a las cuestiones básicas, encuentra dos hechos simples, pero contundentes. Pierdes tus poderes para influenciar cuando:

- La gente no te acepta.
- La gente no acepta tu mensaje.

Antes de explorar las razones por las que esto puede suceder, definamos una terminología útil.

INFLUENCIA, PERSUASIÓN Y MANIPULACIÓN

Mucha gente usa los términos *influencia*, *persuasión* y *manipulación* de un modo hasta cierto punto intercambiable. Sin embargo, cada uno tiene su significado específico.

La *influencia* requiere ganar la mente *y* el corazón de tu audiencia y así inspirar a la acción. Se usa en situaciones en que los líderes han establecido una relación de confianza, seguridad y credibilidad. Diane se esfuerza por conocer a las personas la primera vez que las ve de un modo natural y amistoso, mostrándose ansiosa por forjar vínculos fuertes con todos en el equipo. Como Bob no logra forjar este tipo de relaciones con la gente, casi nunca influye en ellas.

La *persuasión* estimula a una persona a la acción porque tiene sentido a nivel intelectual. Está impulsada por datos, no por las emociones, y la carga de la prueba descansa en aquel que desea persuadir a los demás. Tiene éxito aun sin una relación profunda con la audiencia. Cuando Diane quiere conseguir que nuevos clientes firmen contratos con su compañía, reúne todos los datos de apoyo y las estadísticas, toda su investigación, y prepara una presentación con el objetivo de persuadir.

La *manipulación* cruza una línea delgada entre la persuasión y la influencia. Cambia el bienestar y el beneficio del grupo por los deseos egoístas del individuo. Aunque no resulta fácil definirla, la mayoría de la gente reconoce la manipulación cuando la ve. Si Bob o Diane proponen una acción principalmente porque a través de ella conseguirán un aumento o un ascenso, han cruzado la línea. Los colegas reconocerán tal manipulación cuando la vean.

Un colega me contó hace poco la historia de una mujer con la que trabajó en determinado momento. «Michelle era una de las personas más sociables que he conocido. Podía entrar en una habitación llena de gente que nunca había visto y salir con una nueva red de amigos».

Sin embargo, descubrió algo extraño e inquietante en la conducta de Michelle. «Parecía ver a todos como un medio para sus fines, en lugar de como personas a las que realmente quería llegar a conocer». Aunque su reacción visceral le dijo que esta era una mala señal, mi amigo decidió ignorar su intuición y terminó contratándola.

Con el tiempo, notó que las personas con las que Michelle había hecho amistad comenzaban a tratarla cada vez con más sospechas. Hasta sus admiradores sentían que se involucraba en las relaciones no por el beneficio mutuo, sino por su propio bien. Las señales incluían limitar la amistad con cualquiera que no le diera acceso a los individuos que quería conocer. Rompió todas las conexiones con una persona que dejó la empresa y la industria, de modo que ya no podía ayudarla en su carrera. Un antiguo amigo contaba: «Aprecio a Michelle, de verdad. Ella puede encantar hasta a una serpiente. No obstante, si no la dejas que te ponga el pie encima para avanzar, ahí saca los colmillos». Al principio su conducta de seducción superficial funcionó, pero pronto la manipulación se hizo evidente, lo que tuvo como resultado exactamente lo opuesto de lo que ella deseaba. La gente consiguió inmunizarse contra sus intentos de influir y persuadir. Eso manchó su reputación de un modo que no pudo reparar.

¿POR QUÉ LA GENTE NO ME ACEPTA?

Concentrémonos por ahora en la influencia, porque esta depende de la aceptación personal. ¿Qué hace que algunas personas, como Diane, promuevan la aceptación de un modo tan fácil, mientras que para otros, como Bob, resulta tan difícil? La respuesta es el poder y su relación única con la credibilidad y la influencia. Para los propósitos de esta explicación, definiremos *poder* como la capacidad de ejercer influencia. No se puede lograr influencia sin poder. No se puede ejercer el poder sin una relación. Esto nos lleva de regreso a la premisa de que la influencia ocurre dentro de las relaciones.

El poder no es intrínsecamente bueno o malo. Le otorgamos un significado y hacemos elecciones con respecto a cómo lo usaremos o reaccionaremos ante el uso que otros hacen de él. En última instancia, el poder implica una responsabilidad y existe como una función del individuo, los seguidores y la situación que comparten. La relación entre un hijo y un padre ilustra este punto. Los hijos son solo tan poderosos dentro de la familia como sus padres les permiten. Pueden ser rebeldes y exigentes o hacer berrinches para atraer la atención. En sí mismas, estas conductas no les confieren poder. Este depende de cómo responden los padres a su comportamiento. Si lo hacen dejándolos que se salgan con la suya, los hijos han ejercido poder sobre ellos.

La gama de formas en que la gente ejerce el poder y responde a él puede ser complicada. En 1959, los psicólogos John French y Bertram Raven delinearon un esbozo a fin de comprender los diferentes tipos de poder. Bertram Raven, Arie Kruglanski y Paul Hersey, que trabajaban con Marshall Goldsmith, expandieron ese esbozo original a siete tipos distintos de poder:

- *Poder legítimo.* Surge del título o el puesto en el orden jerárquico y cómo los demás perciben ese título o cargo. Aquellos que tienen poder legítimo puede influenciar fácilmente a otros, porque ya poseen una posición de poder. Si Diane es ascendida al puesto de directora ejecutiva y su gente cree que merece el cargo, responderán favorablemente cuando ejerza su poder legítimo.

- *Poder coercitivo.* Este poder proviene del miedo. El que lo usa influye en otros por medio de la amenaza y la fuerza. No cumplir provoca un castigo. Si Bob intimida a su gente, amenazándola con no ascenderla o despedirla si no obtienen resultados, está haciendo uso de un poder coercitivo.

- *Poder experto.* Proviene directamente de las habilidades o la experiencia de una persona o de las habilidades o la experiencia percibidas. Este poder se basa en el conocimiento. Si Diane tiene un máster en administración o un doctorado en análisis estadístico, sus colegas y subordinados serán más proclives a acceder debido a su experiencia. Esto le otorga una gran influencia.

- *Poder de información*. Proviene de la posesión de información necesaria o deseada. Las personas con un alto poder de información tienen influencia porque controlan el acceso a ella. Si Bob pudiera acceder a un archivo seguro con una clave especial, la gente se pondría a su disposición cada vez que necesitara consultar ese archivo.

- *Poder de recompensa*. Este poder motiva a la gente a responder para obtener aumentos, ascensos y premios. Tanto Diane como Bob poseen cierto poder de recompensa si realizan las revisiones de desempeño que determinan los aumentos y las bonificaciones de los empleados a su cargo.

- *Poder referencial*. Depende de rasgos y valores personales como la honestidad, la integridad y la confiabilidad. Las personas con un poder referencial elevado pueden influir mucho en cualquiera que las admire y respete. La agradable Diane posee este tipo de poder; el poco amistoso Bob, no.

- *Poder de conexión*. Este poder crea influencia por delegación. Aquellos que emplean este poder construyen coaliciones importantes con otros. Influyen en todo el que quiera obtener el favor o evitar la desaprobación de esas coaliciones. La capacidad natural de Diane para forjar estas relaciones con las personas y agruparlas en coaliciones le da un fuerte poder de conexión.

FIGURA 2-1 **Tipos de poder**

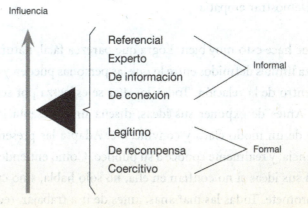

35

En el ámbito laboral, estos siete tipos de poder se incluyen en general en una de dos categorías (figura 2-1): formal (poder legítimo, coercitivo y de recompensa) e informal (poder referencial, experto, de información y de conexión). Un jefe puede emplear todos los tipos de poder durante un día de trabajo habitual. Cuando se trata de influir en las personas sin crear efectos potencialmente negativos, los poderes referencial, experto, de información y legítimo tienden a obtener los mejores resultados. Los poderes coercitivo, de conexión y de recompensa requieren una aplicación más cuidadosa, porque se apoyan en un grado más elevado de confianza y riesgo, y puede caerse fácilmente en la manipulación.

Un líder exitoso a menudo se apoya en el poder referencial para influir en las personas, porque es el que alimenta de manera más eficaz la credibilidad. Como se mencionó antes, hay una fuerte relación entre la credibilidad, la influencia y el poder. ¿Quién creerá y confiará más en ti? ¿Quién es más probable que siga tus sabios consejos? Aquellas personas con las que has establecido relaciones fuertes y positivas.

El uso efectivo del poder referencial implica desarrollar una serie de habilidades importantes y no fácilmente adquiridas, entre ellas:

- Manejar los límites.
- Mantener la fuerza de carácter.
- Hacer una presentación clara y convincente.
- Adaptar la comunicación al oyente.
- Forjar la confianza.
- Demostrar empatía.

Diane hace esto muy bien. Logra que parezca fácil, natural e invisible. Traza límites definidos entre lo que las personas pueden y no pueden hacer dentro de la relación. Todos los días se esfuerza por ser fiel a sus valores. Antes de exponer sus ideas, diseña una presentación que las muestre de un modo claro y convincente. Adapta las presentaciones a su audiencia, y realmente conoce a su público. Como entiende que nadie aceptará sus ideas si no confían en ella, no solo habla, sino cumple con lo que promete. Todas las mañanas, antes de ir a trabajar, recuerda que siempre que enfrente un problema con alguien de su equipo, hará una pausa y se pondrá en los zapatos de esa persona.

EL PODER DEL PODER REFERENCIAL

Analizar la influencia incluye observar tanto a la persona influyente como al receptor. Piensa en tu peor jefe. ¿Qué era lo que hacía que esa persona fuera tan insufrible? ¿Cuán bien te desempeñabas bajo su liderazgo? Ahora piensa en tu mejor jefe. ¿Cómo se comportaba? ¿Cuán bien te desempeñabas bajo su liderazgo? Apostaría mi doctorado a que el mejor jefe te hacía sentir respetado y valorado. El peor te hacía sentir poco importante, como un eslabón reemplazable en una cadena. Me atrevería a asegurar que tu desempeño fue superior con el mejor jefe. ¿Qué diferencia una experiencia de la otra? El poder referencial.

Cuando se trata de la calidad de la influencia entre dos personas, todo radica en uno de los principios básicos de la naturaleza humana. Nos gusta escuchar y estamos dispuestos a seguir a aquellas personas que nos respetan y valoran sinceramente y a las que también respetamos y valoramos. Imagina que estás escuchando a Albert, el brillante y muy experimentado jefe de desarrollo del producto, el cual se jacta de sus títulos de especialización logrados en Stanford y Yale. Albert te cuenta todo lo relacionado con el nuevo aparato que tu empresa pronto lanzará al mercado, pero te habla como si fueras un tonto niño de seis años. Tu profundo desagrado por él actúa como un bloqueo que te impide escuchar lo que está diciendo. En realidad, le prestas tan poca atención a su presentación que cuando llega el momento de explicarles sobre el nuevo producto a los clientes, tartamudeas y te trabas en medio de una terrible presentación. Debes calificar esta relación con un cero en el medidor de influencia.

Ahora imagina lo opuesto. Albert te trata como un compañero confiable y se toma el trabajo de explicarte las características más complejas del nuevo producto, te invita a hacer preguntas, porque considera que realmente no hay ninguna que sea demasiado insignificante para responderla, y establece un vínculo que genera comodidad. Absorbes la información como una esponja y vendes tropecientos aparatos. El resultado es un cien en el medidor de influencia.

NO ES EL DOCTORADO, ES LA EMOCIÓN

El poder referencial, en su forma más básica, apunta a establecer un vínculo, una relación de confianza mutua y conexión emocional. Si escribes «cómo desarrollar un vínculo» en un buscador de la Internet, encontrarás más de setecientos mil sitios que te prometen los secretos para construir una relación así. Entre ellos, podemos mencionar:

- Pon en práctica una conducta de imitación.
- Establece contacto visual.
- Emplea el mismo tono de voz y ritmo del discurso.
- Escucha atentamente para resumir lo que la otra persona ha dicho.
- Respira siguiendo el mismo ritmo.
- Averigua el nombre de la otra persona y úsalo durante la conversación.
- Descubre un interés en común y comienza una charla trivial.

Estos son «trucos», pero no desdeñes su eficacia. Funcionan bien cuando se practican con sinceridad. Asegúrate de que nunca te limites a «llevarlos a cabo mecánicamente», pues eso socava la credibilidad, el poder y la influencia.

Jason, que dirigía una empresa de búsqueda de ejecutivos, consideraba que era tan sincero como el que más. De verdad deseaba impresionar a los otros. De verdad pensaba que era un líder diestro. De verdad creía que tenía los pies sobre la tierra. De verdad opinaba que era un jefe atento. Sin embargo, cuando sus empleados lo veían en acción, sentían vergüenza ajena. «Tenía una lista en la cabeza que le indicaba exactamente qué decir y hacer en todo momento, como un robot. Casi podías oír el chirrido de los engranajes», me dijo un empleado, apenas conteniendo la risa.

VERDADERO VÍNCULO FRENTE A VÍNCULO DE MANUAL

No construyes un vínculo verdadero aplicando una simple técnica cuando necesitas algo. Este es el resultado de una decisión firme de tratar bien a las personas, de una filosofía profundamente arraigada que rige la forma de abordar las relaciones. Algunas personas eligen establecer un vínculo como un medio para lograr sus fines, como vimos en Michelle anteriormente, mientras que otros, como Diane, construyen un vínculo de forma natural, porque respetan y valoran de verdad las necesidades de los otros. La manipuladora Michelle logra que la gente cumpla, pero no puede hacer que se comprometa plenamente. Si esperan una recompensa o temen un castigo, las personas pueden cumplir con una orden, pero no se comprometen en un cien por ciento, a menos que hayan aceptado la orden y en realidad quieran hacerlo. Cuando la gente se siente plenamente comprometida a hacer algo, siempre obtiene mejores resultado que si solo lo hace de un modo mecánico. Diane sabe esto muy bien, así que nunca recurrirá a la manipulación. El enfoque de Michelle probablemente provenga de un libro de autoayuda; el de Diane surge del corazón. ¿Cuál hará avanzar a la organización de un modo más poderoso?

Eso no significa que debas convertirte en un sensiblero, adulador u optimista redomado de la Nueva Era para influenciar a las personas. Un buen jefe nunca actúa como el mejor amigo de todo el mundo, porque muchas veces tiene que hacer elecciones difíciles, hablar con franqueza con la gente que rinde menos de lo esperado, y hacerse cargo de su justa parte en las decisiones complicadas e impopulares. Sin embargo, el buen jefe que mantiene un vínculo genuino con sus empleados siempre se identifica con ellos cuando hace una elección difícil. Como se mencionó antes, con un buen vínculo viene la responsabilidad.

«Pero», quizás sostengas, «no estoy aquí para hacer amigos. El liderazgo no es un concurso de popularidad». Muy bien, me parece justo. Sin embargo, les debes a tus empleados y a ti mismo relacionarte con ellos de un modo que los comprometa a hacer su mejor esfuerzo (un tema que exploraremos con más profundidad en el capítulo 8). Cuando solo les dices a las personas qué hacer, sin involucrar su corazón y su mente (es decir, sin influenciarlos), las pierdes. Ciertamente, desaprovechas la oportunidad de que se comprometan a hacer su mejor esfuerzo; pueden cumplir en el corto plazo, pero es muy probable que los pierdas mientras salen por la puerta para unirse a un competidor. Incluso en el ejército, donde cada recluta debe obedecer órdenes, los mejores líderes construyen un vínculo y ejercen una tremenda influencia. Como dice el antiguo adagio: «La actitud refleja el liderazgo».

Peter, un director ejecutivo con una carrera distinguida en las Fuerzas Especiales Británicas, me describió su experiencia con dos talentosos oficiales superiores. Jim era un oficial que se regía estrictamente por el manual y seguía con aplicación todas las reglas. Mick, igual de talentoso, amigable y relajado, iluminaba una habitación cuando traspasaba la puerta. Los soldados respetaban a Mick por su capacidad militar, pero también por su humanidad innata y su habilidad para hacerlos sentir valorados. Los soldados de Jim, si bien respetaban su capacidad militar, atribuían su éxito a intereses y beneficios personales. Algunas cosas de él nunca fueron percibidas como genuinas o muy reales. Para agregar sal a la herida, Jim no le prestaba atención a la percepción de sus hombres.

Jim y Mick atravesaron el riguroso proceso de selección de las Fuerzas Especiales casi al mismo tiempo, y ambos se desempeñaron magníficamente bien en los aspectos físicos de su función. Sin embargo, cuando los entrevistadores consideraron la personalidad de los candidatos, Mick aprobó y Jim fracasó. Como lo explicaba Peter: «¿Con quién prefiere uno trabajar si se produce un problema? ¿Con alguien que sabes que te apoya un cien por ciento o alguien que parece que está solo preocupado por sí mismo?».

NUESTROS CEREBROS CON OXITOCINA

Hasta ahora, hemos examinado la influencia desde una perspectiva empresarial, exponiendo cómo el manejo de la conciencia social y las relaciones ayuda a los líderes a desarrollar una auténtica influencia y el poder referencial. Ahora, observémosla a través de los ojos de la ciencia.

Los científicos creen que la oxitocina —neurotransmisor y hormona— desempeña un papel principal en generar empatía, confianza, compasión y generosidad, para nombrar solo algunos rasgos humanos. Se le ha apodado la hormona «del vínculo afectivo».

En 2004, Paul J. Zak, Robert Kurzban y William Matzner dieron a conocer un estudio revolucionario que llevaron a cabo para determinar cómo la oxitocina afectaba el desarrollo de la confianza. Durante el estudio, los participantes practicaban el *Juego de la confianza*, en el que dos jugadores recibían diez dólares solo por participar en él. Ninguno de los dos podía ver al otro. Al comienzo del juego, la participante 1 (Keisha) podía transferirle cualquier monto —de cero hasta diez dólares— al participante 2 (Tom). Sin importar cuál fuera la suma de dinero que Keisha le enviara a Tom, este recibía en realidad el triple de esa cantidad. Así, si Keisha decidía transferirle dos dólares a Tom, este recibía seis dólares sobre sus primeros diez. Tom, a su vez, podía elegir devolverle a Keisha una porción de la cifra total o nada en absoluto. Inmediatamente después de que los participantes tomaban sus decisiones, los investigadores les hacían un análisis de sangre para medir sus niveles de oxitocina.

Zak y sus colegas identificaron la transferencia inicial de dinero de las Keishas a los Toms como una medida de confianza, y la transferencia de retorno de los Toms a las Keishas como una medida de confiabilidad. Hallaron que el cerebro de Tom producía oxitocina porque sentía que el donante confiaba en él. También descubrieron que, cuanto más dinero recibía Tom —lo que demostraba que había mayor confianza por parte del donante—, más oxitocina liberaba su cerebro. El cerebro de Tom también producía más oxitocina cuando le devolvía dinero a Keisha. Mientras más devolvía, mayores eran sus niveles de oxitocina, lo que indicaba niveles más altos de confiabilidad.

Lo que resulta interesante es que no hubo liberación de oxitocina en el cerebro de Keisha cuando le dio dinero a Tom por primera vez, lo que apoya la conclusión de que la liberación de oxitocina sucede solo durante la interacción social. Los aumentos en los niveles (no los niveles iniciales) indican el desarrollo de la confianza y la confiabilidad. Según Zak, en un artículo de 2008 publicado en *Scientific American*, «uno puede, por lo tanto, pensar en las señales sociales positivas y las interacciones como el paso de un interruptor al estado de "encendido"; cuando el interruptor se enciende, el cerebro humano dice: "Esta persona ha demostrado que es seguro interactuar con ella"» (p. 91).

Básicamente, Zak y sus colegas hallaron que la presencia de oxitocina aumenta nuestra probabilidad de confiar en otros. Señalaron que si bien los seres humanos están «diseñados» para confiar en los demás, a veces su experiencia de vida ajusta este neurotransmisor a un «punto de activación» diferente. Cuando nos sentimos seguros y apoyados en nuestras relaciones y ambientes, la liberación de más oxitocina refuerza nuestra capacidad de confiar en otros. Cuando nos sentimos inseguros e ignorados, un nivel más bajo de oxitocina disminuye nuestra capacidad de confiar en otros.

Debido a nuestra tendencia natural a la confianza, esto muestra por qué respondemos tan positivamente al poder referencial, que depende de los rasgos personales y valores que admiramos. Como mencionamos antes, las relaciones con influencia prosperan en presencia del poder referencial.

¿POR QUÉ LA GENTE NO ACEPTA MI MENSAJE?

Aunque las personas admiren los rasgos personales y valores de un líder, todavía pueden ignorar su mensaje. Quizás lo consideren irrelevante. Quizás les plantee un desafío desproporcionado. Quizás el líder no habló lo suficiente fuerte para ser escuchado de un modo preciso. En la mayoría de los casos, la crisis se produce porque, de algún modo, la gente no halló que el mensaje fuera convincente. Entonces, ¿cómo crear mensajes persuasivos que logren siempre su objetivo?

CUENTA HISTORIAS

El 16 de mayo de 2011, el asistente del cirujano general, Ali Khan, publicó una advertencia sobre el apocalipsis zombi y la preparación para un ataque de estos seres en el blog «La salud pública importa», del sitio web del Centro para el Control de las Enfermedades (CDC, por sus siglas en inglés). Esta idea provino de un miembro del personal de comunicaciones que notó que la actividad alcanzaba un pico siempre que alguien mencionaba a los zombis en la cuenta de Twitter durante la crisis nuclear postsunami en Japón. Kahn pensó que un mensaje que contuviera la palabra *zombis* haría que la gente reflexionara sobre la preparación para los desastres naturales y aquellos causados por el hombre. Tuvo razón. No solo la palabra, sino también las asociaciones que las personas hicieron en su mente con historias de zombis como *La noche de los muertos vivos*, atrajeron tanta actividad que el sitio web del centro colapsó.

¿Por qué las historias tienen tanto peso? En primer lugar, hacen que un tema soso o aburrido resulte más interesante. Crean imágenes en la mente de las personas. No puedes en realidad representar que «John ama a Mary», pero puedes ver cómo John toma a Mary en sus brazos y la besa apasionadamente. Las personas tal vez no «vean» una emergencia, pero pueden imaginar el ataque de los zombis. El mensaje del blog del CDC se apoyaba en el hecho de que, en situaciones de emergencia, nuestro cerebro a menudo se paraliza (véase el capítulo 3), lo que nos imposibilita para el pensamiento lógico. La moraleja de una buena historia, como el mensaje de una parábola en un cuento de hadas, se arraiga profundamente y nos ayuda a recordar qué hacer. El CDC ofrecía consejos sobre cómo lidiar con una gripe pandémica, pero introducirlos en la imagen convincente de unos zombis hambrientos, logró que el tema fuera más difícil de olvidar.

Nada puede ayudar a un líder a volverse más convincente que vincular un importante mensaje con una historia inolvidable.

COMPLETA LOS ESPACIOS EN BLANCO

Toda persona aporta a una situación social un conjunto único de experiencias y creencias sobre sí misma, los demás y el ambiente. Y toda persona con la que un líder interactúa entra en la conversación con un conjunto integral de ideas, valores y creencias preconcebidos, que pueden diferir drásticamente de los del líder. Como vimos en el capítulo 1, la gente ve las cosas como quiere verlas, no como el jefe le dice que las vea.

Una historia brinda un terreno común donde las personas pueden compartir una experiencia con otros. Aunque cada uno puede interpretar la historia de un modo diferente, todos entienden el punto. A pesar de las sutiles diferencias en la interpretación, todos comprenden el mensaje de la fábula del escorpión y la rana.

> *Un escorpión decidió que quería cruzar un río profundo, pero sabía que no podía nadar una distancia tan larga. Cuando divisó a una rana sentada por ahí, le pidió que lo ayudara a cruzar el río. Por supuesto, la rana le dijo que no: «Lo único que harás será picarme y matarme». El escorpión insistió: «No, no, si hiciera eso, caería al agua y me ahogaría». El escorpión convenció a la rana, que aceptó el trato. Saltó sobre su lomo y comenzaron el viaje. A mitad de camino, el escorpión de pronto retrocedió y le clavó su púa a la rana. «¡Tonto!», gritó la rana. «¡Ahora moriremos los dos! ¿Por qué rayos hiciste eso?». El escorpión se encogió de hombros y dijo: «No pude evitarlo. Está en mi naturaleza».*

Como un conector universal, la historia activa distintas partes de nuestro cerebro, incluyendo la fuerza motriz de nuestras emociones (la amígdala), a diferencia de aquellas estimuladas con una simple presentación de hechos y cifras (es decir, la corteza prefrontal, que controla nuestra memoria a corto plazo). Esto nos ayuda a darle sentido a nuestro mundo. Cuando alguien oye o lee una historia, su mente completa los espacios en blanco hasta que puede verlo todo sucediendo en su mente. ¿No lo crees? Intenta este pequeño juego mental:

De acuedro con la investiagción en una uinevrsidad inlgesa, no improta en qué odren etsán las lertas de una palarba, simepre que la prirema y la útilma etsén en el luagr corretco. El retso peude ser un desatsre toatl y aun así es poislbe leer sin prolbemas. Esto es proque no lemeos lerta por lerta, sino la palbara como un todo.

Lo entendiste, ¿no es cierto? Esto se debe a que tu cerebro tomó atajos para completar los espacios en blanco o conectar los puntos. Del mismo modo, nuestra mente completa las historias y experiencias por nosotros. *Está en nuestra naturaleza* completar un relato y dejarse influenciar por él. Nos hace sentir cómodos y confiados.

En 1944, Fritz Heider y Mary-Ann Simmel, dos psicólogos del Smith College, les mostraron a los participantes de un estudio una imagen: un par de triángulos animados (uno azul pequeño y uno gris grande) y un círculo de color rosado que se movían alrededor de un cuadrado. Los investigadores les pidieron a los participantes que describieran lo que veían. En sus descripciones, los participantes les asignaban cualidades humanas, como motivación e intención, a las formas animadas. Decían: «El círculo está persiguiendo al triángulo» o «El pequeño triángulo azul y el círculo rosa están enamorados» o «El triángulo gris grande está tratando de entrometerse en el camino del azul pequeño». ¿No te parece interesante? A partir de una simple imagen, las personas tienden a enhebrar historias elaboradas que las ayuden a darle sentido a lo que ven.

Los científicos han rastreado esta tendencia de la gente a crear narraciones hasta nuestras raíces evolutivas. Los primeros humanos usaban los relatos para enseñar, lograr empatía y conectarse con otros. A lo largo de la historia humana, las personas se han apoyado en las narraciones para trasmitir tradiciones, leyendas y enseñanzas. La Biblia, el libro instructivo más leído de todos los tiempos, enseña sus lecciones a través de relatos, los cuales la gente recuerda mucho más fácilmente que si se tratara de un principio filosófico abstracto. El psicólogo del desarrollo Jean Piaget afirmaba que las personas tienden a razonar de lo concreto a lo abstracto, y no de lo abstracto a lo concreto. Si quieres que tu mensaje sea memorable, cuenta una historia. Esta hará entender la moraleja de un modo más seguro que el argumento abstracto mejor razonado.

Los psicólogos se refieren a este rasgo humano natural como *teoría de la mente*. Desde la infancia temprana, las personas refinan la habilidad para atribuirles estados mentales como intenciones, motivaciones y pensamientos a otros (como hicieron los participantes del estudio cuando describieron los triángulos y el círculo). Esto nos ayuda a comprender las acciones y conductas de otros. La teoría de la mente explica la empatía: ver los hechos desde el punto de vista de otra persona y adscribirles una causa y un efecto, así como una secuencia. La narración brinda un medio confiable para tomar ideas complejas y procesos (como el de causa y efecto) y comunicárselos a otros de un modo en que puedan entenderlos. Las historias simplemente hacen más fácil tener acceso a la mente de los demás.

Un estudio de 2007 llevado a cabo por Jennifer Edson Escalas, de la Universidad Vanderbilt, descubrió que los participantes respondían más favorablemente a la publicidad que les contaba una historia que a la que les exigía pensar en los argumentos a favor de un producto. Llevando esta noción un poco más lejos, en 2006, la investigadora Melanie Colette Green y otros demostraron que rotular una información como «hecho» aumentaba el análisis crítico, mientras que rotularla como «ficción» reducía el pensamiento crítico. Esto significa que las personas considerarán más fácil aceptar una historia al pie de la letra, mientras que pueden cuestionar un argumento abstracto.

Una investigación interesante afirma que la narración aumenta las conexiones neuronales entre las personas. En 2010, Greg Stephens, Lauren Silbert y Uri Hasson, neurocientíficos de la Universidad de Princeton, descubrieron que cuando una persona cuenta una historia, el cerebro de los oyentes tiende a sincronizarse (es decir, se activa de la misma forma). Los investigadores midieron la actividad nerviosa de dos narradores (uno de los cuales hablaba inglés y el otro ruso) mientras cada uno contaba una larga historia improvisada. Luego midieron la actividad nerviosa de doce individuos angloparlantes mientras escuchaban las grabaciones de los dos narradores. Stephens y sus colegas hallaron que la comunicación exitosa (es decir, los oyentes que realmente entendían la historia contada en inglés) tuvo como resultado un acoplamiento nervioso (es decir, una activación de las mismas partes del cerebro tanto del narrador como de los oyentes). Aunque estos hallazgos generales requieren más información, apoyan la idea de que comunicarse a través de narraciones genera una danza mental entre un orador y un oyente involucrados.

Conclusión: si quieres que la gente preste atención, aprenda y recuerde algo importante, cuéntale una historia, como hizo el cirujano general con la metáfora del apocalipsis zombi, y como también hiciera Martin Luther King, Jr., cuando compartió su sueño con el mundo.

NIVELES DE ACEPTACIÓN

Cuando deseas influenciar a las personas para que modifiquen actitudes o cambien conductas, necesitas que acepten el cambio brindándoles un poderoso mensaje. Puedes aumentar las probabilidades de un cambio de actitud y conducta si abordas los tres niveles diferentes de aceptación, cada uno de los cuales se adentra más profundamente en el relato y tiene el potencial de aumentar el compromiso.

En el nivel uno, el más básico, en el que domina la persuasión, las personas aceptan tu idea intelectualmente. Aquí pones en funcionamiento datos y cifras.

Cualquiera que haya viajado recientemente en un taxi ha visto el cartel: ABROCHARSE EL CINTURÓN DE SEGURIDAD EN EL ASIENTO TRASERO SALVA VIDAS. Probablemente procesaste esa información fáctica y rápidamente la ignoraste. No modificó tu conducta, porque carecía de emoción. Hasta la coerción tiene poco efecto para obligar al cumplimiento. La amenaza de una multa de cincuenta dólares también resulta desatendida.

Los hechos fríos y concretos no apelan a la emoción. Las historias sí. Los hechos no personalizan la influencia. Las historias sí. Los hechos no inspiran. Las historias sí. A diferencia de los hechos, las historias permiten que la mente humana capture y se relacione con la esencia personal del asunto y lo haga suyo.

En el nivel dos, las emociones entran a jugar un papel y comienzan a influir en los resultados. Los hechos se entretejen en un tapiz verbal o visual y desencadenan la actividad de los centros emocionales del cerebro. El mensaje ahora es más poderoso, memorable e influyente. He aquí una nueva imagen sobre la importancia de usar el cinturón de seguridad. El noticiero presentó esta triste historia en 2001, la cual trata sobre una joven mujer llamada Cindy Jay-Brennan.

Cindy, una mujer joven que ganó el premio grande en un casino de Las Vegas, se había casado hacía poco y estaba lista para disfrutar de una luna de miel postergada con su marido. Regresaba en coche a su casa con su hermana después de haber salido una noche y ninguna de las dos usaba el cinturón de seguridad. Estaban detenidas en una luz roja cuando un conductor ebrio las chocó. La hermana murió y Cindy quedó paralizada.

Quizás ahora, con solo leer la historia, estés plenamente convencido de abrocharte el cinturón la próxima vez que subas a un coche.

En el nivel tres, una historia contada a partir de la experiencia personal de otra persona tiene la mayor influencia. Durante un reciente viaje en taxi en Las Vegas, el conductor me contó esta anécdota.

Solía trabajar con esta encantadora mujer que tenía poco más de veinte años. Era una mesera que servía tragos en el restaurante donde yo trabajaba. Una joven hermosa y dulce. Camino a encontrarse con su novio una noche, puso unos dólares en la máquina tragamonedas y ganó millones de dólares. Resultó asombroso. Bien, una noche estaba manejando por el bulevar con su hermana y mientras estaba detenida en una luz roja, un conductor borracho la chocó. Ninguna de las dos tenía el cinturón puesto. Su hermana murió y ella quedo paralizada de inmediato. La vi hace poco y fue devastador. Ni siquiera puede alimentarse por sus propios medios.

Se me llenaron los ojos de lágrimas cuando le pregunté si había muchos conductores ebrios en Las Vegas. Me respondió: «Ah, sí, cientos». *Inmediatamente* me abroché el cinturón. Personalizar un mensaje persuasivo no solo motiva la conducta, también puede modificar valores y actitudes. He convertido en un hábito abrocharme el cinturón en los taxis.

No te excedas con los relatos hasta el punto de que la gente te huya por temor a que le cuentes otra historia interminable. Los mejores narradores cuentan sus historias juiciosamente, conformándolas al contexto, personalizándolas y adaptándolas al medio y la audiencia, y asegurándose de transmitir el mensaje correcto.

TRANSMISIÓN DEL MENSAJE

Todos sabemos con quién podemos conversar fácilmente sobre cualquier cosa. También podemos nombrar a las personas que nos hacen sentir incómodos y con las que preferiríamos no hablar acerca de nada. Todo depende de los estilos de comunicación. Algunos estilos nos atraen como imanes. Otros hacen que nos alejemos. En general, las personas parecidas se atraen. Suzanne es una mujer alta, educada en Harvard y fanática empedernida de los Red Sox. Resulta probable que se sienta más atraída hacia Tony, un graduado de la Universidad de Boston que solía jugar al béisbol y también vive y respira por los Sox, que hacia el plomero de 1,60 m que solo terminó la escuela secundaria y piensa que los Yankees son los mejores. La investigación referida a las citas sugiere que, principalmente, salimos con personas que están en consonancia con nuestro aspecto y nivel de atractivo. Lo mismo ocurre con los estilos de comunicación, los cuales figuran prominentemente en nuestra capacidad para influir en otros.

Los mejores comunicadores e influyentes pueden estudiar a su audiencia y adaptar su presentación a sus antecedentes y preferencias. Esta *flexibilidad en el estilo* es una señal clara de un gran comunicador. Alguien que adapta su estilo con destreza puede hablarles a las personas tanto similares como distintas de un modo que hace que ambas partes se sientan valoradas y respetadas. Estos comunicadores han dominado el arte de la *influencia adaptativa*, ajustando su estilo persuasivo para que represente las diversas expectativas, habilidades y personalidades de su audiencia.

Los investigadores han contribuido mucho a nuestra comprensión de la comunicación. Para nuestro propósito, nos centraremos en la noción de que las preferencias comunicativas pueden ubicarse en un espectro de franqueza y sociabilidad, cada uno de ellas con dimensiones altas y bajas. Cada preferencia interactúa con la otra para crear cuatro estilos principales de comunicación.

La figura 2-2 ilustra cómo Diane, de nuestra historia anterior, le comunica un cambio de horario a cuatro personas de su equipo. Dos de los miembros han formado parte del grupo durante bastante tiempo y prefieren un estilo directo de comunicación. Una demuestra mucha sociabilidad (Carroll) y la otra, poca (Jasmine). Las otras dos personas, que se han unido recientemente al equipo, prefieren un estilo indirecto de comunicación; uno muestra alta sociabilidad (Joe), la otra, baja (Liz). Ten presente que si bien hemos ubicado a los miembros del equipo en casillas bien definidas, las personas en la vida real no encajan en estas categorías tipo blanco o negro.

FIGURA 2-2 Estilos de comunicación

	Directo	
Baja sociabilidad	Jasmine, si trabajas el fin de semana, puedes cumplir con la fecha de entrega de este proyecto.	Carroll, como sabes, estamos en una situación difícil con muchas fechas límites estrictas para el lunes. Necesitamos que todos participen durante el fin de semana. Hablemos de qué funcionaría mejor para ti, así puedes terminar el trabajo y al mismo tiempo tener un fin de semana divertido.
	Liz, necesitamos que este proyecto esté terminado para el lunes y tu contribución es necesaria a fin de cumplir con esta fecha de entrega.	Joe, sé que tienes muchos planes para este fin de semana. En realidad, necesitamos tener el proyecto terminado para el lunes, y por supuesto eres esencial para lograrlo. ¿Qué te parece?
	Indirecto	Alta sociabilidad

Diane podría haberse comunicado de un modo más directo con todos los miembros del equipo si hubiera tenido fuertes relaciones de influencia con todos ellos. Sin embargo, empleó un enfoque indirecto con los más nuevos, Joe y Liz, con quienes todavía no ha construido una relación estrecha. Con Carroll y Jasmine, las integrantes más veteranas del equipo, que han llegado a admirar a su jefa, puede decir lo que piensa con más facilidad, aunque respeta totalmente los matices en sus preferencias de comunicación. En los meses futuros, Diane se esforzará especialmente para asegurarse de que Joe y Liz también sepan que cuando comunica un mensaje importante, siempre piensa en el principal interés de ellos, comprende sus necesidades únicas y los valora como individuos. En el mundo real, sin embargo, algunas personas que prefieren la comunicación indirecta nunca recibirán de buen grado un enfoque directo, sin importar lo que hagas. *No está en su naturaleza.* Así que mantén abiertas todas tus opciones comunicacionales.

FILOSOFÍA RELACIONAL

Todos necesitamos tiempo y esfuerzo para cambiar, incluso tú, en especial cuando se trata de alterar la forma en que te relacionas que la gente. Los viejos hábitos tardan en erradicarse. Siempre es más fácil apoyarse en lo que has hecho continuamente, aun cuando tu enfoque cause problemas y socave tu liderazgo. Sin embargo, todos podemos beneficiarnos si mejoramos la manera de forjar relaciones productivas e influenciamos de un modo más efectivo a nuestros pares, subordinados directos y hasta a nuestros superiores. Para hacer eso, hay que reemplazar el tipo de conducta inconsciente en que cada uno tiende a apoyarse para atravesar el día por una filosofía relacional consciente construida sobre la base de una mayor conciencia social y un manejo más hábil de las relaciones. Esto significa tener lo que llamamos una *filosofía relacional*. Implica pensar en los otros cada vez que interactuamos con ellos, no solo algunas veces. Una buena filosofía relacional:

- Edifica el consenso y el apoyo.
- Inspira a los demás y fomenta el entusiasmo.
- Reconoce, valora y recompensa de un modo apropiado las fortalezas de las personas.

- Aborda con tacto las áreas que requieren desarrollo.
- Desafía a los otros y promueve el pensamiento crítico, la innovación y la creatividad.
- Reconoce las perspectivas diferentes, resuelve los conflictos y une a la gente.
- Contribuye a un ambiente de colaboración y lo promueve.
- Mantiene la empatía y promueve la toma de conciencia de las señales emocionales.
- Facilita escuchar y ser escuchado.
- Demuestra confiabilidad, diligencia y perspicacia.
- Impulsa las relaciones internas y externas.

Estas características describen a los grandes jefes que poseen un tremendo poder referencial. Piensa en el mejor y el peor jefe que recordaste antes en este capítulo. ¿Cuántas de estas características desplegaba el mejor? ¿De cuántas carecía el peor?

También considera el hecho de que un jefe puede usar mal estas características aplicándolas de un modo manipulador. Si Diane pretende edificar el consenso y el apoyo, pero insiste en que todos hagan las cosas como ella dice, o si promueve hipócritamente un ambiente de colaboración, pero en realidad no valora las sugerencias de los otros, la gente la verá como una manipuladora que carece de conciencia social y relacional, y se relacionarán con ella, o no lo harán, de acuerdo a esto. Los líderes que desean vincularse con sus empleados de un modo consciente, verdadero y sincero deben escucharlos activamente antes de hablar.

ESCUCHA

Cualquiera puede aprender a escuchar, a escuchar de verdad. Intenta este ejercicio con algunas personas a la hora del almuerzo. Primero cuenta la historia usando quizás un salero, una taza de café, un paquetito de azúcar y un vaso de agua para representar a los personajes de la misma:

Una hermosa mujer llamada Alice (A) vive en una pequeña cabaña al lado de un río ancho y traicionero. Se ha enamorado locamente de Bob (B), un hombre guapo y adinerado que vive en la orilla opuesta. Un día, coloca todo su dinero en un bolso y le pide a Chris (C), el capitán del ferry, que la cruce al otro lado del río. Después que el capitán le dice que el viaje cuesta dos veces lo que ella puede pagar, le ofrece cobrarle la mitad si se quita toda la ropa y la deja en la orilla. Escandalizada, se niega y regresa rápidamente a su casa. Sin embargo, anhela tan desesperadamente encontrarse con el hombre que ama que vuelve al día siguiente, se desviste y sube al bote.

Una vez que cruza el río, corre de prisa a la casa de Bob y llama a la puerta. Por supuesto, este la deja entrar y durante cinco días disfruta de su compañía. Al sexto día, admite que nunca la amó y sin más ceremonias la echa de su casa. Desnuda y arruinada, se acerca al capitán del ferry, que solo se echa a reír y se aleja por el río.

Sabiendo que el vecino de Bob, Don (D), el leñador, siempre ha estado locamente enamorado de ella, Alice golpea a su puerta y le pide que le dé refugio. «Te he estado observando esta última semana», le dice Don, «y has comprometido tanto tu virtud que es imposible que pueda permitirte entrar en mi casa». Dicho esto, le cierra la puerta en la cara.

Alice, desesperada y desnuda, corre al bosque cercano, donde un oso la mata y se la come.

Ahora, pídele a tu audiencia que califique su aprobación o respeto por cada uno de los personajes (A, B, C y D) en orden descendente. La calificación diferirá ampliamente. Pídele a cada persona que explique su ordenamiento. Seguirá un vívido debate. La interpretación de cada persona te dirá mucho con respecto a sus valores. En lugar de ofrecer tu propia interpretación e involucrarte en el debate, escucha atentamente lo que dicen los demás. Es muy probable que este se convierta en un ejercicio bastante difícil, porque al igual que la política y la religión, la moral y los valores generan sentimientos fuertes y una tendencia natural a descartar el punto de vista de los demás.

Puedes usar esta práctica de escucha activa a fin de ejercitar tu habilidad para evitar el juicio y oír de verdad lo que los otros están diciendo.

Esto no solo fortalece tu capacidad de escucha, también desarrolla tu capacidad de empatía, una cualidad central de un gran líder.

Cinco pasos para la escucha activa

Paso uno: ¿recuerda la proporción dos a uno de los oídos con respecto a la boca mencionada en el capítulo 1? Cierra la boca y abre los oídos. Apaga la voz en tu cabeza que continuamente hace hipótesis, juzga a tu interlocutor y contempla qué dirás después. No termines las oraciones del otro ni interrumpas su línea de pensamiento.

Paso dos: trata de percibir los sentimientos. Las personas no siempre expresan sus sentimientos o preocupaciones de manera directa, en especial a sus jefes. Presta atención a las palabras que expresan sentimientos o necesidades y a las conductas no verbales que pueden reflejar cómo se siente alguien.

Paso tres: reconoce lo que crees haber escuchado parafraseando lo que la persona acaba de decir. La paráfrasis te ayuda a verificar la precisión de tu comprensión. Aclara las emociones que crees haber visto expresadas en las declaraciones verbales o el lenguaje corporal. Advertencia: no repitas como un loro, pues eso puede percibirse como imitativo y falso.

Paso cuatro: aporta tu opinión después de reconocer la contribución de la otra persona. Hazlo sin emitir juicios. Cuando te sientas tentado a criticar o desmerecer las opiniones o los sentimientos de otro (algo que hacemos regularmente), ¡DETENTE! Hacer eso reduce la empatía y el desarrollo de las relaciones.

Paso cinco: préstale atención a cualquier cambio en el lenguaje corporal, la verbalización o la emoción que se haya producido.

después que emitiste tu opinión. Confirma lo que hayas notado y verifica su precisión antes de seguir la conversación.

LENGUAJE CORPORAL

Recientemente trabajé con Joel, un ingeniero de software que era el experto en productos dentro de un equipo de ventas. Joel era un tipo agradable con una mente aguda, que conocía su producto por dentro y por fuera. Le ofrecía mucha información al equipo y sus clientes. A pesar de su reputación como el hombre al que había que acudir con las preguntas acerca del producto, los clientes se contactaban con frecuencia con el líder u otros miembros del grupo cuando necesitaban una respuesta. Esto era frustrante para todos los integrantes del equipo, en particular para Joel. Y esa fue la razón por la que recurrió a mí para que lo ayudara con algo de consejería.

Resultó obvio, después de mi primera reunión con él, por qué algunos clientes no lo buscaban cuando querían respuestas para sus preguntas. Joel habla enfáticamente con un fuerte tono de voz, se inclina hacia delante y hace gestos agresivos con las manos para transmitir lo que quiere decir. Uno entiende el mensaje. Cuando se le hace una pregunta, se reclina hacia atrás en la silla, cruza los brazos sobre el pecho, frunce el ceño y con frecuencia suspira. Su lenguaje corporal y su comunicación paraverbal (por ejemplo, el tono, el volumen, la inflexión, los suspiros, los carraspeos) pasan de enérgicos y agresivos a cerrados y poco receptivos. No se necesita un doctorado en psicología para ver lo que está sucediendo y cómo nada de esto es atractivo.

Después de nuestro intercambio, le pregunté a Joel si podía grabar en vídeo alguna de nuestras sesiones. Estuvo de acuerdo y al final de la siguiente sesión vimos la grabación juntos. Hasta él pudo ver que su postura física y sus gestos eran intimidatorios y desalentadores para los clientes. «¡Santo cielo, me veo como si estuviera muy molesto!», exclamó abruptamente.

Todo el mundo sabe que la comunicación implica más que las meras palabras. Transmitimos fuertes mensajes con el cuerpo, en especial con la expresión facial, los gestos de las manos y las posturas, para no mencionar el tono y la inflexión de nuestras palabras. Si eliminas el componente no verbal de la comunicación, creas un terreno fértil para los malos entendidos y las malas interpretaciones de un mensaje. Supongamos que tu perro acaba de ser atropellado por un auto y murió, un virus invadió tu computadora y destruyó el informe que con tanto cuidado preparaste, y tu migraña semanal te ha estado atormentando la cabeza. Cuando tu mejor amiga entra a tu escritorio y te pregunta cómo te va, le dices: «Bien, gracias». Ella se da cuenta por tu postura encorvada, tu expresión dolorida y el tono débil que te sientes todo lo contrario de bien. Así que a pesar de tus palabras, te ofrece su comprensión y apoyo.

Ahora imagina que un cliente te hace la misma pregunta en un mensaje instantáneo y escribes la misma respuesta. El cliente tomará tus palabras al pie de la letra y continuará despreocupadamente con la charla. La mayor parte de lo que lees en tu pantalla te hace sentir aun peor. La comunicación pronto se rompe, aunque el cliente no sabe por qué. No puede ver tu lenguaje corporal o interpretar tu comunicación paraverbal en un mensaje instantáneo.

Como líder, debes prestarle mucha atención al lenguaje corporal y las señales de la comunicación paraverbal, tanto los tuyos como los de tu gente. Esto no solo se aplica a las comunicaciones cara a cara. Tienes que estar atento también en una comunicación electrónica, porque el tono de las conversaciones por teléfono o mediante el correo electrónico puede generar muchas malas interpretaciones graves (e innecesarias).

Como con muchos de los temas que hemos tratado en este libro, siempre es más fácil notar el lenguaje corporal y las señales de la comunicación paraverbal en los otros que en nosotros mismos. Los amigos y colegas pueden aumentar la conciencia que tienes de ti mismo, por supuesto, pero también puede hacerlo una grabación en vídeo que ponga dolorosamente en evidencia las conductas problemáticas. Los intérpretes del lenguaje corporal y la comunicación paraverbal escudriñan cientos de señales diferentes, pero deben comenzar con las dos básicas. ¿Sugieren ciertas señales que tú u otra persona están *abiertos* o *cerrados* a la comunicación?

- *Lenguaje corporal y comunicación paraverbal cerrados*: brazos cruzados, piernas cruzadas, movimientos corporales agitados, tono de voz monótono o aburrido, ojos distraídos, preocupación por el entorno o un dispositivo portátil.
- *Lenguaje corporal y comunicación paraverbal abiertos*: inclinación hacia el interlocutor, cuerpo quieto y en una postura de atención, gestos naturales, tono franco, buen contacto visual, brazos extendidos y falta de preocupación por el entorno o un teléfono inteligente.

Es muy probable que hayas exhibido y experimentado ambas situaciones. ¿Has tenido en cuenta el lenguaje corporal y la comunicación paraverbal de la otra persona al tratar de transmitir un mensaje importante? ¿Alguna vez te has dado cuenta de que mostrabas un lenguaje corporal cerrado y luego corregiste tus señales? En cualquiera de los casos, siempre puedes hacerte algunas preguntas importantes sobre el lenguaje corporal y la comunicación paraverbal desplegados en situaciones cara a cara:

- ¿Cómo me siento o se siente la otra persona en este momento?
- ¿Cómo permanezco sentado o de pie?
- ¿Cómo me revelo a través de las expresiones faciales?
- ¿Cómo decido qué resultados esperar?
- ¿Cómo hablo y me muevo para alcanzar mi resultado?

En las comunicaciones electrónicas, pregúntate:

- ¿Cómo podría afectar al destinatario el tono de mi mensaje oral o escrito?
- ¿Cómo afectarán a mi lector los diferentes formatos (negrita, mayúsculas, cursiva) y emoticonos (símbolos que representan una expresión facial)?
- ¿Cómo mejoran o menoscaban la experiencia del oyente los saludos, las pausas, los sonidos que transmiten emoción y los ruidos de fondo?

- ¿Cómo puedo evitar enviar un mensaje que el destinatario malinterprete fácilmente?

Es difícil hacerse estas preguntas bajo presión, pero ciertamente puedes planteártelas no bien la comunicación haya concluido. Controlar de un modo más eficaz tus señales y evaluar con más precisión aquella que los demás exhiben mejorará mucho tus interacciones interpersonales, tus comunicaciones cara a cara y tu influencia sobre los demás.

SÍNTESIS

Si reducimos todo a su pura esencia, vemos que los buenos jefes ejercen una influencia positiva sobre otros. Evitan la manipulación, la falsedad, y la confianza y la seguridad falsas. Logran influenciar estableciendo y nutriendo relaciones basadas en una confianza y seguridad verdaderas. Como resultado, la gente los acepta a ellos y sus mensajes.

Una persona con influencia que es habilidosa reconoce que su mayor poder surge de la sinceridad y la autenticidad de sus relaciones, las cuales son producto de una decisión consciente de abrazar una filosofía de vida basada en la forma de interactuar con las personas, más que en lo que pueda obtener de ellas.

Los seres humanos están diseñados para forjar relaciones cuyo fundamento sea la confianza y la influencia mutua. La falsedad, el abuso de poder y los intentos manipuladores de lograr influencia destruyen rápidamente esos cimientos. Si te concentras en tratar a tus empleados con amabilidad y respeto, haciéndoles saber que los valoras a ellos y su trabajo, recibirás lo mismo a cambio. Tu influencia crecerá al igual que tu éxito personal y profesional.

¿Por qué pierdo la calma en las situaciones complicadas?

HABÍA PREPARADO A SU GENTE para lo que creía podría ser un inevitable ataque terrorista, pero Rick Rescorla, jefe de seguridad de Morgan Stanley en las oficinas de la compañía en el World Trade Center (WTC), no pudo haber imaginado su magnitud. El entrenamiento militar especializado, tanto en las Fuerzas Armadas Británicas como en las estadounidenses, lo habían vuelto muy consciente de que al enfrenta el estrés, la conducta de un líder podía costarle la vida a él y sus hombres.

Después del fallido ataque con un coche bomba al WTC en 1993, Rescorla creía con certeza que los terroristas atacarían de nuevo los edificios. Al advertirle a la junta directiva de Morgan Stanley sobre la amenaza, los instó a considerar mudar las oficinas a otra locación. Cuando se enteró de que un contrato de alquiler a largo plazo les impedía mudarse, se dispuso a capacitar a las 2700 personas de la empresa en el manejo de una emergencia. Para asegurarse de que se comportarían del modo más predecible posible durante una crisis, llevaba a cabo simulacros de evacuación sorpresivos en caso de emergencia cada pocos meses. No le importaba en absoluto si un agente de bolsa estaba cerrando un trato multimillonario; si era necesario, tomaba personalmente al tipo de la corbata y lo arrastraba cuarenta pisos abajo hasta donde pudiera estar a resguardo. La mañana del 11 de septiembre de 2001, el entrenamiento de Rescorla salvó a todos los 2700 empleados de Morgan Stanley, excepto a catorce. Volviendo apurado al edificio para ayudar a otros a evacuar, no pudo escapar antes de que la torre colapsara. Ese día perdió la vida.

Este hombre asombroso sabía que en caso de estrés extremo la supervivencia depende de la capacidad que tiene una persona para enfrentar los hechos difíciles y tomar el control de la situación. Ya sea que estés afrontando un estrés agudo repentino o un estrés crónico de cierta duración, solo el conocimiento y el entrenamiento te permitirán superarlo todo. En entrevistas posteriores al 11 de septiembre, muchos sobrevivientes de los ataques admitieron que no sabían exactamente cómo evacuar el edificio, por lo tanto, perdieron un tiempo valioso tratando de escapar. Unos alegaron haber escuchado la orden de quedarse en la oficina, mientras que otros dijeron que se paralizaron en el lugar porque nadie demostraba un liderazgo decidido. En abrupto contraste, los aburridos simulacros de Rescorla les enseñaron a los empleados de Morgan Stanley las conductas para salvar vidas que necesitaban poner en práctica cuando sonaron las alarmas.

Cuando se producen situaciones atemorizantes y muy estresantes, más de 1400 cambios psicológicos ocurren en nuestros cerebros y cuerpos. Es difícil mantenernos calmados, tranquilos y serenos cuando la mente y el cuerpo enloquecen. Rescorla sabía que podía sobreponerse a esa tendencia natural solo con una preparación cuidadosa. La gente que maneja bien el estrés sabe eso. Incluso las personas que parecen naturalmente «apacibles», en realidad se han enseñado a sí mismas a permanecer calmas en situaciones complicadas.

En nuestro mundo de los negocios, agitado y lleno de cambios, tendrás que manejar una impresionante cantidad de estrés. Ese estrés se acumula día tras día. Es un hecho constante de la vida corporativa que no es negociable. Sin embargo, tu reacción al estrés *sí* lo es. Tienes que aprender cómo manejarlo.

¿Por qué debes aprender habilidades para afrontar el estrés? Porque el estrés *no manejado* —la constante más subestimada en el ámbito laboral hoy— puede asfixiar a tu empresa hasta la muerte. Los líderes que no lo manejan bien cometen más errores bajo presión y tienden a racionalizarlos con la vieja excusa conocida: «Ah, estaba bajo mucho estrés en ese momento». Alega esa excusa con suficiente frecuencia y pronto se volverá un hábito adictivo. Te ganarás la fama de *jefe estresado* o *jefe que se quiebra bajo presión*, etiquetas que en última instancia te costarán el respeto de tu gente y, potencialmente, tu empleo.

ESTRÉS BUENO, ESTRÉS MALO

El estrés asume dos formas distintas: el *eustrés* (estrés bueno) y el *distrés* (estrés malo). Experimentas eustrés a partir de una experiencia positiva, como cuando estás parado en la línea de partida para tu primera carrera de diez kilómetros (10K) o firmas la hipoteca de tu primera casa. El distrés, por otra parte, se produce durante una experiencia negativa, como cuando ves la aleta de ese gran tiburón blanco rodeando tu tabla de surf. El distrés no manejado genera problemas físicos y mentales que ponen en riesgo tu vida, y se cobra su precio en la forma de un ataque cardíaco, un derrame cerebral, ansiedad, depresión o algo peor.

Manejado de un modo efectivo, el estrés puede ser algo bueno. Envía la señal de que debes hacer algo para afrontar la situación. Implementar la respuesta correcta lleva a la supervivencia. La respuesta correcta al estrés ha mantenido viva a la raza humana durante milenios. Nunca te olvides: *el estrés no es malo*. Una dosis saludable puede motivarnos a responder con eficacia ante situaciones exigentes. Los estresores enfocados, inmediatos y superables pueden contribuir a lograr las metas y realizar el trabajo.

Los mismos sistemas fisiológicos y psicológicos que ayudaron a nuestros ancestros a sobrevivir siguen manteniendo viva y alerta a nuestra especie hoy. Sin embargo, las amenazas a nuestra supervivencia *han* cambiado. La mente y el cuerpo humanos están maravillosamente equipados con mecanismos para afrontar peligros repentinos e inmediatos. Piensa en la alarmante aparición de un oso pardo en un campamento o una inesperada tormenta de nieve: instancias claras de lo que llamamos *estrés agudo*. En ese caso, reaccionamos de inmediato. Sin embargo, nuestros mecanismos de afrontamiento no funcionan tan bien con las dificultades y obstáculos continuos y menos amenazadores para nuestra vida que caracterizan los tiempos modernos: lo que llamamos *estrés crónico*. Con bastante frecuencia, los inflexibles estresores mentales, financieros, sociales, ambientales, interpersonales y tecnológicos que nos acosan las 24 horas del día, los 365 días del año, sobrecargan nuestro sistema incesantemente.

¿Cómo manejas todo esto? Más importante aun, ¿cómo *crees* que manejas todo esto? Ya sea que se trate del apocalipsis o un neumático desinflado en tu trayecto diario a la oficina, cuando el nivel de desafío percibido comienza a exceder tu capacidad percibida de afrontar el estresor, es probable que te encuentres azotado por una tormenta perfecta de caos emocional, cognitivo y físico. Se te enrojece la cara, se te acelera el corazón y tu cerebro deja de funcionar adecuadamente.

Aun cuando te imaginas como un individuo tranquilo bajo presión, los estresores en tu vida cotidiana pueden crear una cacofonía fisiológica y psicológica en tu cabeza. Tomemos como ejemplo a Rudolph Giuliani, el alcalde de la ciudad de Nueva York, que permaneció calmo y sereno durante la extrema presión del 11 de septiembre: él convirtió el ruido caótico en una sinfonía ordenada. Tú también puedes aprender formas de convertir hasta el barullo interno más convulsionado y desordenado en una armonía bien orquestada.

Los psicólogos saben que las personas se desempeñan bien bajo estrés si poseen la información que necesitan para llevar a cabo una acción efectiva. Cuando se encuentran bajo estrés, sienten que pueden tomar el control de lo que suceda después, o al menos influir fuertemente en ello. Para aprender cómo hacer esto, debes lograr cierta comprensión de las alarmas neurológicas y psicológicas que comienzan a sonar con estridencia dentro de tu mente y tu cuerpo siempre que experimentas los efectos negativos del estrés y la presión. Antes de probar las herramientas para el manejo del estrés descritas más adelante en este capítulo, tienes que aprender por qué pueden funcionar o no en determinadas situaciones.

En este capítulo descubrirás lo que ocurre en tu cerebro, en lo que respecta a tus pensamientos y emociones, cuando las alarmas del estrés comienzan a sonar. Aprenderás sobre los cerebros resilientes y por qué las personas excepcionalmente tranquilas reaccionan tan bien, según parece, incluso en las situaciones más enloquecedoras y desesperantes. ¿Esto significa que nunca perderás la calma en una situación complicada? No, perder la calma es algo natural en el ser humano. Así es como sabes que estás vivo. Y eso es *algo bueno.*

ADVERTENCIA, ADVERTENCIA

Estás conduciendo tu coche con las ventanillas bajas en una hermosa mañana de martes. Ya has hecho tus ejercicios, te sientes bien, acabas de comer un desayuno sano y estás esperando con ansias el día que tienes por delante. Escuchas tu canción favorita y la cantas a viva voz. De pronto, un aullido de sirenas interrumpe la tranquila mañana y dos patrulleros aparecen en tu espejo retrovisor.

Ya sabes cómo te hace sentir una situación así. El corazón pega prácticamente un salto en el pecho, el estómago se da vuelta con una sensación de náuseas y comienzan a zumbarte los oídos. ¿Qué haces luego? ¿Sigues conduciendo, aceleras, te haces a un lado y te detienes? Eres un ciudadano obediente de las leyes, de modo que paras a un costado de la vía. Todavía puedes sentir la sangre latiéndote en las orejas, tu respiración es un poco entrecortada y tus manos transpiradas sostienen con fuerza el volante. Acabas de experimentar el impacto psicológico del estrés repentino e inmediato o agudo, lo que los psicólogos llaman *respuesta de lucha/huida a corto plazo*.

Esa respuesta activa más de mil cambios fisiológicos en el cuerpo, que ocurren cuando el sonido inesperado de una sirena perfora tu oído. Cualquier tipo de sorpresa, desde un cambio en la temperatura hasta un rayo, provoca una reacción bastante predecible cuando nuestros órganos «sensoriales» (ojos, oídos, nariz, piel y lengua) reciben la nueva información. En el caso de la detención en el tráfico, tus oídos reciben el primer impacto, que desencadena una serie de reacciones neurológicas y bioquímicas en el cerebro y el cuerpo.

El sonido de la sirena activa un proceso en el cerebro que dispara el hipotálamo, la parte del cerebro que mantiene estables los sistemas del cuerpo, a fin de que los ponga en movimiento y te protejan. El hipotálamo activa primero el sistema neuronal predeterminado —el sistema nervioso autónomo (SNA)— que controla todas las operaciones del cuerpo en las que uno no piensa, como la respiración, el ritmo cardíaco, la regulación de la temperatura y la digestión. Alerta a todos los otros sistemas del cuerpo acerca de que la situación exige acción. Usa el sistema nervioso simpático para activar y acelerar el cuerpo durante la respuesta de lucha/huida. Y promueve la liberación de adrenalina y noradrenalina. Estos bioquímicos estimulan las vías nerviosas para iniciar reacciones. El hipotálamo también activa el sistema endocrino, el cual libera decenas de otras hormonas al torrente sanguíneo, incluido el cortisol, que altera el estado de ánimo.

Milisegundos después de que una sirena comienza a sonar, el cortisol, la adrenalina y unas cuarenta hormonas más preparan cada célula y nervio del cuerpo a fin de hacer un esfuerzo a gran escala, ya sea para luchar contra la amenaza o huir de ella. Una vez que la policía apaga la sirena y te quedas sentado allí esperando que un oficial se acerque a tu auto, el sistema nervioso parasimpático (SNP), conocido también como el sistema «del descanso y la digestión», ayuda a apagar la respuesta de lucha/huida y regresa las hormonas, los órganos y los sistemas a los niveles anteriores al episodio de estrés.

Ya tienes la idea. La sirena suena, tu cuerpo se acelera como loco, lentamente te das cuentas de que el oficial sonriente que se aproxima a tu coche no te matará y tu cuerpo empieza a calmarse. En el ambiente laboral de hoy, infinitas situaciones pueden iniciar esta secuencia: un jefe organiza una reunión urgente, la alarma suena, tres compañeros de pronto pierden el empleo, un cliente importante amenaza con irse a otra parte. No importa cuán preocupante sea la situación, pasará. Simplemente recordar esto puede ayudarte mucho a mantener la calma en una situación complicada.

Sin embargo, cabe señalar que los efectos de cualquier estado de alerta o intensa actividad alimentado por la adrenalina se prolongan mucho después de que haya pasado la amenaza. El estrés aprieta el pedal a fondo en un instante, pero el freno puede tardar mucho tiempo en hacer volver el cuerpo a una detención completa.

Estamos diseñados para responder al estrés agudo de un modo sumamente efectivo a fin de asegurar nuestra supervivencia. Este diseño opera mejor si el cuerpo no lo emplea demasiado a menudo. Nuestros ancestros prehistóricos se enfrentaban a un ocasional tigre con dientes como sables que andaba merodeando. Hoy no encontramos demasiados tigres como esos en la oficina, pero una desconcertante variedad de perros chihuahuas que muerden los tobillos nos atacan a lo largo de la jornada laboral. Los problemas psicológicos, sociales y financieros permanentes, el cambio constante y acelerado, la sobrecarga de trabajo, la insatisfacción laboral, la excesiva cantidad de información y todas las otras «fiebres leves» caracterizan al ambiente de negocios de hoy. Nuestra respuesta psicológica, aunque sorprendentemente adecuada para afrontar la arremetida súbita del estrés agudo, no se desempeña tan bien con el estrés crónico, los pequeños chihuahuas que al ladrar desatan lo que los psicólogos llaman la *respuesta de lucha/huida a largo plazo.*

La respuesta a largo plazo depende de la secreción de hormonas (en especial el cortisol, que altera el estado de ánimo). Nuestras *percepciones* de una amenaza particular determinan el tipo y la cantidad de hormonas que el sistema endocrino liberará. Un bombardeo continuo de luces intermitentes, timbres telefónicos, alertas de correos electrónicos, así como obligaciones personales y profesionales, crean un cóctel químico que mantiene a nuestro cuerpo en un estado constante de crispación, el cual perjudica la memoria y el aprendizaje. Si no se trata, este bloqueo aumenta las posibilidades de que terminemos con serios problemas mentales como ansiedad grave o depresión clínica. Además de los problemas de memoria y salud mental, la exposición prolongada a las hormonas del estrés estimula que el hígado eleve los niveles de glucosa. El cuerpo no puede sostener estos niveles altos durante largos períodos sin sufrir una reacción adversa, como la diabetes. Además, el estrés a largo plazo puede causar el estrechamiento de las arterias y elevados niveles de colesterol, que refuerzan las posibilidades de sucumbir a una enfermedad cardíaca, un ataque cardíaco y un derrame cerebral. También puede causar estragos en el sistema reproductivo y debilitar el inmunológico. No es de extrañar que estas enfermedades comunes, reflejadas en la figura 3-1, aflijan a la mayoría de los trabajadores contemporáneos tanto en las oficinas ejecutivas corporativas como en los cubículos de la empresa.

EL CEREBRO ESTRESADO

Fisiológicamente, tu cuerpo, en su mayor parte, reacciona de un modo automático y predecible al estrés agudo y el crónico. Tu cerebro no. Nuestras percepciones y creencias influyen fuertemente en qué situaciones nos estresan y cómo respondemos a las de mucha presión. Los desastres naturales y las guerras nos afectan a todos más o menos. La mayoría de las personas siente una cierta medida de estrés cuando ve informes de noticias sobre los daños posteriores al huracán Katrina en Nueva Orleáns o el sufrimiento humano en la lejana Somalia. Cuando se trata de todos los pequeños estresores (o los grandes que nos impactan de un modo personal), como fechas de entrega exigentes, polución auditiva y problemas de relación, aportamos un conjunto único de creencias y percepciones a esas situaciones. Estas pueden provocar reacciones que abarcan desde una mueca pequeña hasta un colapso a escala completa.

Si quieres manejar tus reacciones únicas al estrés de un modo más efectivo, debes comenzar con aumentar la autoconciencia. Puedes cambiar hábitos antiguos o desarrollar unos nuevos, pero no sin el mismo tipo de compromiso y esfuerzo que se necesita para dejar de fumar o perder diez kilos. Los líderes que quieren resolver los problemas que no los dejan dormir de noche serían prudentes si comenzaran con un exhaustivo inventario de su *personalidad ante el estrés*. Todo comienza con la percepción.

FIGURA 3-1 Las señales y los síntomas del estrés

Síntomas cognitivos	Síntomas emocionales
Falta de concentración	Ciclotimia e inquietud
Indecisión	Agitación/mal humor
Poca capacidad de juicio	Tensión y ansiedad
Actitud negativa	Sensación de estar abrumado

Pérdida de la objetividad	Sensación de aislamiento
Olvidos	Depresión o tristeza
Síntomas físicos	**Síntomas conductuales**
Dolores de cabeza o espalda	Comer más o menos
Tensión y rigidez muscular	Dormir más o menos
Diarrea o constipación	Conflictos en las relaciones
Náuseas y mareos	Abuso del alcohol, cigarrillos o drogas
Insomnio	Hábitos nerviosos como comerse las uñas, deambular
Dolores en el pecho, ritmo cardíaco acelerado	Apretar los dientes, contraer la mandíbula
Pérdida o aumento de peso	Reacción excesiva a problemas inesperados
Reacciones cutáneas como erupciones, eccemas	Combatividad
Disminución del impulso sexual	Falta de atención/mucha distracción
Resfríos	Procrastinación, descuido de las responsabilidades Excederse en actividades como hacer ejercicios o ir de compras

Fuente: adaptado en parte del sitio web de la Cleveland Clinic, «Stress Management and Emotional Health», http://my.clevelandclinic.org/healthy_living/stress_management/hic_stress_management_and_emotional_health.aspx.

PERCEPCIÓN

Trabajas como vicepresidente de mercadotecnia para un nuevo competidor en la industria de los lectores de libros electrónicos. La feroz competencia y los errores en la oferta inicial de la compañía han hecho muy lento el desarrollo de la organización en este mercado de rápido crecimiento. Las historias en los medios dedicados a los negocios sugieren que Maureen, la directora ejecutiva, dentro de poco recortará la nómina salarial. Si conservas tu empleo, pronto te encontrarás eliminando el de algunos buenos amigos.

Esta situación afectará de un modo diferente a cada uno de nosotros. Todos veremos la amenaza de la pérdida de empleos, pero cada uno le agregará a esa amenaza sus propias experiencias de vida. Para Maureen, puede tratarse de algo usual. Como directora ejecutiva experimentada, ha estado allí y ha hecho eso antes. Tú, un recién contratado que ha subido rápidamente por la escalera corporativa, puedes considerarlo como un golpe en el plexo solar.

Los psicólogos e investigadores Richard Lazarus y Susan Folkman ofrecen su *modelo transaccional del estrés* para explicar este fenómeno. El modelo describe la interacción entre un estresor, la visión que un individuo tiene de él, y la capacidad para afrontarlo que percibe esa persona. Muchos factores —las creencias, una tendencia hacia el pesimismo o el optimismo, una sensación de control sobre la situación y el grado de resistencia— figuran en la respuesta de cada persona en particular. Puedes aprender a manejar estas variables hasta cierto punto y, por lo tanto, ejercer más control sobre ellas y cambiarlas con el tiempo. Antes de que intentes hacer eso, hazte dos preguntas básicas:

- ¿Cuán amenazado me siento por este hecho?
- ¿Cómo manejo esa amenaza?

Maureen puede despertarse en ocasiones en medio de la noche, agitada por las iniciativas de recortes del día siguiente, pero se tranquilizará rápidamente, pues sabe que terminará el día con su empleo y la compañía intactos. Ya ha experimentado un estrés similar antes y ha aprendido cómo manejarlo. Tú, en cambio, un novato, te quedarás despierto toda la noche, dando vueltas en la cama, muy asustado por la posibilidad de perder tu trabajo o, casi igual de malo, de verte obligado a despedir a personas que se han vuelto como de tu familia. Estos dos individuos diferentes tienen dos percepciones distintas. ¿Cómo se explica esto?

CREENCIAS CENTRALES

Es lunes por la mañana. Maureen traspasa la puerta de tu oficina sin decir palabra. Tiene los hombros encorvados y el entrecejo fruncido, de modo que sabes que está de mal humor. Te preguntas: *¿me está evitando porque no quiere perder la concentración o los estribos?* O peor: *¿evita saludarme porque, para el fin del día, me habrá despedido?*

Tu reacción ante esta situación depende de tus creencias centrales: todos los pensamientos positivos o negativos arraigados que influyen en cómo piensas y sientes con respecto a ti mismo y el mundo que te rodea. Mientras los positivos pueden mantenerte en control de tus emociones, los negativos pueden minar tu capacidad para manejar el estrés de un modo efectivo. Entre las creencias centrales comunes —reflejadas en la figura 3-2— que afectan las respuestas al estrés, figuran las siguientes:

FIGURA 3-2 Creencias centrales comunes

Síntomas cognitivos	Síntomas emocionales
Siempre salgo perdiendo.	Sé que en la vida se gana y se pierde.
Debo ser perfecto todo el tiempo.	Trato de hacer lo mejor que puedo.
Nunca voy a cambiar.	Evoluciono constantemente.

Síntomas cognitivos	Síntomas emocionales
Solo debo preocuparme por mí mismo, porque nadie más lo hará.	Me preocupo por mí y los demás.
No soy una persona sociable.	Me gusta y disfruto estar con otras personas.
Nunca me escuchan o respetan.	Me siento respetado y apreciado.
Debo adherirme estrictamente a mis planes.	Sé que los planes mejor diseñados requieren ajustes.

Se revela una creencia central negativa, que puede elevar tu nivel de estrés con bastante frecuencia, cuando murmuras el viejo mantra: *debería, podría*. La familia de palabras delatoras de las creencias destructivas incluye también a los primos *tengo que* y *hay que*, así como a sus abuelos *siempre, nunca* y *no puedo*. Para asumir el control de tus creencias centrales, tienes que escuchar con cuidado la conversación interior positiva o negativa que se desarrolla en tu cabeza.

No te castigues por las palabras negativas. No significa que estás loco. Muy por el contrario, comenzaste a extraer estas conclusiones válidas desde que eras un niño pequeño. Tu ADN, junto con todas las interacciones con las personas que te criaron, el ambiente y tu círculo social, forjaron tus respuestas a estas preguntas básicas:

- ¿Quién soy?
- ¿Qué puedo y no puedo hacer?
- ¿Qué me pertenece?
- ¿De qué forma debo reaccionar ante la gente, las experiencias y las situaciones?
- ¿Qué espero de mí mismo y de los demás?
- ¿Cuál es mi medida del éxito?

Tus respuestas solo pueden volverte loco si las dejas. No es tan fácil reemplazar los sentimientos negativos por otros positivos y optimistas, porque las autopercepciones de una persona se construyen y solidifican con el correr de los años. Tienes que ir cincelándolas hasta que alcancen el tamaño adecuado. A menos que se descubran y reduzcan, las creencias centrales tienden a afianzarse y se resisten al cambio. El pesimista busca refuerzo para sus creencias negativas e ignora las pruebas que las contradicen. Si comienzas con la creencia de que no le gustas a la mayoría de las personas, considerarás la conducta de Maureen como una prueba de ese hecho. De acuerdo con tus creencias centrales, si te saluda con un cálido «hola» y una brillante sonrisa, pensarás que está fingiendo.

Puedes quedar atrapado con facilidad en un bloque de cemento. Sin embargo, a pesar de la naturaleza casi granítica de muchas creencias centrales, puedes suavizarlas y hasta destruirlas.

OPTIMISMO Y PESIMISMO

Maureen se enorgullece de su optimismo. Piensa que la ley de Murphy («Si algo puede salir mal, saldrá mal») fue hecha para romperse. Eso no la convierte en una persona ingenua e irreflexivamente alegre en circunstancias extremas. Significa que siempre busca información que remedie su situación. Tú, por otra parte, consideras que Murphy era un optimista.

Nuestro mundo no se ha vuelto psicológicamente más seguro que el de nuestros ancestros. A veces hay un buen motivo para sentirse pesimista. A veces una cantidad adecuada de pesimismo refleja una saludable percepción de la realidad. Sin embargo, cuando ese pesimismo se vuelve persistente sin causas reales, cuando se convierte en una negatividad crónica, entonces elimina las opciones y posibilidades que necesitas para manejar el estrés debilitante. Despojado de opciones practicables, quizás pierdas rápidamente la confianza y la capacidad para confiar en otros. Si comienzas con la creencia de que no le gustas a la gente, reaccionarás a su mal humor con un pesimismo poco realista. Con el tiempo, tu pesimismo se volverá tan irritante que la profecía se hará realidad y de verdad no les gustarás a los demás.

El optimismo no significa ponerse orejeras o hundirse en la negación. El optimismo realista te permite sacar el mejor provecho de una situación mucho menos que perfecta. Una persona con un optimismo realista mantiene la esperanza, incluso en circunstancias adversas, planificando cómo hacer que las cosas mejoren. El padre de la psicología positiva, Martin Seligman, descubrió que las personas optimistas tienen creencias centrales positivas y se involucran en una conversación interior positiva. Mantienen una salud física y psicológica mejor que la de sus primos pesimistas. Se convierten en almas resistentes que controlan su destino.

CONTROL Y RESISTENCIA

A fines de la década de 1970, la doctora Susan Kobasa, una psicóloga clínica de la Universidad de la Ciudad de Nueva York, estudió a ejecutivos de la empresa de telefonía Bell, los cuales estaban experimentando elevados niveles de estrés debido a la reestructuración de la compañía obligada por el gobierno, que dividió el monopolio de «Mamá Bell» en muchos «Bebés Bell». Ella halló que tres rasgos de la personalidad podían en realidad proteger a alguien de los efectos negativos del estrés prolongado en la salud:

- *Compromiso*: tener un propósito en la vida y alentar la participación social y comunitaria. Las creencias positivas fortalecen las reacciones exitosas ante el estrés.
- *Control*: percibir el control sobre una situación. Las personas pueden elegir cómo reaccionan ante un estresor y así ejercer cierto grado de control sobre él.
- *Desafío*: considerar los hechos estresantes como problemas u oportunidades. Aquellos que manejan con éxito el estrés tienden a ver los aspectos positivos así como los negativos.

Kobasa descubrió que los ejecutivos con (a) una fuerte sensación de compromiso, (b) la creencia de que pueden ejercer control sobre su situación, y (c) la tendencia a ver la oportunidad inherente en un problema, experimentaron una disminución del cincuenta por ciento en el riesgo de desarrollar problemas de salud relacionados con el estrés, en comparación con sus colegas más pesimistas. Los tres rasgos habían aumentado su resistencia, su capacidad para soportar una tormenta de estrés. Sufrían estrés, pero no dejaban que los arrastrara al desaliento. Cualquiera puede desarrollar este tipo de optimismo aprendido.

ANTICIPACIÓN Y PREOCUPACIÓN

Maureen y tú pueden sentirse de un modo diferente con respecto a los próximos despidos. Quizás ella sienta tristeza al comunicar la mala noticia; quizás tú te quedes despierto por la noche, preocupado porque tal vez te despidan a ti o a un buen amigo. O lo opuesto podría ser cierto. Ella podría estar angustiada y enferma por todo el drama inminente, mientras que tú, habiendo anticipado las malas noticias, ya has comenzado a buscar un nuevo trabajo.

Como el estrés, la anticipación y cierta cantidad de preocupación ayudan a asegurar nuestra supervivencia. Nos obligan a cumplir con nuestras tareas, ahorrar dinero, obtener un seguro y, cuando un huracán de magnitud viene rugiendo por el Golfo de México, comprar grandes cantidades de cinta adhesiva, madera terciada y agua embotellada. Sin embargo, la preocupación excesiva puede enfermarnos. Aumenta el estrés y reduce la resiliencia. Solo anticipar el estrés o una situación estresante, suceda o no, y aunque únicamente sean imaginarios, puede desencadenar una respuesta psicológica. ¿A qué le teme la gente más que a la muerte misma? A hablar en público y anticipar que puedan hacer el ridículo delante de otros.

La preocupación anticipatoria puede no solo contribuir a la respuesta de estrés o desencadenarla, también puede consumir la energía cognitiva que deberías invertir en realizar la tarea temida. Sian Beilock y Thomas Carr investigaron este aspecto de la preocupación en 2005. Les dieron a noventa y tres estudiantes universitarios una cantidad específica de tiempo para completar un difícil examen de matemáticas, y les dijeron que sus colegas los filmarían mientras trabajaban. Resultó que los estudiantes que antes habían exhibido la mejor capacidad de memoria operativa en condiciones no estresantes (sin límite de tiempo y sin filmación) se desempeñaron mucho peor en condiciones inducidas por el estrés (con filmación y límite de tiempo). La preocupación puede no solo enfermarte, también puede hacer que tus peores temores se vuelvan realidad.

SUPOSICIONES Y EXPECTATIVAS

A las nueve y media de la mañana, Maureen envía un correo electrónico urgente para anunciar una importante reunión a la una de la tarde a la que debes asistir. Durante las siguientes horas vas preocupándote gradualmente hasta convertirte en un manojo de nervios. Supones que convocó a la reunión para cortarte la cabeza. Cuando llega la hora, entras corriendo a la sala con la cara colorada, las palmas de las manos transpiradas y el cuerpo temblando. Para tu sorpresa, ves a otros tres vicepresidentes sentados en la oficina de Maureen. No se trata de una ejecución después de todo, pero sigues sintiéndote perdido.

La gente suele decir: «No hagas suposiciones, porque estas nos vuelven tontos», y esto se aplica perfectamente a la respuesta al estrés psicológico. Los seres humanos hacemos suposiciones y establecemos expectativas todo el día. Algunas tienen sentido. Otras no. Las que no lo tienen no solo distorsionan la realidad, sino que también nos impiden reunir la información que necesitamos para reaccionar adecuadamente en una situación determinada, en especial si es estresante como la reunión de la una.

¿Alguna vez te sentaste en un cine a ver una película de terror como *Pesadilla en la calle Elm* y le gritaste a la pantalla con el resto del público: «¡No bajes al sótano! ¡El asesino te atrapará!»? Hollywood nos ha condicionado para hacer ciertas suposiciones y establecer ciertas expectativas acerca de algunas situaciones. Y lo hacemos en nuestra vida cotidiana también, escribiendo en nuestra cabeza guiones sobre lo que haremos o no haremos en determinadas circunstancias. Las ideas acerca del amor crean nuestro guion romántico personal. El miedo a las situaciones estresantes crea nuestro guion de película de terror. Nos basamos en nuestras experiencias, pero también en lo que vemos que hacen los demás.

En el caso del estrés, nuestros libretos incluyen lo que nos ha sucedido en el pasado («Me despidieron la última vez que la empresa redujo su personal, así que me van a despedir esta vez también»), lo que le sucedió a Dennis («Dennis trabajó aquí cinco años y aun así lo despidieron; yo he trabajado en esta empresa durante seis años, así que me van a despedir a mí también»), o algo que leímos en un libro o vimos en una película o un programa de televisión («Despidieron a Julia Roberts en esa película, así que me van a despedir a mí también»). No podemos evitar extraer conclusiones de lo que nos ha sucedido a nosotros o a otras personas, aunque esta vez el asesino no esté en realidad al acecho en el sótano o nuestro nombre no aparezca en la lista de empleados que van a ser despedidos.

No importa qué guion hayas escrito previamente para manejar el estrés, cuando este golpea, puedes seguir ese libreto o no. Ciertos factores fisiológicos y psicológicos inimaginables pueden, y suelen, interferir hasta con los guiones mejor elaborados. Aunque nos gustaría pensar que podemos leer la mente de otras personas y deducir su conducta, no somos muy buenos para hacer eso. Predecir el resultado de una situación que involucra a otra persona casi siempre pone a prueba nuestras suposiciones y expectativas. No obstante, nos aferramos a ellas como si se trataran de una manta de seguridad deshilachada pero confortadora, sin darnos cuenta de que en última instancia pueden impedirnos absorber toda la información importante que necesitamos para responder de un modo eficaz a una crisis inminente. Los guiones son, por definición, ficción. La ficción nunca refleja de un modo perfecto la realidad.

EL ESTRÉS CONTAGIOSO

Benjamin, un enfermero que trabaja en un hospital docente respetado, relata su experiencia con su jefa. Denise, una enfermera profesional con grandes logros académicos, mucha práctica y varios títulos, había trabajado arduamente para conseguir su puesto. Sin embargo, Benjamin pensaba que carecía de las habilidades de liderazgo adecuadas. Por lo general, llegaba tarde a las reuniones en un estado sumamente estresado y desordenado, con una excusa absurda del tipo «el perro se comió la tarea». Normalmente, culpaba de su tardanza a su marido, sus hijos, un embotellamiento o el mal tiempo. Su aspecto agitado ponía a todo el mundo nervioso.

Una vez que comenzaba la reunión, hablaba sin parar, interrumpiendo a los otros y terminando sus oraciones. La gente empezó a no prestarle atención. Esto era lamentable, porque los estudiantes del programa de capacitación podrían haber aprendido mucho de enfermería con ella. Su perfeccionismo también la llevaba a entrometerse y realizar los procedimientos por sí misma, no siempre con buenos resultados. Esta tendencia no solo obstaculizaba el aprendizaje, sino además transmitía el mensaje equivocado. Si bien sus habilidades eran de primera clase, su conducta también afectaba negativamente a los pacientes; su trato interpersonal ansioso no contribuía en nada a brindarles tranquilidad. No es de extrañar que todos a su alrededor, desde sus compañeros y estudiantes hasta los administradores y pacientes, comenzaran a evitarla a cualquier precio.

Los antecedentes de Denise, sus logros y su talento no podían ocultar su incapacidad para manejar el estrés de su trabajo. Los que estaban a su alrededor nunca se enfocaban en sus habilidades obvias con los pacientes; solo notaban su conducta estresada. Es natural prestarle más atención a la conducta impredecible o estresada. Aun más, hasta un incidente aislado de conducta errática causa una impresión indeleble en quienes lo presencian. Un estallido puede ganarte la fama de tener una personalidad volátil. Y si lo haces con frecuencia, pronto te hallarás catalogado como *ese* tipo o *esa* chica, o peor... serás despedido.

Las neurociencias apoyan la noción de que a la gente le resulta difícil trabajar para líderes que no manejan el estrés de un modo efectivo. Todo lo que sucede en nuestro ambiente laboral afecta el sistema límbico del cerebro (el centro emocional del cerebro). Las personas joviales hacen que los otros se sientan alegres. De forma contagiosa (como se explica en detalle en el capítulo 7), las personas agitadas ponen nerviosos a los demás. Cuando se trata de líderes, su conducta afecta a todos los que los rodean. Aquellos que mantienen la calma en situaciones complicadas logran influenciar a otros y establecer el tono adecuado, el ejemplo correcto, para manejar el estrés. Cuanto menos te sabotees y te preocupes en el momento en que el tigre salta de en medio de la selva, más probable es que establezcas un ejemplo de honestidad, transparencia, comunicación clara, compasión y empatía. También brindas un modelo para determinar las prioridades adecuadas, diseñar planes que funcionen y alcanzar metas. El resultado final es este: el manejo efectivo del estrés hace que tú y todos los que te rodean sean más eficientes y productivos.

Aunque esto puede parecer evidente, en lo que quizás no pienses es en que lo opuesto es cierto. Si te das permiso para sentirte desequilibrado y paralizado, brindas el ejemplo equivocado: tu conducta le indica a quienes te rodean que pueden mentir, cubrir o distorsionar los hechos, culpar a otros por el problema, justificar el mal comportamiento, bajar sus estándares e ignorar los sentimientos de los otros. Obtendrás la reputación de alguien que no puede establecer las prioridades correctas y ejecutar los planes apropiados.

Para dar el ejemplo adecuado de manera constante —en especial si, como Denise, te has hundido en un pozo bastante profundo en cuanto al liderazgo de tu gente—, querrás dominar el arte del estrés y la resiliencia del liderazgo en un mundo caracterizado cada vez más por el estrés agudo y prolongado.

RESILIENCIA

Bear Grylls, el conductor del programa de televisión *Man vs. Wild*, sirvió en las Fuerzas Especiales del Ejército Británico. A pesar de un accidente en paracaídas durante su carrera militar, que tuvo como resultado una lesión en la espalda, siguió estableciendo muchos récords de resistencia física. Se convirtió en el escalador británico más joven en alcanzar la cumbre del Monte Everest y descender con éxito. Recorrió en una moto acuática todo el perímetro del Reino Unido. En su programa de televisión, este aventurero moderno presenta las peores situaciones posibles, aquellas que nos empujarían a un punto de quiebre. Les muestra a los más tímidos cómo sobrevivir a diversos desastres, ya sean provocados por el hombre o naturales. Como muchos de los encargados de brindar los primeros auxilios, los médicos y enfermeros de las salas de emergencia, los policías, bomberos y líderes efectivos, Grylls posee una asombrosa habilidad para operar con gracia bajo presión, lo que puede llamarse resiliencia. Las personas resilientes comparten una serie de rasgos:

- La creencia de que pueden influir en los sucesos de la vida (locus de control interno).
- La disposición a hacerse siempre responsables de sus circunstancias.
- La tendencia a hallar significado y propósito en medio del caos de la vida (optimismo).
- La sabiduría para aprender de las consecuencias positivas y negativas y tolerarlas.
- El talento para adaptarse y ser flexible.
- La sensación de confianza y autoestima (creencias centrales positivas).
- La confianza en el apoyo social y la conexión.
- El hábito de obtener la información y la experiencia que los ayudan a responder.

Las personas resilientes, en general, mantienen una visión optimista y fuertes creencias centrales en sus capacidades, y se apoyan en sus experiencias, sabiduría y conexión con otros en los momentos de estrés. Tienden a evitar, o al menos a reconocer y ajustar, lo que en la década de 1960 el psicólogo Aaron Beck llamó errores de pensamiento: falsas suposiciones y anticipación negativa. Esto no significa que las personas resilientes no se estresen. Significa que manejan el estrés con más habilidad, como suele hacer Bear Grylls. Recuerda, tu reacción ante el estrés es negociable. Si quieres negociar una respuesta mejor —del tipo que tan bien le sirve a Bear Grylls— primero debes realizar un cambio de 180 grados en la forma en que reaccionas ante el estrés.

UN CAMBIO DE 180°

Jacqueline es vicepresidenta de una compañía exitosa y de rápido crecimiento que brinda servicios financieros y contables a los hospitales. Dirige un departamento grande con 250 empleados y cuatro directores que responden directamente a ella, cada uno con fortalezas de liderazgo que Jacqueline valida y debilidades que espera modificar. Sus compañeros y colegas la tienen en alta estima, pues goza de la reputación de ser alguien que soluciona los problemas de forma excelente. Su jefe, incluso, le ha pedido que enseñe a los otros vicepresidentes sus técnicas para resolver problemas. Como resultado, Jacqueline ha comenzado a pasar la mayor parte de su día de trabajo ayudando a otros a solucionar sus dificultades, con poco tiempo para abordar las propias.

En los dos últimos meses se ha encontrado empezando el día a las seis de la mañana, tres horas antes de que los demás vayan a la oficina, y apagando las luces a las ocho o nueve de la noche, mucho después de que los otros se hayan ido a casa, y aun así termina llevándose trabajo y se pasa los fines de semana tratando de ponerse al día. Su vida personal se ha evaporado. Ha roto con su novio de mucho tiempo. Pierde la paciencia rápidamente en las reuniones. Siente resentimiento hacia sus colegas menos motivados y a menudo los trata con desdén o directamente con enojo. Ha dejado de ir al gimnasio a hacer ejercicio y comenzado a aumentar de peso. Cena todas las noches comida comprada afuera y mirarse en el espejo se ha convertido en una actividad que evita.

¿Te parece conocida la historia de Jacqueline? Si es así, pega este lema en tu escritorio: NO PUEDO IMPEDIR EL ESTRÉS. Luchar por el éxito, equilibrar el trabajo y la vida personal, manejar la intensa presión que caracteriza a la mayoría de los ambientes laborales, y simplemente vivir en este mundo emocionante y lleno de presiones con tantas personas y aparatos que compiten por nuestra atención, genera estrés. Tenlo por seguro. No obstante, también pega este lema al lado del primero: PUEDO CONTROLAR MI REACCIÓN ANTE EL ESTRÉS. Es posible minimizar sus efectos adversos, el significado que le adjudicas a las situaciones estresantes y tus respuestas inadecuadas a los estresores inevitables que se cruzan en tu camino. En otras palabras, la respuesta es negociable. Sin embargo, no esperes que el estrés te obligue a hacer este cambio. Empieza a trabajar en eso ahora, durante la calma que precede a la tormenta, cuando puedes aplicar tu mejor esfuerzo a la tarea sin la ansiedad que acompaña a los sucesos que producen estrés.

HABLA CONTIGO MISMO

Si ves a un ejecutivo bien vestido caminando por la Quinta Avenida, murmurando y agitando su dedo, puede estar cerrando un importante trato inmobiliario en su Bluetooth, o preparándose para manejar el estrés. Con un promedio de 50.000 a 60.000 pensamientos por día, todos hablamos con nosotros mismos a cada rato, pero pocos lo hacemos de un modo estratégico. Hablar con uno mismo no significa haber perdido la cabeza. Es perfectamente natural. Nuestros antepasados prehistóricos probablemente lo hacían todo el tiempo. Sin embargo, la mayoría de nuestros pensamientos simplemente se repiten una y otra vez en un círculo interminable. Eso explica por qué estamos tan cómodos con nuestra conversación interior que no nos detenemos a pensar en qué nos estamos diciendo realmente. Si lo hiciéramos, descubriríamos que nuestros cuchicheos van desde lo bastante positivo a lo muy negativo. No es de extrañar que la conversación interior negativa pueda desencadenar nuestra respuesta al estrés, porque estos murmullos suelen distorsionar la realidad. Los psicólogos han clasificado las distorsiones cognitivas más comunes en categorías (figura 3-3):

FIGURA 3-3 Distorsiones cognitivas

Distorsión cognitiva	¿En qué consiste?	Ejemplo
Pensar en términos de blanco o negro (pensamiento polarizado)	Ves a las personas, a ti mismo y las cosas como algo completamente bueno o completamente malo, sin términos medios.	Soy un éxito total o soy un fracaso total.
Generalizar en exceso	Extraes conclusiones muy amplias basadas en un único hecho negativo.	No obtuve el ascenso, por lo tanto, nunca tendré éxito en esta empresa o esta industria.
Esperar lo peor (pensamiento catastrófico)	Piensas automáticamente que sucederá lo peor.	No llamó para reportarse, debe estar muerto.
Filtrar	Magnificas lo negativo y minimizas todo lo positivo de una situación.	Recibes una gran revisión de desempeño positiva que contiene una crítica constructiva y te aferras a la crítica e ignoras los elogios.

Distorsión cognitiva	¿En qué consiste?	Ejemplo
Personalizar la situación (personalización)	Supones que todo lo que hace o dice la gente representa una reacción hacia ti, lo que te lleva a pensar que provocas hechos en los que en realidad no desempeñas un gran papel.	Si hubiera usado mi gorra roja de béisbol, el equipo habría ganado.
Clasificar globalmente	Extrapolas una o dos cualidades y las conviertes en un juicio negativo global.	Como ella me odia, todos me odian.
Saltar a las conclusiones (lectura de mente)	Sin información suficiente, supones que sabes cómo se siente alguien y por qué actúa como lo hace (específicamente en relación contigo).	Bostezó mientras yo estaba hablando, piensa que soy aburrido.
Dejar que las emociones gobiernen la lógica (razonamiento emocional)	Crees que lo que sientes debe ser verdad.	Me siento tonto y falto de interés, por lo tanto, debo ser tonto y falto de interés.

Distorsión cognitiva	¿En qué consiste?	Ejemplo
Esperar que otros cambien primero (falacia del cambio)	Piensas que los otros deben cambiar para adaptarse a tus necesidades, por lo general echándoles la culpa, exigiéndoles, quitándoles cosas o negociando.	No me pidas que haga un mejor trabajo al dirigirte; primero organízate tú.
Asignar un falso control (falacia del control)	Externamente piensas que tu felicidad depende de fuerzas exteriores (control externo). Internamente, te sientes totalmente responsable por la felicidad de los demás (control interno).	Nada mejorará hasta que consiga el ascenso. O Es mi culpa que Jill haya fracasado, no le brindé suficiente apoyo.
Usar lo justo como una excusa (error de lo justo)	Juzgas las acciones de los otros según tus reglas personales de justicia y te molestas cuando alguien no sigue tus reglas.	Si mis compañeros de equipo en realidad querían que tuviera éxito, habrían hecho un trabajo mejor.
Preguntar: «¿Qué pasaría si...?»	Te preocupas por todo tipo de problemas que probablemente no ocurran.	Si nuestro presupuesto de mercadotecnia baja en el segundo trimestre, vamos a quedarnos ciertamente fuera del negocio.

Distorsión cognitiva	¿En qué consiste?	Ejemplo
Insistir en tener siempre la razón	Exiges que la gente nunca cuestione tu juicio y tampoco te lo cuestionas tú.	No me contradigas, porque nunca he cometido un error con respecto a este tema.
Pensar egocéntricamente	Rara vez te pones en los zapatos de los otros, pero esperas que ellos se pongan en los tuyos.	Todos piensan como yo.
Soñar con recompensas futuras (falacia de la recompensa del cielo)	Esperas que tu sacrificio y tu autonegación rindan sus frutos después, y te sientes amargado cuando la recompensa no llega.	Mi jefe es un idiota, lo soporto porque estoy seguro de que tendré su empleo en diez o quince años.
Hacer comparaciones injustas	Sientes que siempre sales perdiendo cuando te comparas con los demás.	Ella es mucho más inteligente que yo. Nunca tendré el éxito que ella tiene.

Todos somos víctimas de las distorsiones cada cierto tiempo. Los que manejan bien el estrés escuchan con más frecuencia una voz interna que sirve como un amistoso sargento de entrenamiento interior que nos alienta a resistir, esforzarnos más, dejar de lloriquear. Eso es algo bueno. Sin embargo, recibir órdenes de un sargento interior que no es amistoso

—uno que nos grita que volvamos a la cama, escondamos la cabeza debajo de la almohada y lloremos hasta quedarnos sin lágrimas— no nos hace ningún favor.

Jacqueline, por lo general, se sentía cómoda consigo misma. Sin embargo, a veces no podía evitar reprenderse cuando, por ejemplo, aceptaba una tarea que sabía que iba a hacerla traspasar su punto de quiebre, o se enojaba con un compañero de trabajo sin razón aparente, o no lograba terminar un informe el sábado por la noche. Después de prestarle atención al asunto, se dio cuenta de que esas duras reprimendas no le hacían bien en absoluto y que actuar así se había convertido en un mal hábito que tenía que abandonar antes de que agregara aun más estrés a su vida. No quería convertirse en el fracaso descrito por su voz regañona. Ella no era un fracaso; era una persona valiosa que había caído víctima de la trampa de dudar de sí misma, que está siempre al acecho.

La conversación interior negativa o las distorsiones cognitivas pueden resistir hasta nuestros mejores esfuerzos por cambiarlas. Son capaces de volverse tan profundamente arraigadas y habituales que se necesita una voluntad casi sobrehumana para deshacerse de su control sobre la mente. Por dicha, es posible hacer lo que hacía ese ejecutivo que caminaba por la Quinta Avenida. Puedes realizar los siguientes pasos prácticos para sacar a ese sargento poco amistoso de tu cabeza:

Paso uno: toma conciencia. Escucha esa voz interior. ¿Te habla de un modo que no tolerarías si fuera un amigo el que te dijera esas palabras? ¿Herirían a un amigo si se las gritaras? Préstales mucha atención a las palabras exactas y anótalas. Tres preguntas te ayudarán a reconocerlas. Considera cómo las respondió Jacqueline:

a. ¿Qué desencadenó el suceso? No cumplir con una fecha de entrega.

b. ¿Qué pensamientos negativos surgieron en mi cabeza? Soy un fracaso total.

c. ¿Qué emociones experimenté? Estrés, impotencia, enojo, tristeza.

Cuando empieces a analizar tu conversación interior negativa, debes comenzar a apreciar cómo las percepciones que expresan instigan o aumentan la respuesta al estrés. El guion no supervisado de Jacqueline, lleno de pensamientos negativos, le causó un gran distrés; en realidad, obstaculizó su capacidad para actuar de acuerdo con su reputación de ser una persona que soluciona con habilidad los problemas.

Paso dos: anula el pensamiento negativo. Una vez que identificas el/los pensamiento/s negativo/s, puedes hacerte otra serie de preguntas para ayudarte a cambiarlos. Observa la forma en que Jacqueline respondió (figura 3-4):

FIGURA 3-4 Cómo desafiar los pensamientos negativos

Pregúntate	Respóndete
¿Cuál es mi pensamiento negativo?	Soy un fracaso total. Voy a perder mi empleo.
¿Qué pruebas demuestran que es cierto?	Terminé algunos informes después de la fecha de entrega, lo cual no está bien.
¿Qué pruebas demuestran que es falso?	El director ejecutivo me elogia como «la» que soluciona los problemas de la empresa y siempre me dice que soy su mano derecha.
¿Qué sentimientos y comportamientos enfermizos causan este pensamiento?	Me siento totalmente estresada. Siempre en el límite. Tengo problemas para concentrarme. Pierdo la paciencia con la gente.

Pregúntate	Respóndete
¿Qué sucederá finalmente si sigo pensando de este modo?	Perjudicaré mi reputación profesional y generaré problemas de salud y psicológicos relacionados con el estrés a largo plazo.
¿Qué consejo le daría a un amigo que se siente de esta forma?	Le diría que se olvidara del asunto, que está haciendo una tormenta en un vaso de agua. Le aconsejaría que comenzara a delegar más.
¿Qué condiciones debería aceptar ahora mismo? ¿Qué no cambiará?	Tengo que aceptar la necesidad de mantener mi carga de trabajo hasta que encuentre una forma de hacerla más manejable.
¿Qué puedo hacer para que mi pensamiento sea más positivo?	Tengo que ser más tolerante conmigo misma, organizar mejor mi tiempo y concentrarme más en mi trabajo fundamental.
¿Qué palabras expresarán mi nuevo pensamiento sano?	Disfruto de una carrera exitosa y de la amistad y el respeto de mis colegas y mi jefe.

Si te resulta difícil hacer esto objetivamente, pídele a un colega o un consejero en quien confíes que te asista. Como rara vez nos vemos como lo hacen los otros, podemos beneficiarnos de invitar a personas en las que confiamos para que nos ayuden a conseguir la objetividad tan necesaria.

También quizás te resulte sumamente difícil realizar un cambio si tu pensamiento negativo involucra una creencia central que está profundamente grabada en tu mente. Se necesita más tiempo y esfuerzo para manejar a estos diablillos testarudos e inflexibles. Cuando compruebes que son intratables, intenta aprender el ABC.

EL ABC DEL ESTRÉS

Después de una conferencia de una semana en Chicago, John y Peter, ambos ejecutivos experimentados en la industria de los servicios financieros, se encontraron en la sala de viajeros de American Airlines en el Aeropuerto O'Hare. Mientras se preparaban para pasar al área de abordaje, oyeron el anuncio de que su vuelo a Los Ángeles no saldría hasta dentro de dos horas. John tiró su portafolio, pateó su equipaje de mano y profirió insultos que hicieron que todos los que estaban en la sala volvieran la cabeza en su dirección. Peter dio un largo suspiro, telefoneó a su esposa para explicarle la demora y recogió su portafolio y su equipaje. Luego se dirigió al restaurante del aeropuerto para comer con tranquilidad y revisar cuidadosamente las notas que había tomado en la conferencia.

¿Por qué John pierde la calma mientras Peter se mantiene tranquilo y sereno? Ambos enfrentan la misma situación irritante. La respuesta, por supuesto, reside en sus cabezas. Démosle un vistazo a cómo aplican los principios básicos del estrés.

A = *Identificar el suceso activador.* El avión de John y Peter está demorado.

B = *Determinar la creencia central o el proceso de pensamiento arraigado.* John cree que este tipo de inconvenientes siempre le ocurren y los toma como un grave insulto personal. Peter cree que este tipo de inconvenientes son parte del trabajo y los ve como una oportunidad para hacer algo productivo.

C = *Enumerar las consecuencias conductuales.* John siente un enorme estrés y manifiesta su enojo con excesos físicos y verbales. Como resultado, no logrará nada productivo durante la demora de dos horas; en cambio, quizás se sienta molesto y ansioso todo el tiempo. Si alguna vez reaccionas a una situación estresante como lo hizo John, deberías pasar a la letra D.

D = *Cuestionar la creencia.* Si una determinada creencia te causa mucha aflicción, debes tratar de cuestionarla como lo hizo John (figura 3-5):

FIGURA 3-5 Cuestionamiento de la creencia

Pregúntate	Respuestas de John
¿Cuál es mi creencia problemática?	Siempre me ocurren cosas malas e inconvenientes.
¿Qué pruebas apoyan mi creencia?	La prueba es que la demora del avión es un inconveniente para mí.
¿Cuál es una mejor explicación para lo que sucedió?	El inconveniente no solo me afecta a mí; afecta a todos en este vuelo.
¿Cuáles son las consecuencias de esta creencia?	El enojo y el estrés me arrojaron a una espiral descendente.
¿Qué sucedería si cambiara mi creencia en este momento? ¿Permanentemente?	Podría disfrutar de una buena cena y adelantar trabajo y llamadas en el aeropuerto.
¿Cuáles son mis nuevas creencias centrales?	¡Siempre hay problemas! Puedo manejar mejor los inconvenientes.

Si sacas la conclusión de que tendrías algunos beneficios reales si cambiaras tu creencia, puedes terminar este ejercicio ahondando en E.

E = Imaginar formas más efectivas para afrontar los estresores.

- *Controla lo que puedas.* Como no puedes modificar muchos aspectos de las situaciones estresantes, concéntrate en aquello que eres capaz de cambiar. Por ejemplo, John podría pensar en algunas ideas y luego llevar a la práctica formas más productivas de usar la demora de dos horas.

- *Aléjate.* Trata de apartarte de una situación estresante dando una caminata, saliendo de la sala o simplemente haciendo otra cosa. Un descanso temporal puede refrescar tu mente y ayudarte a conseguir una perspectiva más positiva.

- *Respira.* Respira con el diafragma. Usa el vientre para realizar una inspiración profunda. Retén el aire diez segundos y luego suéltalo con lentitud. Repite esto al menos cinco veces. Respirar profundamente no abolirá el estrés, pero contrarrestará algunos de los efectos fisiológicos adversos del mismo y te dará un momento para reorganizar tus ideas.

- *Hidrátate.* Bebe mucha agua. La mayoría de nosotros vive en un estado regular de deshidratación leve. Las situaciones estresantes pueden aumentarlo, y la deshidratación contribuye al mal humor. Detenerse para tomar agua no solo mejora tu estado de ánimo, también puede distraerte del estresor, aunque de manera momentánea. Esa breve distracción podría brindarte suficiente tiempo para lograr un poco de perspectiva con respecto a la situación.

Una vez que te hayas trasladado a un lugar donde no te sientas tan consumido por las emociones y puedas pensar un poco más claramente, reformula esa creencia central negativa como una más positiva que no te haga perder el control en el futuro.

Si cuestionas la creencia central negativa y aceptas el hecho de que te causa problemas, automáticamente te hallarás manejando la situación de un modo más efectivo. En el caso de John, él reconoce que su creencia central negativa («siempre me ocurren cosas malas e inconvenientes») le ha generado muchos problemas fisiológicos, psicológicos y de reputación. Con esto en mente, puede reformular su creencia central. Además, puede usar este «estallido» específico para recordar que estos comportamientos no le funcionan cuando se topa con un inconveniente estresante.

EL MARATÓN

Durante un lapso de dos meses, Hilary, la directora regional de una gran cadena minorista de quince tiendas en el Medio Oeste, ha experimentado la tormenta perfecta. Bandas de adolescentes irrumpieron en dos tiendas y uno de los jóvenes ingobernables golpeó a una gerente embarazada en el vientre cuando esta trató de impedirle que robara mercadería; las oficinas centrales despidieron a su querido jefe; tres de sus subordinados directos comenzaron a evadir sus responsabilidades; su colaborador más confiable dejó abruptamente la empresa para unirse a un competidor. Mientras tanto, ella estaba supervisando la construcción y la dotación de personal de una nueva sucursal y desmantelando otra que tenía un mal desempeño. ¡Vaya! Era suficiente para robarle la calma a una mujer más débil.

Si bien Hilary no se amilanaba ante la presión, nunca había enfrentado un maratón de problemas similar. Si alguna vez has practicado un deporte de resistencia, sabes cómo es alcanzar un punto en la competencia en el que chocas contra una pared, sintiendo que no puedes correr, saltar, pedalear o nadar ni un segundo más. Si has comenzado alguna vez una empresa o trabajado como gerente, sin dudas has sentido lo mismo cuando chocas contra una pared que tiene la forma de un problema de flujo de efectivo, la pérdida de un cliente clave, una rebelión del personal o ese enorme proyecto que crece y crece fuera de control.

¿Cómo hace el maratonista para escalar la pared? Se fija metas pequeñas y graduales que puede alcanzar: pie izquierdo, pie derecho. Diez pasos más. Solo hasta la próxima parada. Muy bien, ahora hacia ese giro en el camino. Eso le permite cubrir la última milla y traspasar la línea final. Los líderes pueden aprender mucho de esa respuesta al estrés físico agudo, dividiendo la acumulación de los estresores en acción en trozos pequeños y manejables.

En el caso de Hilary, la ejecutiva golpeada por el estrés no podía darse el lujo de permitir que la tormenta perfecta la hiciera salir despedida de la cubierta. En lugar de considerar todo esto como el fin del mundo, lo convirtió en un motivador y comenzó a fijarse metas pequeñas, manejables. Al final de cada día, enviaba por correo electrónico a sí misma y a su supervisor una lista de micrologros que esperaba alcanzar al día siguiente. Esta estrategia significó que Hilary dejara a un lado su habitual perfeccionismo y se dispusiera a dar con éxito uno, dos o diez pasos hacia adelante, pie izquierdo, pie derecho. En resumen, dominó la tormenta, pero lo más importante, aprendió un nuevo conjunto de habilidades para manejar el estrés en el trabajo y la vida.

EVALUACIÓN REALISTA

Ronny, el director ejecutivo de una empresa de diseño gráfico de tamaño mediano en Atlanta, se consideraba el tipo de jefe al que cualquiera de sus empleados podía acudir con un problema. Creía que todos en su compañía admiraban su sinceridad, honestidad y apoyo considerado. Siempre se tomaba tiempo para escuchar y atender hasta las preocupaciones más pequeñas de su personal. Por eso, imagínate su conmoción cuando un consultor, contratado por la junta directiva de la firma para observar el liderazgo de Ronny, le dijo sin rodeos que casi todos los que trabajaban para él se burlaban a sus espaldas, porque si bien era un buen tipo, resultaba un jefe totalmente incompetente. Aunque pasaba mucho tiempo escuchando a su gente, nunca aportaba los consejos y recursos que necesitaban para hacer el trabajo a tiempo y dentro del presupuesto. Fue este problema el que había llevado al directorio a contratar a un asesor externo para trabajar con él.

Era claro que Ronny necesitaba una evaluación realista de la situación. La mayoría de los líderes sucumben a cada rato a ciertas ilusiones con respecto a ellos mismos: piensan que solo porque ocupan el último peldaño de la escalera corporativa no pueden hacer nada mal. Sin embargo, es posible que contraigan el síndrome del Traje Nuevo del Emperador y crean todos los elogios que oyen de la gente que no se anima a decirle al jefe la verdad.

Tal vez consideres que manejas el estrés como una veterana estrella de rock, cuando en realidad eres más una banda de un hombre solo con el tambor de la batería roto y una armónica desafinada. Por otra parte, quizás pienses que nunca manejas el estrés tan hábilmente como debieras, cuando por cierto la gente no puede creer qué tranquilo permaneces si se desata un incendio forestal. Como líder, lo que crees de tu propia conducta importa mucho menos que la forma en que te perciben los demás, en especial en momentos de gran estrés. Con algo de ayuda del asesor, Ronny terminó aprendiendo esta importante lección. Parafraseando un viejo adagio: «Nos vemos como una combinación de nuestros pensamientos, miedos e intenciones, pero los otros solo ven nuestra conducta».

Una vez que aceptas una posición de liderazgo, debes hacer de la evaluación realista un proceso permanente. De lo contrario, puedes sucumbir rápidamente a ilusiones que, en última instancia, te avergonzarán o te costarán el empleo. Después de cada proyecto, venta, presentación, revisión, conversación difícil o cualquier otro incidente potencialmente estresante, debes preguntarte y, a veces, preguntarles a otras personas involucradas en la situación:

- ¿Qué funcionó?
- ¿Qué no funcionó?
- ¿Qué interfirió con la obtención de los resultados deseados?
- ¿Qué me o nos ayudó a alcanzar los resultados deseados?
- ¿De qué otras formas, quizás mejores, podría/podríamos haber abordado la situación?
- ¿Qué he o hemos aprendido de esta situación?

Aunque esto pueda parecerte una tarea que consume tiempo, hacerla de manera regular te ayudará a discernir patrones en tu estilo de liderazgo y a evaluar tu capacidad para manejar situaciones que provocan estrés. Además, ayuda a separar tus falsas suposiciones y creencias de la realidad de cómo te ven y reaccionan ante ti los otros. Esto fue exactamente lo que el asesor de Ronny le aconsejó hacer. Aunque cualquiera puede llevar a cabo este proceso por sí mismo, a menudo es bueno pedirle a un profesional o incluso a un colega preparado que te ayude.

SÍNTESIS

Un líder que sufre de estrés crónico no puede dirigir en situaciones estresantes a otras personas de un modo tan efectivo como esperaría. Quizás obtenga algunos resultados iniciales, pero a pesar de todo el esfuerzo realizado, finalmente la tarea demostrará ser inútil.

Manejar el estrés no quiere decir eliminarlo. Más bien, significa aprender cómo negociar las reacciones ante el estrés que inevitablemente se producen todos los días de tu vida como líder. Elegir tener en cuenta lo que sucede en tu cabeza y observar las respuestas fisiológicas de tu cuerpo y cómo los otros te perciben son los primeros pasos seguros para afrontar el estrés de una manera eficaz.

¿Por qué una buena pelea
a veces termina mal?

JANET Y BRAD SE CONOCEN desde sus días de universidad en Brandeis, y luego en la facultad de Derecho de Harvard. Su relación es tan estrecha que a menudo se han considerado como hermanos. Y como la mayoría de los hermanos, con frecuencia se han involucrado en una competencia amistosa, primero en las aulas, luego en las carreras de cinco kilómetros, y ahora como abogados que trabajan en una de las principales firmas jurídicas. Igualmente talentosos y en el máximo de su potencial, ambos están liderando equipos de profesionales. Si bien siguen compitiendo entre sí, han mantenido una amistad firme basada en el respeto mutuo. Su competencia afable alimenta su productividad y motiva a sus equipos a esforzarse más.

Brad y Janet superan a sus colegas de manera considerable. Han ganado casos de un modo constante, sus equipos sobresalen y los socios de la firma han compensado generosamente su desempeño. El socio principal, Wayne, se refiere a ellos con afecto como las «estrellas de rock».

Wayne les anunció que los socios quieren agregar uno de sus nombres a la placa a la entrada del bufete. Lo que no les dijo es que los socios, que entienden su relación competitiva, esperan que esa relación los haga luchar con más fuerza por el ascenso. A medida que pasan los días, las semanas y los meses, la tensión entre los dos aumenta. Cuando Brad consigue una victoria, alardea un poco. Cuando sufre una derrota, Janet siente un pequeño placer por tal fracaso, lo cual le genera culpa. También sonríe cuando tiene éxito y hace un gesto de disgusto cuando él se burla de las derrotas de ella. En poco tiempo, la competencia entre los dos, que en un momento fuera amistosa, se ha convertido en una intensa rivalidad que no deja dormir por la noche a Brad, lo ha vuelto irritable y proclive al error, y lo hace presionar a sus compañeros de equipo más allá de los límites razonables. Pronto desarrolla un profundo resentimiento y pasa mucho tiempo pensando en formas de impedir que su buena amiga de otros tiempos logre obtener una ventaja. Su infelicidad aumenta mientras la productividad de su equipo declina.

Janet, que ha logrado impedir que sus pensamientos sobre Brad se vuelvan tóxicos, gana un caso importante, el cual aporta varios millones de dólares a la firma. Los socios la recompensan con el prometido ascenso. La conducta de Brad empeora aun más ahora que la envidia domina sus emociones. Duerme menos, regaña agresivamente a su gente por errores mínimos, trata a Janet como a una enemiga declarada, y comienza a sabotearla de formas sutiles y otras que no lo son tanto. A sus espaldas, la llama tiburón de sangre fría, «pierde» documentos que ella necesita para un caso importante, y les sugiere a los clientes que obtuvo el ascenso por acostarse con su jefe. Nada de esto lo ayuda a él o a su reputación. Ha perdido la confianza en su propia habilidad y está pensando seriamente en abandonar la firma, incluso en dejar la abogacía por completo. El médico de Brad le expresa su preocupación, porque ha aumentado mucho de peso en poco tiempo y tiene la presión alta.

Casi todo el mundo ha sentido en algún momento una punzada de envidia o celos por el éxito de un colega, o placer por su fracaso. Eso es simplemente humano. Lo que resulta interesante es que esos sentimientos pueden en realidad contribuir a la productividad. La competencia sana de una buena contienda alimenta el rendimiento y la innovación. Sin embargo, cuando una buena contienda se convierte en mala y esos sentimientos se intensifican sin control, pueden hacer descarrilar las relaciones y erosionar la productividad.

EL EFECTO CAÍN Y ABEL

Quizá la historia más emblemática sobre la sana competencia que termina terriblemente mal proviene de la Biblia. Después que Dios los expulsó del jardín del Edén, Adán y Eva tuvieron dos hijos, Caín: que se convirtió en agricultor, y Abel, que se hizo pastor. Como ocurre con muchos hermanos, la relación era estrecha, pero explosiva.

La vida era buena para ellos. A fin de mostrarle a Dios su gratitud, Abel, fiel a la fuente de su sustento, decidió sacrificar su primer y mejor cordero. Caín eligió unas espigas, fruto de su trabajo arduo. Ambos esperaban que sus ofrendas complacieran al Señor.

El día del sacrificio, Caín observó cómo el cordero de Abel que se quemaba enviaba un aromático humo al cielo, mientras que las espigas ardían con el olor de la hierba chamuscada. Dios expresó su respeto por el sacrificio de Abel, pero no por el de Caín. ¿Por qué Dios prefería a su hermano?, se preguntaba este último. Él también se había esforzado por complacerlo. Debía ser culpa de Abel. La envidia comenzó a consumir el corazón de Caín. Finalmente, cuando daban juntos un paseo, se enojó tanto que derribó a su hermano y lo mató.

Cuando Caín se dio cuenta de lo que había hecho, al principio se sintió aliviado de que nadie lo hubiera visto matar a Abel. Luego el Señor habló: «Caín, ¿dónde está tu hermano?».

Caín se encogió de hombros: «¿Acaso soy el cuidador de mi hermano?».

Dios entonces lo maldijo: «De aquí en adelante, la sangre de tu hermano hará que tu tierra sea estéril, errarás por la tierra como un fugitivo».

Al oír estas palabras, Caín cayó al piso sollozando. Finalmente, sintió todo el horror de lo que había hecho.

¿Qué provoca el efecto *Caín y Abel*? ¿Qué convierte una competencia sana y productiva en una batalla corrosiva? A menudo esto sucede cuando alguien carece de autoconciencia emocional y de la capacidad para manejar el estrés emocional y conductual. Brad no pudo verse como lo veían los demás, no pudo controlar la tentación de hablar mal y sabotear a su competidora. El ascenso de Janet fue la gota que rebasó el vaso y lo enfureció hasta un punto en que no pudo evitar destruir su carrera y su reputación. Manejar sus emociones parecía estar fuera de su control. Su conducta también desconcertó a su jefe, que no supo cómo abordar sus estallidos temperamentales. Los líderes que sufren el efecto *Caín y Abel*, ya sea en ellos mismos o en miembros del equipo, siempre encuentran difícil afrontar las crudas emociones de los celos, la envidia, el enojo, y el sabotaje, así como la puñalada por la espalda que les acompaña. Ahondar en las causas de origen puede resultar aun más difícil. Como ocurre con todos los dilemas del liderazgo alimentados por componentes psicológicos que hemos estado explorando en este libro, el primer paso implica comprender qué está pasando en tu cerebro y en el de aquellos que sufren el efecto *Caín y Abel*. Todo comienza con las raíces profundas de la competencia.

COMPETENCIA NATURAL

En 1954, Leon Festinger, un psicólogo social que se dio más a conocer por su trabajo sobre la disonancia cognitiva, ofreció su *teoría de la comparación social*. Esta teoría sostenía que, como seres sociales naturales, progresamos a partir del aprendizaje y el crecimiento que nos brindan nuestras interacciones con otros. Desde la cuna, aprendemos las reglas de conducta de nuestros padres, maestros y amigos. Esas reglas, que gobiernan nuestro comportamiento en la vida, nos enseñan la diferencia entre el bien y el mal y las normas sociales que la sociedad espera que sigamos. Esta forma natural de aprendizaje social incluye la *comparación social*, el acto de evaluar nuestras opiniones y habilidades observando las de otras personas. La comparación nos dice hasta qué punto las superamos o cuánto nos falta.

En 1977, los científicos sociales D. R. Mettee y G. Smith hicieron una buena síntesis del tema. La comparación social trata sobre «nuestras preguntas para conocernos a nosotros mismos, la búsqueda de información autorrelevante y cómo las personas obtienen autoconocimiento y descubren la realidad sobre sí mismas». La investigación acerca de la teoría de la comparación social ha florecido con los años y arrojado luz sobre todas las formas diferentes en que afecta nuestra vida. Algunas veces, nos comparamos con personas que parecen superiores a nosotros (comparación hacia arriba). Otras, nos comparamos con personas que consideramos inferiores (comparación hacia abajo). Incluso en otras oportunidades nos comparamos con personas que percibimos más o menos como nosotros en diversos aspectos (comparación o modelo proxy).

Hay muchas razones diferentes por las que nos equiparamos con otros. Una comparación social puede ayudarnos a evaluar nuestra posición relativa en un área particular (autoevaluación), o puede brindar información sobre cómo podríamos mejorar nuestro desempeño (automejora).

Volvamos a la historia de Janet y Brad. Al comienzo de su competencia amistosa se comparaban como iguales y usaban los resultados para elevar su autoconciencia y promover una mejora en el desempeño. En algún lugar del camino, Brad se percibió como inferior a Janet. Esa percepción creó sentimientos de celos y envidia que le hicieron quitar la vista de la necesidad de mejorar su rendimiento. A pesar de la tendencia natural de la gente a compararse con otros, a la mayoría no le gusta admitir que lo hace. En un estudio clásico de 1985, Joanne Wood, Shelley Taylor y Rosemary Lichtman descubrieron que los pacientes con cáncer inicialmente negaban haber hecho una comparación social con otras personas que padecían la misma enfermedad. En entrevistas posteriores, los mismos enfermos demostraron que en realidad habían cotejado sus estrategias de afrontamiento y habilidades con las de otros.

Esto no es de extrañar. Admitir que te estás comparando con otro parece algo interesado e impropio. Por otra parte, consideramos perfectamente aceptable hablar de «estar a la par de nuestro vecino». Lo primero se aplica de un modo más directo a las cuestiones interpersonales, mientras que lo segundo involucra objetos inanimados, lo que el vecino tiene: su auto, su ropa y su casa. Los pacientes de cáncer eran reticentes a admitir las cuestiones personales. Piensa en algunas de tus interacciones sociales recientes. ¿Te has descubierto mirando el nuevo iPhone 5 en la mano de tu compañero de viaje? ¿Alguna vez observaste que un colega perdiera su empleo y pensaste: *Vaya, estoy contento de no ser yo*»? Solo recordar las muchas comparaciones sociales que haces cada día elevará tu autoconciencia del rol que desempeñan en tu vida y tu trabajo.

Llegarás a entender que las comparaciones en el trabajo, ya sea que acabes de comenzar en un nuevo empleo o hayas funcionado como líder de más de veinte personas durante muchos años, pueden crear y crean sentimientos fuertes, como ocurrió con Brad. Surgen porque la comparación social alimenta la competencia, y la competencia saca tanto lo mejor como lo peor de nosotros.

PELEAS BUENAS FRENTE A PELEAS MALAS

Desde los albores de la humanidad, la supervivencia ha dependido de la competencia. Ya sea para reunir los recursos que permiten el sustento de la vida o para obtener el afecto de un compañero, siempre nos hemos sentido impulsados a volvernos más rápidos, fuertes, inteligentes y atractivos. Queremos ganar la cinta azul, cruzar la línea de llegada en primer lugar, bajar al otro de su posición elevada, o lograr el puntaje más alto en un examen fundamental. Unas veces eso nos empuja hacia adelante y otras apenas nos permite mantenernos en el juego. La competencia surge de nuestra tendencia natural a prestarle atención a lo que nos rodea. Según Stephen García y Avishalom Tor, tanto las comparaciones negativas como las positivas tienen un significado tremendo. Nuestro deseo de ampliar o reducir la brecha entre nosotros y los que nos rodean suele desencadenar una conducta competitiva para proteger nuestros sentimientos de superioridad o reducir nuestros sentimientos de inferioridad.

Como la mayoría de las conductas humanas muy arraigadas, la competencia es perfectamente normal y sana. También es necesaria en la evolución humana, porque impulsa la selección natural y la «supervivencia del más apto». La competencia puede hacer que una oficina sea un lugar de trabajo atractivo y gratificante, como ocurrió con Janet y Brad antes de su rivalidad. La sabiduría popular insiste en que la cooperación y la colaboración funcionan mejor que la competencia, pero la inevitabilidad de la comparación social afirma casi lo contrario. La comparación es la madre de la competencia. Y es un hecho de la vida corporativa.

Utiliza su poder para librar una buena pelea, o arriésgate a verla metamorfosearse en una mala. Entre los beneficios de una sana competencia se incluyen:

- Más innovación.
- Más motivación.
- Incremento en la productividad.
- Aumento en la mejora personal.
- Fortalecimiento del trabajo en equipo.
- Refuerzo del compromiso.
- ¡Más diversión!

Ese es el poder de una buena pelea. Lamentablemente, lo que comienza como una competencia sana puede convertirse con rapidez en una horrible competencia corrosiva, como les sucedió a Brad y Janet. Esta última puede destruir a cualquiera que se ponga en su camino:

- Debilitando la motivación.
- Interrumpiendo los procesos de colaboración.
- Entorpeciendo el desempeño y la productividad.
- Envenenando al equipo y la cultura organizacional.
- Reduciendo la participación y el compromiso.
- Aumentando el estrés y la inseguridad.
- Arruinando reputaciones.
- Robándole la diversión al trabajo.

Ciertas señales de advertencia pueden alertarte acerca del hecho de que una buena pelea ha cruzado la línea y pronto puede infectar el ámbito laboral con el efecto *Caín y Abel*:

- Resientes el éxito de otro en lugar de usarlo para inspirarte y motivarte a alcanzar mayores alturas.
- Te concentras en las debilidades y limitaciones de tu competidor en lugar de estudiar sus fortalezas.

- Justificas o racionalizas tus limitaciones y defectos en lugar de afirmar tus fortalezas.

- Te sientes avergonzado y humillado cuando pierdes una batalla en lugar de usar esto como combustible para realizar un esfuerzo mayor la próxima vez.

Cuando observamos que otros tienen éxito o fracasan, a menudo nos comparamos con ellos, y nuestras observaciones pueden estimular poderosas respuestas emocionales y conductuales. Muchos factores influyen en la naturaleza de nuestros sentimientos y reacciones, entre ellos las experiencias pasadas con situaciones similares, nuestro nivel de autoestima, y nuestro juicio acerca de si alguien merece tener éxito o fracasar en una empresa particular. Brad obtuvo fácilmente un éxito inicial, aunque en secreto tenía dudas sobre su capacidad desde la infancia. Su éxito temprano también significó que hasta un pequeño fracaso lo golpeara duramente. Nunca soñó que Janet iba a superarlo en la carrera por el ascenso.

Para complicar las cosas, las actuales costumbres sociales dictan que cuando alguien fracasa, debemos compadecernos o hasta empatizar con su dilema, y cuando alguien tiene éxito, debemos alentarlo y ofrecerle sinceras felicitaciones. ¿Qué sucede cuando nuestras reacciones entran en conflicto con estas costumbres sociales? ¿Y si nos complace la derrota de alguien o desdeñamos sus logros? Entonces podemos caer con facilidad en la envidia, los celos y hasta el enojo, y terminar desagradándonos más que el objeto de nuestra rabia. Aquí radica el dilema psicológico en el que la colisión de las expectativas sociales y personales puede transformar una buena pelea en una mala.

La autoconciencia emocional y el automanejo eficaz comienzan con una firme comprensión de algunas emociones a menudo malinterpretadas, las cuales están en la raíz de gran parte de la mala conducta en el ámbito laboral. Emociones negativas como la envidia, la frustración y el enojo pueden desencadenar actos de sabotaje, descortesía y prepotencia: acciones que pueden terminar haciéndonos sentir culpables y avergonzados.

Sin embargo, debes tener presente que estas emociones negativas forman parte del ser humano. No se pueden evitar, pero si se dejan sin control, no solo crean agitación, también pueden dañar tanto al que es objeto de esos sentimientos como a aquel que los experimenta. Las mismas no plantean problemas serios ni amenazan una relación a menos que las ignores y las dejes transformarse en una profunda herida psicológica. Las primeras punzadas indicadoras de envidia, celos, frustración y enojo deberían brindarte un indicio de que necesitas extraer la espina y colocar un antiséptico. Esto se aplica a todo tipo de emociones desestabilizadoras que odiamos admitir que sentimos, en especial la alegría por la desgracia ajena, la envidia y los celos.

SCHADENFREUDE

«Siempre que un amigo tiene éxito, algo pequeño en mí muere».
—Gore Vidal

Julian estaba ansioso por comenzar en su nuevo trabajo. Cuando le avisó con las dos semanas de antelación establecidas a Hugh, su empleador en una pequeña empresa de diseño gráfico especializada en publicidad en Internet, se sintió exultante y triste a la vez. Estaba exultante por la oportunidad de unirse a la competencia, una compañía mucho más grande con un historial impresionante, que había diseñado campañas publicitarias en la Internet ganadoras de premios; pero también estaba apenado por dejar atrás a sus colegas y a un jefe que consideraba casi un hermano. Hugh aceptó la renuncia de Julian educadamente, lo felicitó por encontrar un trabajo así y le deseó todo el éxito del mundo. En los meses siguientes, los dos hombres se hallaron en franca competencia por algunos contratos y ambos consiguieron el mismo número de nuevas cuentas. El perdedor siempre le daba una palmada al ganador en la espalda y juraba aprender de la experiencia y hacer un esfuerzo mayor la siguiente vez que compitieran.

Un año después de haber comenzado a trabajar para la nueva empresa, Julian comenzó a vencer a Hugh con más frecuencia. Al mismo tiempo empezó a escuchar ciertos rumores alarmantes en los pasillos de la industria. Parecía que su antiguo jefe estaba hablando mal de él, diciendo que era un sinvergüenza desagradecido y sin talento que había violado todas las reglas de la buena competencia a fin de obtener negocios para su nuevo empleador. Julian no podía creer lo que escuchaba. Esa no parecía ser una actitud del Hugh que conocía. Decidió enfrentarlo en una conferencia de negocios local. Cuando trató de llevar a Hugh a un lado para charlar, este solo sonrió con una mueca, se excusó y se dirigió a un grupo de ejecutivos que incluía a Barbara, la nueva jefa de Julian. Para su sorpresa, pudo oír el sarcasmo que destilaba la voz de Hugh cuando le decía lo afortunada que era de haber conseguido a Julian.

Desde ese momento, Julian juró enterrar los sentimientos de traición y confusión con respecto a la conducta de Hugh y en cambio concentrarse en sobresalir en su nuevo trabajo. Pasaron dieciocho meses antes de que se reuniera con unos amigos de su vieja empresa para almorzar. Allí sus antiguos colegas le revelaron que Hugh había anunciado que estaba por vender su compañía a la empresa donde ahora trabajaba Julian para liberarse de serios problemas financieros. «No reconocerías al viejo», le dijo un anterior colega. «Siempre está muy estresado. Parece a punto de tener un derrame cerebral. Muchas de nuestras mejores cuentas se han ido a otra parte». Al escuchar esto, Julian percibió un sentimiento conocido, pero problemático, que crecía en su interior. Se halló fingiendo preocupación, con una mirada que indicaba: «Ah, no, eso es terrible», en la cara para ocultar una apenas perceptible sonrisa de superioridad. Los verdaderos pensamientos de Julian eran: «¡*Ese idiota tiene lo que se merece!*». Sin embargo, les dijo a sus amigos: «Ah, no, esas son noticias terribles. Realmente espero que las cosas se solucionen para él».

Rara vez reaccionamos a la suerte o la desgracia de los otros con completa indiferencia, en especial cuando están involucradas personas con las que nos comparamos en el trabajo, ya sean colegas, superiores o subordinados directos. A veces sentimos en realidad un genuino placer por el desempeño ganador de alguien, aunque su éxito nos perjudique durante una competencia justa. Hasta podemos experimentar decepción si derrotamos a esa persona.

En una buena pelea, deseas que aquel que se desempeña mejor gane, y cuando lo hace, le tiendes la mano, sonríes y pasas al siguiente negocio. Otras veces no queremos hacer nada de eso. Simplemente nos sentimos amargados, enojados y envidiosos por la buena suerte de nuestro rival o nos deleitamos con su desgracia. Es entonces cuando sabes que una buena pelea se ha convertido en mala. Solo espero que no llegue tan lejos como para terminar de pie sobre la carrera ensangrentada de un colega con un cuchillo en la mano.

El difícil de traducir término alemán *schadenfreude*, que combina *schaden* (daño) y *freude* (alegría), describe una emoción humana universal: complacerse con las desgracias de otros. Un pequeño escalofrío de placer nos recorre la columna vertebral. Julian lo sintió, al igual que todos los seres humanos a lo largo de la historia.

En el *Purgatorio* de Dante, el protagonista le habla a un alma estancada en el segundo círculo del infierno (el de los envidiosos) porque «se alegraba más de la desgracia de otros que de su propia suerte». O como señalaba el filósofo alemán ateo del siglo diecinueve, Arthur Schopenhauer: «Sentir envidia es humano, gozar de la desgracia de otros, demoníaco». Desde los ancestros de Cromañón hasta los filósofos brillantes, desde reyes y presidentes hasta nosotros, esta emoción particular puede controlarnos fácilmente cuando vemos a una persona tropezar y caer.

La *schadenfreude*, como todas las emociones que aparecen durante la competencia, surge de nuestra tendencia humana a la comparación. En nuestra sociedad contemporánea, donde los medios convencionales y sociales han generado una multitud de terrenos donde la gente establece comparaciones con otros, la alegría por la desgracia ajena levanta la cabeza con frecuencia. Durante años, Martha Stewart brilló como la reina de la perfección doméstica. Sin embargo, al final su conducta arrogante y condescendiente detrás de escena la convirtió en objeto de bromas en los programas de medianoche y en reclusa de una cárcel de mínima seguridad por mentir sobre sus asuntos financieros. Las personas que en un momento se habían sentido inferiores a la diva del hogar experimentaban ahora un pequeño estremecimiento de *schadenfreude* ante su caída. Es perfectamente natural sentir cierto grado de placer cuando vemos que otro sufre, en especial una persona exitosa que puede haber generado antes sentimientos de envidia o resentimiento.

La alegría por la desgracia ajena se vuelve problemática cuando la aplicamos a las personas más cercanas a nosotros: nuestros colegas, jefes, compañeros y amigos. Una cosa es sentir *schadenfreude* hacia una persona que no conocemos personalmente, como el desacreditado presidente de Enron, Ken Lay, o la reina de la cena perfectamente cocida y el gran centro de mesa, Martha Stewart; no obstante, otra muy distinta es alegrarse de la degradación de un colega o el divorcio de un amigo que estaba felizmente casado.

Antes de acusarte de una insensibilidad desalmada por sentir ese pequeño estremecimiento de placer, acuérdate de que todas las personas del mundo lo sienten de vez en cuando. Es tan normal como sentir una simple felicidad o alegría. Sin embargo, a diferencia de esas emociones positivas, puede transformarse en algo feo. Alguien desciende algunos escalones de la escalera mientras tú subes más alto. Vamos, siéntete complacido por ti mismo, pero no patees al otro hasta lanzarlo fuera de la escalera.

La reciente investigación sobre el cerebro sugiere que experimentar las desgracias de otros puede activar la misma parte del cerebro que se activa cuando tenemos sexo o comemos chocolate, en especial si mantenemos una conexión con ellos. En 2009, el neurocientífico Hidehiko Takahashi y sus colaboradores usaron imágenes por resonancia magnética funcional (IRMf) para examinar la actividad cerebral de diecinueve participantes voluntarios. El estudio implicaba que cada participante leyera una historia que involucraba a cuatro personas: un protagonista, que era un hombre promedio, y otros tres individuos, dos superiores a él y uno inferior. Los investigadores les dijeron a los participantes que se imaginaran siendo el protagonista y se compararan con los dos superiores y el inferior. Uno de los superiores presentaba características que importaban y eran relevantes para el protagonista, mientras que el otro no. Entretanto los participantes leían la historia, el equipo de investigación les escaneaba el cerebro para establecer puntos de referencia.

Luego los investigadores escaneaban el cerebro de los participantes cuando leían sobre las desgracias que les sobrevenían a los individuos superiores e inferior. Al comienzo, habían establecido hasta qué punto envidiaban a los personajes de la historia. En la segunda fase del estudio, citaban la cantidad de placer que obtenían al oír sobre los problemas de los personajes. Resultó que mientras más envidiaba un participante a los individuos superiores (en especial al que más le importaba al protagonista), más actividad mostraba el cerebro en la región que los científicos asocian con el conflicto, el dolor social y el rechazo.

Imagínalo de esta forma. Estás leyendo una historia sobre Dick, Jane y Spike. Dick es un tonto que no invitarías a almorzar. Jane es admirable en muchos aspectos, pero no te relacionas demasiado con su inteligencia superior. Por otra parte, Spike también genera tu admiración, pero debido a su buen humor y generosidad, más que por su coeficiente intelectual. Cuando el tonto de Dick tropieza con un tronco y cae de bruces, te encoges de hombros y piensas que es solo el tipo de accidente que le ocurren todo el tiempo. Cuando Jane se resbala con una cáscara de banana, te sonríes para tus adentros y piensas que eso le hará bien por ser tan sabelotodo. Sin embargo, cuando el tipo que envidias más, el bueno de Spike, se cae y golpea, te complaces más con *su* desgracia.

¿Por qué tenemos sensaciones placenteras cuando le pasa algo malo a la gente que envidiamos? Porque, como muestran los estudios de IRMf, los episodios de *schadenfreude* generan actividad en la parte del cerebro que contiene su sistema de recompensas y responde a los placeres básicos como el sexo, la comida y las drogas. Esta área también desempeña un papel importante en la liberación de dopamina, un neurotransmisor llamado a veces el «químico del bienestar». A los seres humanos les encanta la dopamina, lo que explica por qué consideramos los placeres de la vida tan adictivos. La alegría por la desgracia ajena puede hacernos sentir tan bien como el aplauso que sigue a un discurso importante bien pronunciado o una cena de celebración como recompensa por un trabajo bien hecho.

La psicología nos ha enseñado que la gente se siente muy motivada a proteger o aumentar la imagen que tiene de sí misma, tanto que los psicólogos consideran que verse uno mismo de un modo positivo es un impulso primario. Una forma de proteger o aumentar la autoimagen es comparándonos con otros que son menos afortunados (o que pueden haber sido más afortunados, pero han sufrido una derrota). La sensación de *schadenfreude* le brinda un refuerzo momentáneo a la autoestima. Cuando tu buen amigo se golpea un dedo del pie, te complaces en mover los tuyos que están sanos.

Piensa en la *schadenfreude* como una respuesta de alivio a los sentimientos negativos asociados con la envidia. Ella activa esa parte de nuestro cerebro que afronta el conflicto, el dolor emocional y el rechazo, experiencias que todos consideramos desagradables. El dolor desata ciertas respuestas conductuales negativas que pueden socavar o hasta arruinar la confianza, la cohesión del equipo, las relaciones interpersonales y la salud general de la cultura de una organización.

La mayoría de las personas no distingue entre la envidia y los celos, pero las dos emociones difieren en aspectos importantes. La envidia levanta su horrible cabeza cuando alguien desea una cualidad o un logro que otro posee, ya sea que se trate de un amigo cercano o un completo extraño (por ejemplo: «Me gustaría ser dueño del Lexus del vecino»). Los celos surgen dentro del contexto de una relación (por ejemplo: John no puede soportar perder el afecto de Sally debido a Tom). En nuestro tratamiento de estas emociones en el lugar de trabajo, hablaremos principalmente de la envidia.

ENVIDIA

Hugh se molestó por lo que consideró la traición de Julian cuando se fue. Sin embargo, ocultó esos sentimientos y le deseó un gran éxito en su nuevo trabajo. En los meses siguientes, cuando los antiguos colegas se convirtieron en competidores, la empresa de uno comenzó a perder cada vez más negocios ante la del otro. En un año, Hugh se encontró en un pozo financiero. Cuando se topó con Julian en la conferencia de negocios, apenas pudo controlar sus emociones. Pensó: «*Ese traidor se ve tan feliz, le escupiría en la cara*». En lugar de actuar con respecto a sus pensamientos, denigró a Julian ante todos los que encontraba en la reunión. También estaba resentido por el hecho de que Julian ganaba tanto dinero que se había comprado una nueva vivienda y casado con su novia de mucho tiempo, la cual también en cierto momento trabajó para Hugh.

Mientras más aumentaba la suerte de Julian, más se hundía la de Hugh. Julian había pasado a integrar la junta directiva de la asociación de comercio local, mientras que Hugh evitaba la mayoría de las reuniones y se quedaba en su casa sintiendo lástima por sí mismo. Se sentía viejo, cansado y deprimido. Los negocios se deterioraron más, hasta que no pudo ver otro camino para salir del lío que una fusión. Esto puso la nave de la compañía otra vez en el agua, pero hirió el alma de Hugh al cederle el control a su odiado rival. Después de la fusión, Hugh pasó cada vez más tiempo lejos de la oficina. Finalmente, renunció y se retiró del trabajo que en un tiempo había amado. Todos los días pensaba en Julian. Deseaba que «ese ingrato» tropezara y cayera, o se imaginaba a sí mismo en su lugar, otra vez joven, vibrante y exitoso.

Confundida a menudo con los celos, la envidia ocupa un lugar especial en la historia humana como uno de los siete pecados capitales. Al igual que la codicia, surge de un deseo insaciable, no de bienes materiales, sino del éxito y la buena suerte de los demás. Una persona envidiosa se resiente porque otra ha obtenido la aclamación y el estatus de los que carece. Esto viola uno de los Diez Mandamientos, específicamente: «No codicies la casa de tu prójimo [...] ni nada que le pertenezca». En el Purgatorio de Dante, aquellos que cometieron este pecado sufrían un castigo especial. Los ojos de estos pecadores estaban cosidos con alambre, porque tuvieron un placer pecaminoso al ver caer a los otros.

Esta historia ayuda a explicar por qué tendemos a guardar este sentimiento demasiado humano como un profundo y oscuro secreto. Nos hace sentir egoístas y avergonzados. Si admitiéramos nuestra vergüenza, atraeríamos entonces la atención al hecho de que nos estamos comparando con otros y nuestra autoestima ha sufrido un golpe. La envidia puede también violar un deseo igualmente profundo de vernos bajo una luz positiva, como una buena persona que apoya a los demás y disfruta de sus éxitos, en oposición a una mala persona que alienta pensamientos envidiosos o maliciosos sobre los logros ajenos. La disonancia cognitiva resultante (sostener dos ideas en conflicto al mismo tiempo) puede crear ansiedad, frustración e incluso causar una depresión clínica. Hasta podríamos, como Hugh, sentarnos solos a sentir pena por nosotros mismos e imaginar a la persona que envidiamos cayendo de un precipicio mientras nosotros levantamos vuelo en las alas del éxito.

La envidia se produce cuando deseamos tener los atributos, logros o posesiones de otra persona, o deseamos que esta no los tuviera. Hugh deseaba la juventud, la felicidad y el éxito profesional de Julian y no podía tolerar el paso de la edad y sus penurias financieras. También es posible que envidie al multimillonario Bill Gates, pero eso le causa mucho menos dolor que la envidia que siente por Julian, alguien que conoce a nivel personal. Tendemos a sufrir más cuando nos comparamos con personas cercanas y nos hallamos en una posición desventajosa. En el trabajo, la envidia puede causar dolor porque:

- Resalta lo que otro posee.
- Te recuerda lo que te falta.
- Desencadena conductas desagradables o destructivas.
- Puede interferir con las relaciones laborales exitosas y productivas.
- Puede hacerte sentir avergonzado.

La envidia a veces nos motiva a hacer las cosas mejor. Los investigadores John Schaubroeck y Simon Lam llevaron a cabo un estudio en 2004 que involucró a los cajeros de un banco en Hong Kong. Hallaron que aquellos que no eran ascendidos se sentían especialmente envidiosos de sus colegas que sí lo lograban y antes habían sido calificados como similares a ellos. Lo que resulta interesante es que los cajeros envidiosos terminaron desempeñándose mejor en los cinco meses siguientes, lo que demuestra que la envidia puede impulsar a la gente a un logro mayor. Estos individuos motivados fueron capaces de transformar esa envidia en una «competencia sana», del mismo modo que Janet y Brad al comienzo de la relación.

En el caso de aquellos que tienen una autoestima frágil, la envidia puede dañar más esa autoimagen cuando se involucran en la comparación y la competencia en el ámbito laboral. Según los psicólogos John Sabini y Maury Silver, la envidia, a diferencia de otras emociones, no produce un estado emocional singular. Más bien incluye muchos estados psicológicos desagradables e incómodos diferentes. Los sentimientos internos de inferioridad, injusticia, anhelo y resentimiento se vuelven prácticamente obvios para los demás, sin importar lo mucho que tratemos de ocultarlos. Estas emociones pueden alimentar actos directos de hostilidad, mientras nuestra esperanza de que los otros fracasen nos lleva a actos de sabotaje.

La hostilidad tiende a estallar siguiendo lo que los psicólogos llaman *envidia autorrelevante*. El término *autorrelevante* describe situaciones en las que los atributos, los logros o las posesiones de otro parecen más allá de nuestro alcance, sin embargo, nos importan mucho. Imagina que no tienes la esperanza de alcanzar alguna vez el puesto de jefe de cajeros, pero defines tu estatus en la vida en términos de tu posición en el orden jerárquico. La frustración y los sentimientos de falta de valor pueden hacer que te vuelvas hosco, trates mal a tus colegas y te muestres agresivo cada vez que sientes que alguien te ha menospreciado en el trabajo. Entonces la envidia se convierte en una emoción en verdad venenosa, que irónicamente puede empujarte más abajo en la escala jerárquica o incluso hacer que pierdas tu empleo.

Robert Vecchio, un profesor de administración en Notre Dame, estudió extensamente la envidia en el ambiente laboral. Descubrió que la competencia por las recompensas, los recursos y el reconocimiento impulsa una buena parte de la envidia que la gente siente en el trabajo, y en gran medida surge de una sensación de injusticia. Las personas más susceptibles a la envidia laboral sufren fundamentalmente de baja autoestima. Sin un cerebro ejecutivo fuerte que funcione para mitigar estos sentimientos desafiantes, tienden a recurrir a conductas manipuladoras e interesadas, que pueden crear importantes problemas de liderazgo.

Sin embargo, la investigación ha sugerido que el liderazgo efectivo y las culturas organizacionales fuertes y conectadas pueden ayudar a mitigar algunos de los efectos negativos de la envidia en el lugar de trabajo. Por ejemplo, dos estudios de 2012 realizados por Michelle Duffy y sus colaboradores demuestran cómo la falta de relaciones interpersonales sólidas desempeña un papel en la intensidad de la envidia. Analizando la conducta del personal de un hospital, los investigadores descubrieron que resultaba más probable que los trabajadores envidiosos llevaran a cabo conductas de sabotaje cuando las relaciones con sus compañeros eran débiles. Cuando se informaban conexiones más estrechas, los que experimentaban envidia tenían tasas inferiores de incidentes de sabotaje.

En un segundo estudio, unos alumnos universitarios completaron una serie de cuestionarios durante el semestre para clasificar su nivel de envidia, la calidad de las conexiones con otros miembros de su grupo de trabajo, y el grado en que ellos u otros integrantes del equipo cometían sabotaje. Los estudiantes que admitían sentirse envidiosos y no se identificaban mucho con su grupo de trabajo presentaban los índices más elevados de sabotaje, en especial, cuando pertenecían a equipos que revelaban tasas altas de sabotaje general. Estos dos estudios sugieren que las relaciones sólidas en el ámbito laboral no necesariamente alivian los sentimientos de envidia, pero pueden mitigar las conductas de sabotaje que suelen desencadenar. También sugieren que cuando el ámbito laboral tolera las conductas de sabotaje, pueden aumentar las posibilidades de que la gente se involucre en estos comportamientos si se siente envidiosa.

En una encuesta a más de cien supervisores de primer nivel que llevó a cabo el doctor Vecchio, como se informa en un artículo del *Windsor Star* del 2 de octubre de 2006, se descubrió que los sentimientos de envidia eran superiores cuando los supervisores demostraban falta de preocupación. Estos estudios sugieren todos que las conexiones fuertes y positivas en el trabajo y el liderazgo solícito pueden mitigar los sentimientos de envidia y las conductas maliciosas.

En el número del 18 de junio de 2010 de *The Guardian*, Hilary Osborne cuenta la historia de un ejecutivo, «Lee Smith», que sufrió a manos de un colega envidioso. Smith, jefe de comunicaciones de mercadotecnia en una gran empresa estadounidense, comenzó a trabajar de forma estrecha con «Bob Jones», un ejecutivo de más antigüedad en una firma que la compañía de Smith había adquirido.

Smith recuerda que a sus espaldas Jones iba y contactaba a sus subordinados directos para hacerlos trabajar en sus proyectos sin informárselo a él. Celoso de la posición de su nuevo compañero, no solo socavaba su autoridad, sino que también les hacía la vida miserable a todos los demás en la oficina. Cuando Smith se quejó ante sus jefes estadounidenses, estos se negaron a afrontar la situación y permitieron que la conducta de sabotaje continuara. Finalmente, Smith tiró la toalla y se fue para comenzar su propia empresa.

La investigación confirma la noción de que la *schadenfreude*, la envidia y los celos —todas emociones desencadenadas por la competencia y la comparación social— pueden volverse más poderosos en situaciones grupales. Sirven como agentes de vinculación, pues hacen que las personas en el grupo se sientan más cómodas con emociones de otro modo desconcertantes. Como la gente compite más libremente en ámbitos grupales que en situaciones uno a uno, suele comportarse en un equipo de un modo en el que no se comportaría en una competencia personal. Al jugar tenis individualmente, tendemos a competir con mayor decoro y caballerosidad; si nos ponen en un equipo de fútbol, nos deleitamos cuando el jugador estrella del otro equipo se lastima y queda fuera por toda la temporada.

¿Qué puede hacer exactamente un líder para crear un ambiente que minimice los efectos negativos de estas emociones complicadas tanto entre individuos como entre equipos?

CÓMO AFRONTAR LAS EMOCIONES DE UNA BUENA PELEA QUE SE CONVIERTE EN MALA

Cuando decides afrontar las emociones desencadenadas por una pelea que se tornó mala, primero debes abordar la sensación de valor y autoestima del individuo. Estas cuestiones yacen en el centro de la identidad de una persona e involucran algunas de las emociones humanas más primitivas y poderosas. Para proteger ese centro, los individuos pueden usar una gama de tácticas, desde hacerse la víctima hasta actuar como un adolescente chismoso o participar en un sabotaje dañino. Cuando juegan a hacerse la víctima, pueden culpar a otros por lo que les falta, regodearse en la autocompasión y negarse a asumir la responsabilidad por su situación. Si prefieren el ataque, justificarán y racionalizarán sus acciones o negarán que hayan hecho algo malo. En cualquiera de los casos, las poderosas emociones que acompañan a estas conductas pueden enceguecer a la persona envidiosa con respecto al daño que se está haciendo a sí misma, al objeto de su envidia y a todos los que estén trabajando cerca. Esta ceguera dantesca dificulta más de lo habitual obtener la autoconciencia necesaria para resolver problemas psicológicos en el trabajo, en especial aquellos que involucran a la envidia.

Puedes comenzar haciendo un inventario personal. Si recientemente has sentido un pequeño escalofrío de *schadenfreude* o te has encontrado envidiando el éxito de alguien, pregúntate:

- ¿Me he estado haciendo la víctima? ¿He culpado a otro de mi situación? ¿He dejado que mi pensamiento de víctima me impida llevar a cabo acciones para mejorar mi situación?
- ¿He desacreditado verbalmente a alguien cuyo éxito envidio? ¿Difundo chismes con respecto a esa persona o difundo rumores que la hacen ver mal?
- ¿He hecho algo basándome en mis sentimientos para sabotear a quien es objeto de mi envidia?
- ¿He sido capaz de decirme o, más valientemente, de decirles a otros: «Ay, siento una verdadera envidia»?

Podrías plantearles estas mismas preguntas a un asesor confiable, un consejero o incluso un psicoterapeuta para que te quiten la venda de los ojos. Un colega o consejero puede ofrecer una perspectiva única y objetiva de conductas que ni siquiera sabes que exhibes. En todo caso, un tercero puede ayudarte a dar algunos pasos importantes que apunten a respetar las reglas de una buena pelea antes de que contraigas un caso severo del efecto *Caín y Abel*:

- Señalar la causa de tu *schadenfreude* o envidia.
- Medir la fuerza de tu relación con esa persona.
- Hacer un listado de tus emociones: resentimiento, enojo, vergüenza, remordimiento, desdén, frustración, etc.
- Describir el resultado que esperabas antes de sentir estas emociones.
- Indicar los hechos que te llevaron a sentirte fuera de control.
- Identificar a las personas (previstas o no) que podrían sufrir con tus acciones.
- Calificar tu actual sensación de valor personal en una escala de 1 (avergonzado) a 10 (orgulloso).
- Ubicar tu conducta en una línea continua que va desde leve a indignante.
- Considerar el consejo que le darías a un amigo confiable sobre cómo afrontar emociones y conductas similares.
- Identificar uno o dos pasos que puedes dar en este mismo momento para elevarte por encima de tus circunstancias, hacerte cargo de tu situación y alcanzar los resultados deseados.

Dar estos pasos o hablar acerca de ellos con un consejero confiable brinda algo de la distancia psicológica necesaria para recuperar la perspectiva. Nada cura un problema psicológico como una sana dosis de realidad. Por ejemplo, si Brad hubiera hecho eso, quizás habría sido capaz de modificar su actitud y su conducta antes de que comenzaran a tener un tremendo impacto en su carrera y su salud. Identificar sus sentimientos de enojo, resentimiento y envidia podría haberlo llevado a la conclusión de que estos sentimientos perfectamente normales, dada la situación, trajeron como resultado un bajo sentido de valor personal y todas esas poco saludables conductas de sabotaje que lo perjudicaron a él, a Janet y a todos los que lo rodeaban. En realidad, él hizo todo lo que pudo para obtener el ascenso; lo único que sucedió fue que Janet, por una cuestión del azar, ganó un caso importante antes. ¿Ha llegado el momento para él de poner la vista en la siguiente oportunidad de ascenso e invertir esta considerable energía en alcanzar los resultados que desea en el futuro?

CÓMO PROMOVER LAS BUENAS PELEAS

Como hemos visto, los ambientes competitivos en los que la gente se siente separada entre sí alientan conductas maliciosas y envidiosas. Para crear un ámbito más sano que impida que una buena pelea se vuelva mala, puedes cultivar ciertas normas:

- *Competencia solidaria y amistosa*: como líder, quieres cultivar una competencia sana y no deseas que las personas se enfrenten unas contra otras de un modo destructivo, como hicieron Brad y Janet. Mejores resultados, mayor productividad, una motivación más firme y un desempeño superior dependen de aprovechar una buena pelea que haga sentir a la gente bien con respecto a la competencia. Establece una competencia amigable, pero no un desafío definitivo de «ganar o perder» entre los miembros del equipo. Concéntrate en cómo los esfuerzos individuales de cada uno ayudan a todo el grupo a alcanzar el éxito. Los socios de la firma podrían haberle asegurado a Brad que, si bien Janet había llegado a lograr su objetivo primero, se encargarían de que él tuviera pronto una oportunidad similar. La victoria de Janet *no* lo convertía en un perdedor. Permanece alerta a las señales de que la gente ha cruzado la línea: las quejas injustificadas sobre otros, los estallidos de enojo, las puñaladas por la espalda, el hecho de señalar con el dedo y hasta el sabotaje.

- *Transparencia*: mantén una política de puertas abiertas que aliente a la gente a hablar con franqueza de sus sentimientos. Cuando debas hacer algo que pueda generar sentimientos de envidia o *schadenfreude* (por ejemplo, agregar un miembro al equipo; ascender, degradar o recompensar a alguien), hazlo abiertamente y déjales muy en claro las razones a todos los involucrados. Si alguien debe ganar o perder, hazlo saber a todos. Si los socios de la firma hubieran construido una cultura transparente y deseado retener a las dos «estrellas de rock», más allá de quién obtuviera el ascenso, habrían reconocido los problemas potenciales con franqueza y establecido reglas básicas que promovieran una buena pelea en lugar de un intercambio de golpes.

- *Tutorías*: en su artículo «Managing Envy and Jealousy in the Workplace» [Cómo lidiar con la envidia y los celos en el lugar de trabajo], el doctor Robert Vecchio recomendaba hacer que las personas con un rendimiento superior (que a menudo generan sentimientos de envidia) desempeñaran el rol de mentores, de modo que puedan moderar las emociones negativas y enfatizar la necesidad de crear ambientes grupales de colaboración y comunicación. Las tutorías abren una línea de comunicación y reducen las nociones preconcebidas y suposiciones que pueden alimentar la llama de la envidia. Una buena tutoría también brinda oportunidades para que el tutor aprenda del estudiante, lo que lo humaniza más y puede reducir la envidia o los sentimientos negativos.

- *Equilibrio de la balanza*: cultiva la justicia y la equidad. Piensa en esto. ¿Qué es lo que de un modo más seguro enfurecerá a los compañeros de trabajo? Ver a un colega obtener el crédito por algo que no hizo o recibir un tratamiento especial (no justificado). Asegúrate de que todos comprenden el sistema de recompensas y de comunicar claramente por qué alguien ha recibido una recompensa y cómo otros pueden obtenerla también. Trata de detectar las injusticias y corregirlas rápidamente. Una vez más, investiga tus preferencias y reconoce cuándo otorgas injustamente un favor o haces una excepción con una persona y no con otra.

- *Abordaje del conflicto*: corta los problemas de raíz. Un buen líder nota los matices emocionales que se producen entre las personas. Usualmente puedes ver cómo crece la envidia maliciosa, algo que los socios de la firma deberían haber visto desarrollarse en Brad. Los sentimientos de envidia hacen sentir incómodas a las personas, y la incomodidad naturalmente se filtra a la conducta. En cuanto veas algo así, abórdalo. Cuando la gente sabe que su jefe se preocupa de verdad y respeta sus sentimientos, le comunica cuándo una buena pelea dio un giro equivocado. Si los socios hubieran hablado de los sentimientos vengativos en el mismo momento que estallaron, podrían haber intervenido antes de que Brad saltara del precipicio.

- *Desarrollo de un espíritu de equipo*: invierte tiempo en desarrollar un equipo que «juegue limpio» y compita de forma alegre y positiva. Aprende sobre inteligencia emocional y el papel que desempeña en los grupos. Marcia Hughes y James Terrell han escrito un libro excelente sobre el tema: *el equipo emocionalmente inteligente*. Guía a tu equipo para que socialice fuera del trabajo, de modo que los miembros puedan llegar a conocerse mejor y generar conexiones más estrechas. (Recuerda que la envidia maliciosa es más probable que surja entre personas desconectadas.) Crea oportunidades para compartir responsabilidades e incentivos grupales a fin de que todos puedan aprender de los diferentes estilos de trabajo y logren tener la confianza de que pueden contar con los demás.

- *Contratación inteligente*: el doctor Vecchio sugería invertir tiempo en evaluar la madurez emocional de los candidatos durante y después del proceso de contratación. La investigación apoya el hecho de que la envidia aflige más fácilmente a las personas que sufren de baja autoestima y tienen un enfoque ventajista de la vida. Busca indicios durante las entrevistas. ¿Cómo habla el candidato de sus antiguos trabajos/jefes/colegas? Nota cualquier tendencia a menospreciar a sus anteriores compañeros de equipo o a hablar mal de ellos. Plantea situaciones hipotéticas que pongan a prueba la inclinación de un candidato hacia los sentimientos de envidia. «¿Cómo reaccionarías si vieras que un compañero de equipo recibe un elogio por algo que has hecho tú?». Por supuesto, también puedes llevar a cabo algo de investigación emocional cuando compruebas las referencias de un candidato.

SÍNTESIS

¿Qué tienen en común Caín y Abel, así como todos los que luchamos por el éxito en el ámbito laboral contemporáneo? Ellos y nosotros, todos, sufrimos de ataques de envidia cada cierto tiempo. Pocas emociones crean tantos problemas. Si no se controla, la envidia en el lugar de trabajo puede convertir rápidamente la competencia sana en una pelea destructiva y prolongada.

Los sentimientos ocasionales de *schadenfreude* y envidia no te vuelven una mala persona. Son emociones naturales desencadenadas por la misma química del cerebro que hace que nos sintamos bien cuando comemos nuestro chocolate favorito.

Las emociones que subyacen en una buena pelea laboral que se tornó mala suelen producirse como resultado de una sensación de injusticia, una lucha por recursos o posición, o sentimientos de inferioridad. Una mala pelea puede hacer mucho daño a los individuos y los equipos. Como ocurre con la mayoría de los problemas psicológicos que causan dificultades en el lugar de trabajo, debes abrir los ojos y observar con más claridad. Por suerte, tanto los líderes como aquellos involucrados en la mala pelea pueden tomar medidas para aumentar la autoconciencia y llegar a soluciones sanas.

5

¿Por qué la ambición puede sabotear al éxito?

UN GENERAL CON MUCHOS LOGROS y una gran ambición ha conquistado muchos países y territorios en nombre de su pueblo. Siendo un hombre inteligente, políticamente diestro, bien conectado y adorado por los hombres a su cargo, se ha embarcado en una rivalidad de proporciones épicas. Su nombre es Julio César, y ha aceptado compartir el poder de la república con sus principales competidores, Craso y Pompeyo. Sin embargo, las tensiones crecen. El delicado equilibrio de poder se inclina cuando César cruza el río Rubicón con su ejército. Esto precipita una guerra civil que César terminará ganando. Cuando se convierte en el líder indiscutido de Roma, disfruta de su gloria y vive una vida opulenta. Al declararse dictador de por vida y usar los símbolos tradicionales del poder, se enemista con el Senado. A este le inquieta que la ambición de César lo lleve a exigir que lo consagren rey de Roma. Tal cambio político bien podría destruir al Senado, para no mencionar a todo el país y sus dominios. Pronto hasta los amigos más cercanos y los aliados de César se vuelven contra él y planean su asesinato, atacándolo en las escalinatas del Senado. Después que cada atacante introduce un cuchillo en su cuerpo, su amigo más confiable, Bruto, le da el golpe final, fatal, en el corazón.

A pesar de todos sus errores de cálculo, César tomó una sabia decisión. Eligió un sucesor capaz, su gran sobrino e hijo adoptivo, Octavio. Después del asesinato de su padre, este lleva a cabo un firme y políticamente astuto plan de acción, construyendo alianzas y destruyendo rivales cuando es necesario. Octavio, ahora conocido como César Augusto, asciende gradualmente a la posición que Julio César había deseado, sirviendo como el primer verdadero emperador romano sin oposición. Gobierna durante casi cuarenta y cinco años, comparados con los escasos cuatro de su padre. Aunque sumamente exitoso, Augusto nunca cayó en las trampas del poder que en cierta forma consumieron a su padre adoptivo. Se posicionó de forma pública como un consejero de los senadores, no como su jefe, cuando en realidad fue el verdadero creador del Imperio Romano centralizado. El resultado de esto después de muchos años de una destructiva guerra civil fue la famosa Pax Romana, un período de paz para la gente del Mediterráneo que se extendió no solo durante su gobierno, sino hasta 150 años más tarde. Cuando Augusto murió de viejo, sus seguidores creyeron que había ascendido a las filas de los dioses, y desde entonces fue venerado como una deidad.

Ambos hombres poseían un gran talento y fueron tremendamente exitosos, sin embargo, uno fue asesinado debido a su ambición personal, mientras que el otro utilizó su ambición para el bienestar de todo el pueblo y obtuvo su infinita lealtad y admiración. ¿Qué hizo que estos dos líderes igualmente talentosos tuvieran destinos tan diferentes? Todo se reduce a si un líder puede o no:

- Equilibrar la ambición con la humildad.
- Contener su ego.
- Tratar a los otros con respeto.
- Crear impresiones positivas.
- Adoptar una perspectiva de éxito a largo plazo.

Los Julio César del mundo suelen terminar fracasando, ya que persiguen un éxito miope, tienen una perspectiva «corta de vista» con relación al futuro, la cual define el éxito en términos del interés personal. Los Augusto, por otra parte, persiguen un *éxito panorámico*, que se define en términos de la «imagen amplia» del bienestar de todos.

Como con las otras cuestiones del liderazgo que hemos examinado en este libro, la psicología y las neurociencias ofrecen algunos atisbos fascinantes de qué funciona y qué no en el mundo de la ambición y el éxito. Observemos los principios básicos que pueden llevar al triunfo o la ruina.

ESQUEMAS Y EXPECTATIVAS

Todos creamos lo que los psicólogos llaman *autoesquemas*: historias personales que usamos a fin de definirnos. Para muchos, nuestros monólogos internos son como la comida de consolación. Para otros, estas historias son como tragar fragmentos de vidrio, los cuales nos causan tanto dolor y sufrimiento que interfieren con nuestra capacidad para funcionar. Todos hemos conocido a alguien, un amigo o colega, que espera constantemente fracasar, minimiza todos sus logros y ve la vida como un vaso medio vacío. Luego están aquellos que esperan tener éxito sin importar cuál sea la competencia, brillan positivamente con autoaprobación en cada logro, y ven su vida no simplemente como un vaso medio lleno, sino como una copa de cristal de Baccarat rebosante de champaña Moët & Chandon. Ya sean positivas y optimistas o negativas y pesimistas, nuestras historias están tan arraigadas, se dan tanto por descontado, que no pueden modificarse fácilmente. Solo con una profunda autoconciencia podemos detectar los patrones y cambiarlos de un modo que nos ayude a obtener más del éxito que deseamos. El pesimista puede beneficiarse con una mirada más brillante; el eterno optimista puede obtener mejores resultados con una necesaria dosis de realidad.

Los esquemas son como pequeños libros de instrucciones personales que diagraman nuestra visión del mundo. Nos dicen cómo pensar, actuar y relacionarnos con los demás. Nuestros esquemas surgen de lo que nos sucede a medida que avanzamos en la vida: las experiencias; el entorno cultural; el ambiente; la forma en que nuestros padres, familiares y cuidadores nos trataron; los maestros que nos guiaron; aquellos con los que entablamos amistad a lo largo del camino y muchas cosas más. Como las huellas digitales, no hay dos esquemas que sean totalmente iguales. Cuando haces algo en la vida, estás operando según tu esquema personal, ya sea que manejes un coche, desarrolles una relación romántica, lleves a cabo tu trabajo diario o asumas una posición de liderazgo.

Una vez que forjas un esquema, tu cerebro lo almacena en la memoria a largo plazo y lo usará para procesar la información personal relevante.

señora Positiva ha desarrollado un esquema optimista con respecto a la gente que conoce, y ese esquema la lleva a establecer relaciones y manejarlas con facilidad. Señora Negativa, por supuesto, es más pesimista. Su esquema la hace entablar una lucha con sus relaciones y a menudo pierde grandes oportunidades. A medida que creamos experiencias de acuerdo con nuestros esquemas, estas refuerzan constantemente la exactitud de nuestros distintos puntos de vista.

Cuando recibimos información u ocurren experiencias que son similares a nuestra historia anterior, el cerebro *asimila* la nueva información, con frecuencia reforzando nuestros esquemas. Los colegas de señora Negativa van a almorzar sin ella. Aunque fue una omisión accidental por parte de ellos, pues estaba en una reunión cuando tomaron el descanso para el almuerzo, este incidente se integra a su esquema ya pesimista y fortalece su visión de que la gente no disfruta de su compañía.

A veces, una experiencia no se adapta a nuestro esquema preexistente y debemos hacer algunos ajustes. La señora Positiva lucha con una relación desastrosa en el lugar de trabajo y tiene que ajustar ligeramente su esquema. Lo mismo ocurre con la señora Negativa cuando entabla lo que parece ser la relación perfecta en el ámbito laboral. Los psicólogos le llaman a esto *acomodaciones*. Nos resulta más fácil recordar e incorporar a nuestra visión del mundo la información asimilada que refuerza nuestro esquema o requiere solo una pequeña acomodación.

La palabra clave aquí es *pequeña*. Rechazamos y no consideramos la información que contradice drásticamente nuestros esquemas. Quizás nos digamos: «Ah, esto es tan raro que no volverá a suceder». Hacer tal cosa nos hace tener una visión de la realidad muy parcial, si no distorsionada, lo que, por supuesto, puede ocasionarnos muchos problemas.

Las historias de las señoras Positiva y Negativa crean visiones muy sesgadas del mundo. Si escuchas atentamente las reacciones de alguien ante los hechos, te enterarás de gran parte del esquema de la persona que habla y el sesgo que produce. Como vimos en el capítulo 1, la gente tiende a poner en práctica el sesgo de confirmación e interpreta un hecho de un modo que se ajusta a sus esquemas. Con el tiempo, podemos incluso distorsionar tanto la realidad que llegamos a creer que un suceso confirmó nuestras preferencias cuando de hecho no fue así. ¿Qué tiene que ver esto con el éxito y la ambición?

ESQUEMAS DE ÉXITO

Dado que construimos esquemas para todo lo que sucede en nuestra vida, no debería sorprendernos mucho que también adoptemos nuestro propio esquema para el éxito. Este está entretejido estrechamente con nuestro autoesquema, lo que lo hace un jugador muy poderoso en nuestra actitud mental y muy susceptible al sesgo. Nuestros esquemas se desarrollan como resultado de:

- Los mensajes obvios y no tan obvios que aquellas personas que nos cuidan nos transmiten acerca del éxito.
- Las interpretaciones que hacemos del éxito, comparando a los que nos cuidan con otras personas.
- La forma en que nos vemos con relación a los otros.
- Los mensajes de éxito transmitidos por los medios las 24 horas del día, los 365 días del año.
- Los mensajes de logro y ambición que aprendemos dentro y fuera del aula.

Recientemente codirigí un taller con un grupo de estudiantes universitarios en una importante escuela de negocios. Los alumnos que se gradúan de este establecimiento a menudo tienen lo que muchos considerarían carreras muy exitosas como líderes de la industria. Al final del taller, llevé a cabo una serie de sesiones individuales de consejería con los estudiantes. Podíamos hablar de cualquier cosa durante ellas, pero a menudo terminábamos conversando de lo que se necesitaba para construir una carrera exitosa. La mayoría de estos jóvenes brillantes y simpáticos habían puesto la mirada en la banca de inversiones. Cuando indagué acerca del origen de su decisión, la mayoría admitió que simplemente les gustaba la idea de ganar mucho dinero, o dijeron: «Este es el camino que *se espera* que tome». Habían definido el éxito en términos de crear una fortuna o cumplir las expectativas de otros. Cuando ahondé de un modo más profundo, descubrí que pocos podían decirme exactamente qué hace un banquero especialista en inversiones.

Un estudiante, un emprendedor de corazón, me contó que antes de entrar a este programa ya había diseñado y vendido un producto tecnológico y varias iniciativas de innovaciones. Al mencionar estas experiencias comerciales, se le encendieron los ojos y habló con pasión. Sin embargo, una vez que empezamos a conversar sobre sus planes profesionales, dijo desapasionadamente: «Banquero inversionista». Cuando puse a prueba esa meta, me confesó que había elegido ese camino porque suponía que diez años esforzándose mucho en ese trabajo le permitirían ganar el dinero suficiente para hacer lo que realmente quería en la vida. «¿Y qué pasa con tu pasión por las iniciativas tecnológicas?», le pregunté. ¿Acaso no había acumulado una buena cantidad de dinero haciendo lo que le gustaba? Se encogió de hombros y dijo: «¿Qué tiene que ver lo que a uno le gusta con esto?».

Muchos de los alumnos hicieron fríos cálculos al hablar de su futuro. Los vínculos emocionales con otras personas e ideas, las relaciones sociales o románticas, así como otros sentimientos cálidos y confusos, interferirían con el logro de su ambición.

También tuve la oportunidad de hablar con algunos profesores y estudiantes del programa de graduados de la escuela de negocios. Todos me dijeron que los alumnos que vienen directamente del programa de la misma institución les dan poco valor a las relaciones con sus compañeros y tienden a obsesionarse con la carrera. Rasgos humanos básicos como la empatía y la capacidad de relación son devaluados, mientras que ser el mejor es lo que ocupa el primer lugar.

Como todos los esquemas, aquellos que regían la vida de los estudiantes que conocí habían surgido de un entretejido de factores sociales, culturales, evolutivos y ambientales. La poderosa red neuronal de creencias resultante conformó su definición de éxito (banca de inversiones = dinero = éxito). Estas creencias profundamente arraigadas forjaron en última instancia su conducta (por ejemplo, elegir una profesión de acuerdo con las expectativas de otros, medir el éxito con una vara monetaria, descartar o demorar emprendimientos que apasionan y limitar las experiencias de socialización que no hacen progresar de una manera obvia la carrera). La cultura de la escuela de negocios, la comparación social inherente que se produce entre estudiantes por naturaleza competitivos, así como los mensajes recibido de padres, maestros y mentores, junto con una falta general de exposición a la vida y el mundo más amplio, los llevaron a adoptar esquemas de éxito más bien fríos, estrechos y miopes.

Estos estudiantes, como todos nosotros, desarrollarán sus esquemas a medida que evolucionen y logren experiencias más diversas y conozcan una variedad más amplia de personas. Si bien sus esquemas de éxito pueden asimilar y acomodar —y lo harán— nueva información, serán sumamente resistentes al cambio, a menos que la persona despliegue un agudo sentido de autoconciencia. Cuatro principios psicológicos explican por qué el sesgo y la distorsión tienden a hacer que nuestros esquemas sean relativamente estáticos:

- Procesamos rápida y eficientemente la información que se corresponde con nuestros esquemas actuales del ego y el éxito.
- Tendemos a recuperar y recordar información que apoya nuestros esquemas del ego y el éxito.
- Tendemos a rechazar la información que contradice nuestros esquemas del ego y el éxito.
- Forjamos nuestras percepciones y expectativas acerca de los demás, nuestro ambiente y nosotros mismos según nuestros esquemas.

No es de extrañar que terminemos prisioneros de un conjunto estrecho de visiones y acciones. Como una vez sugirió Deepak Chopra: «Tenemos aproximadamente 60.000 pensamientos en un día. Lamentablemente, noventa y cinco por ciento de ellos son los mismos que tuvimos el día anterior». ¿Cómo se libera un líder de esta cárcel mental? A menudo se necesita una bofetada virtual en (o dentro de) la cabeza bajo la forma de un hecho que altere la vida o un intenso compromiso con la autoconciencia.

Tres estudiantes de negocios se distinguieron de la multitud. Tenían antecedentes radicalmente diferentes, pero compartían algo: cada uno aportó a su definición de éxito una experiencia que marcó su vida. Roger había perdido a sus padres cuando era pequeño; Emmanuel se había convertido en un estudioso de la fe; y Divia había crecido en una cultura que enfatizaba principalmente el establecimiento de relaciones y el respeto por los otros. Aunque ninguno de ellos podía articular por completo cómo veían el despliegue de su camino profesional, los tres hablaron de sus deseos de generar un cambio, inspirar e impulsar a los otros hacia delante, e involucrarse en una conducta socialmente responsable para el bien de todos. No es de extrañar que los tres estuvieran en conflicto con la cultura de la escuela sumamente centrada en el ego. Divia confesó que tenía una sensación frustrante de «marginalidad» con respecto a sus compañeros.

Aunque Roger, Emmanuel y Divia no estaban académicamente en la cima de su clase, los contrataría en un abrir y cerrar de ojos. Podía verme trabajando felizmente para alguno de ellos o con alguno de estos jóvenes. Ubicados en posiciones de liderazgo, probablemente definirían el éxito más en términos del bienestar general del grupo que de sus propios intereses. Llamo a esta visión del éxito *esquema panorámico*. *Panorámico* sugiere una perspectiva amplia e inclusiva.

Llamo al esquema centrado o enfocado en el ego, sostenido por muchos de los otros estudiantes de la escuela de negocios, *esquema miope*. *Miope*, una palabra que significa literalmente «corto de vista», sugiere una perspectiva estrecha y exclusiva. En contraste, un *esquema panorámico* abarca la «imagen general». Si imaginas un espectro, con miope a la izquierda y panorámico a la derecha, la mayoría de nosotros se encuentra en algún lugar en la mitad. Los que viven en el extremo izquierdo del espectro a menudo tienen más dificultades para sostener el éxito a largo plazo que aquellos que operan en el extremo derecho.

ÉXITO MIOPE

El enfoque miope del éxito por parte de Julio César, alimentado por su esquema personal y una falta de autoconciencia, hizo que fallara al considerar las necesidades del grupo, requeridas para el éxito en el gobierno y los negocios. A menos que *todos* los involucrados en una organización, incluidos empleados, clientes, accionistas, socios, la comunidad en la que opera la organización, el ambiente y el mundo en general, tengan éxito, el líder terminará fracasando.

Un enfoque miope del éxito fomenta prácticas de liderazgo dañinas y cortas de vista, así como una ambición desenfrenada. Puede llevar a la autocracia, el abuso de poder y la violación de los derechos humanos. Cuando ocurre, el líder termina sufriendo la pérdida de la confianza de la gente, su buena voluntad y su energía. En la peor situación, un líder miope termina perdiendo el mismo poder que anhela, dejando a su paso una organización debilitada y hasta agonizante.

En un ejemplo clásico de una declinación tan ruinosa, Sunbeam contrató al famoso Al «Motosierra» Dunlap para que tomara las riendas como presidente en 1996, dándole al experto implacable en cambios de rumbo el mandato de mejorar la efectividad de la organización. Dunlap, que se consideraba «Rambo con un traje a rayas», había obtenido fama por prorrumpir en devastadoras diatribas contra los empleados que se desempeñaban por debajo de lo esperado y cortarle la cabeza a cualquiera que no satisficiera sus expectativas. Las juntas directivas empresariales lo amaban porque trabajaba incansablemente en beneficio de los accionistas. Esta vez, Dunlap estableció metas ambiciosas y poco realistas para Sunbeam, y luego despidió a todos los ejecutivos que no lograron cumplirlas.

Como un incendio sin control, el miedo y la represión pronto devoraron toda la organización. La gente de Sunbeam se desalentó y descorazonó cuando se produjeron despidos masivos. Wall Street le dio la espalda a la compañía. El precio de las acciones, después de experimentar inicialmente un alza impresionante y alcanzar su punto máximo de todos los tiempos, terminó derrumbándose. Luego de dos años infernales, el reino del terror de Dunlap en Sunbeam llegó a su fin. Su conducta radical le ganó una demanda masiva de los accionistas que al principio lo habían apoyado. *Et tu, Brute?* Un fraude contable descubierto en Sunbeam dio origen a un juicio civil iniciado por la Comisión de Bolsa y Valores (SEC, por sus siglas en inglés), que en última instancia le impidió a Dunlap volver a ser presidente o director de cualquier empresa que cotizara en la Bolsa. El tirano alguna vez poderoso se retiró al esplendor solitario de su enorme mansión, rodeado de esculturas de animales depredadores. Sus antiguos amigos y colegas rara vez lo visitan, y ya no tiene tampoco relación con su hijo.

Dunlap ascendió al poder pisando a aquellos a los que debería haber servido. Su falta de empatía y sus tácticas predatorias le habían permitido durante muchos años tomar las riendas de muchas compañías en problemas y llevarlas al éxito financiero, pero finalmente chocó contra una pared. Su derrumbe personal y profesional es un epítome de los riesgos del esquema miope del éxito.

No tienes que buscar muy lejos para encontrar ejemplos del liderazgo miope que se practica en organizaciones de todo el mundo, tanto pequeñas como grandes. A menudo llegan a los titulares de los diarios después de un desastroso error egocéntrico en el juicio o un increíble abuso de poder. La lista de personajes incluye a Richard Nixon, Bernie Madoff, Tony Hayward de British Petroleum, Richard Fuld de Lehman Brothers y William Agee de Boise Cascade. Esta conducta no debería sorprendernos. La *Harvard Business Review*, al citar un artículo de 2007 que apareció en el *Journal of Business Ethics*, señalaba que «treinta y uno de treinta y cuatro directores encuestados (cada uno de los cuales integró un promedio de seis juntas directivas de Fortune 200) dijeron que talarían un bosque completo o liberarían al ambiente una toxina peligrosa no regulada con tal de aumentar las ganancias. Creían que tenían la obligación de poner en práctica todo lo que pudieran hacer legalmente para maximizar la riqueza de los accionistas».

Servir a los intereses de los accionistas y amasar una fortuna personal no hacen a un villano. ¿Qué convierte a un líder ambicioso en un personaje malo o incluso un criminal? Con mucha frecuencia se trata de un impulso desbocado por buscar el beneficio personal a expensas de los demás. No es la fama y la fortuna. Es el *camino* a la fama y la fortuna. Entonces, ¿cómo comienzan los líderes a descender por el camino hacia el desastre y la ruina? Todo se reduce a las mentiras que nos decimos a nosotros mismos.

LAS MENTIRAS QUE NOS DECIMOS
A NOSOTROS MISMOS

¿Alguna vez te has llevado unas pocas notas adhesivas o marcadores del trabajo? ¿O has reclamado el reembolso de un gasto que en realidad no tenía que ver con ningún negocio? Piensa en una ocasión en la que fumaste un cigarrillo prohibido, bebiste unas copas de más o rompiste la dieta con una torta de chocolate. Yo misma no soy la madre Teresa, y pese a cuál sea la pequeña transgresión que cometa, rápidamente salgo con una excusa oportuna para perdonarme. «No me pagan lo suficiente de todos modos» o «El gobierno ya se queda con bastante de mi sueldo» o «Solo un Marlboro o una Heineken o un pastel de Sara Lee no me matará».

Los psicólogos le llaman a este tipo de razonamiento *disonancia cognitiva*, un concepto propuesto por Leon Festinger en la década de 1950. Siendo un fenómeno psicológico sumamente poderoso, desempeña un papel importante en el desarrollo de sesgos, distorsiones, autojustificaciones, racionalizaciones y la miopía egocéntrica. La disonancia cognitiva significa que nuestros esquemas nos impulsan a mantener las actitudes y creencias existentes, mientras evitamos la discordancia (o disonancia). La mayoría de nosotros nos sentimos muy motivados a conservar una imagen positiva y estable de nosotros mismos a lo largo de la vida, aun cuando experimentemos importantes desafíos a nuestra creencia de que en el fondo somos buenos, decentes y razonables; tratamos a los demás con respeto y honramos todas las relaciones; y tenemos en cuenta las consecuencias de nuestras decisiones. La disonancia se produce cuando encontramos una situación que socava esas creencias. Genera una sensación de incomodidad que a menudo puede provocar una alteración de la creencia básica como forma de reducir la molestia y recuperar la armonía interna. Todos conocemos un ejemplo común: Betty golpea a Bernice y, cuando la reprenden por su mal comportamiento, afirma: «¡Ella me *hizo* golpearla cuando tocó mi muñeca!».

En 1958, Judson Mills llevó a cabo un famoso estudio sobre la conducta de copiarse en un grupo de alumnos de sexto grado. Mills le impartió un examen al grupo que nadie podía aprobar sin copiarse. Antes de entregarlo, midió las actitudes de cada estudiante con respecto a esta conducta. Luego les distribuyó el examen a los alumnos de sexto grado y abandonó la sala para que pudieran resolverlo sin supervisión, pero dejó una cámara que grabó la sesión. Algunos de los niños se copiaron, otros no. Después del examen, Mills volvió a medir la actitud de cada estudiante con respecto a copiarse. No es de extrañar que hallara que aquellos que se copiaron fueran más tolerantes en su actitud, mientras que los que no lo hicieron tuvieran sentimientos más negativos en cuanto a los que copiaban. Los resultados apoyaron la noción de que, para reducir la disonancia cognitiva y sentirse mejor acerca de una elección —ya fuera que se copiaran o no—, los estudiantes justificaron sus acciones para mantener su propio concepto. De manera interesante, los resultados del estudio también sugieren que los oponentes más duros de una posición determinada pueden ser los que se vieron tentados hacia esa misma posición en algún momento. Todos conocemos a un antiguo fumador que expresa la opinión más rigurosa con respecto a cualquiera que enciende un cigarrillo en público. Cuando se trata de racionalización, todos lo hacemos.

A fin de afrontar la disonancia cognitiva, usamos tres tácticas diferentes para conciliar la discordancia. Primero, podemos cambiar nuestras creencias («Copiarse está bien»). Sin embargo, nuestros esquemas nos dificultan modificar nuestras creencias y actitudes básicas. Segundo, podemos cambiar nuestras acciones («No volveré a copiarme»). Si bien motivadores emocionales poderosos como la culpa o la ansiedad pueden alentarnos a corregir nuestras conductas, a menudo aplastamos los sentimientos de culpa o ansiedad en cuanto a una acción o decisión porque podemos fácilmente entrenarnos para no sentirnos de ese modo. La culpa rara vez sostiene el aprendizaje a largo plazo. La tercera táctica y la más común para resolver la disonancia cognitiva implica cambiar nuestra percepción o recuerdo de una acción («Como todos se copiaron en ese examen, ¿por qué no iba a hacerlo yo?»). Reconceptualizar la conducta brinda una forma placentera y conveniente de afrontar la discordancia y apoya nuestro deseo humano natural de vernos como personas básicamente buenas y razonables.

En otro famoso estudio llevado a cabo en 1956, el investigador Jack Brehm les pidió a unas mujeres que calificaran diversos aparatos y luego se llevaran a su casa uno de dos que habían considerado igualmente atractivos. Veinte minutos después, Brehm les pidió que volvieran a calificar los productos, y sin excepciones las mujeres le dieron al aparato elegido una calificación más alta que la del que antes habían calificado como igual. Brehm concluyó que las participantes conciliaban su discordancia posterior a la decisión distorsionando su percepción de un modo que las ayudara a sentirse mejor en cuanto a su elección. Ya sea que estés calificando aparatos o afrontando una decisión más importante, la disonancia tiende a impulsar un cambio actitudinal en situaciones en las que los conflictos mentales son más autorrelevantes, más significativos y, en última instancia, pueden tener más consecuencias. Como el liderazgo representa una de las posiciones más autorrelevantes, significativas y con las consecuencias más poderosas en nuestro mundo, la disonancia cognitiva con frecuencia influye en la toma de decisiones de un líder, sus procesos de pensamiento, su conducta ética y moral, y por último en cómo aborda la ambición y el éxito.

MECANISMOS DE DEFENSA

Dadas nuestras imperfecciones como seres humanos, nuestra mente ha creado todo un conjunto de mecanismos de defensa y sesgos para afrontar la disonancia cognitiva, entre ellos, la *autojustificación*, la *racionalización* y el *sesgo interesado*. Si bien observamos fácilmente estas conductas en otros, nos resulta mucho más difícil descubrirlas en nosotros mismos. Imagina a los principales ejecutivos de una empresa anunciando resultados trimestrales buenos o malos:

- «Las fuerzas positivas del mercado salvaron a la empresa este trimestre».
- «Las fuerzas negativas del mercado son responsables de los malos resultados de este trimestre».

Nunca escuchas la primera afirmación: líderes que admiten que las fuerzas del mercado, en lugar de sus habilidades, produjeron buenos resultados. En cambio, escuchas la segunda todo el tiempo: líderes que culpan al mercado, en lugar de a sí mismos, por los malos resultados. Este tipo de sesgo interesado corre desenfrenado en el mundo de los negocios, mientras el liderazgo asume el crédito por el éxito (*sesgo de autodestacarse*) a la vez que niega toda responsabilidad por el fracaso. Al igual que la autojustificación y la racionalización, el sesgo interesado protege nuestro ego, nos permite confirmar nuestro valor personal y nos ayuda a resolver la disonancia cognitiva.

¿Por qué nos resistimos a admitir el fracaso? ¿Por qué evitamos asumir toda la responsabilidad? Cuando nuestro cerebro no puede asimilar o acomodar un hecho o una circunstancia en casillas bien definidas y que nos hagan felices, en especial aquellos que provocan un estado de disonancia cognitiva, como ocurre invariablemente con el fracaso, algunas personas harán todo lo posible por parcializar su proceso de pensamiento a fin de sentirse mejor. La mayoría de nosotros lo hace en pequeña escala, racionalizando una pequeña transgresión como cruzar la calle con el semáforo en rojo «porque vi que no venía ningún coche». Sin embargo, algunos lo hacen a gran escala, como al justificar una terrible decisión de negocios o una importante falta ética «porque solo estaba haciendo aquello para lo que la junta directiva me contrató: ganar mucho dinero».

Usamos de manera natural la autojustificación tanto interna como externa para defender a nuestra mente de la disonancia. Con la *justificación interna*, alguien que toma decisiones se justifica ante sí mismo («Robé este paquete de chicle porque la tienda recarga los precios y no se va a dañar con la pérdida de una pequeña venta»). Con la *autojustificación externa*, una persona quiere parecerle racional a otras para guardar las apariencias («Tienes razón, me olvidé de pagar el paquete de goma de mascar, pero es demasiado tarde para volver ahora»). En el primer caso, te disculpas contigo mismo; en el segundo, te disculpas con el otro. En ambos, aquel que toma la decisión evade la responsabilidad por cualquier mala conducta. «No es mi culpa» o «Ella me obligó a hacerlo» o «Todos lo hacen» o «No es gran cosa».

La autojustificación suele implicar la racionalización, elaborar una explicación «lógica» para una conducta con el fin de hacer que la acción sea más compatible con nuestra autoimagen y nuestros valores, creencias u opiniones. Podemos racionalizar nuestra conducta o la de otros, dándole la vuelta a nuestro pequeño robo o el de nuestro acompañante para hacerlo parecer como algo perfectamente racional. Además de las conductas, también racionalizamos sentimientos, creencias y valores, y brindamos explicaciones lógicas a nosotros mismos y todos los demás. Nos esforzamos por hacer que nosotros y aquellos que nos resultan cercanos parezcamos decentes y buenos a cualquier precio. «Jane y yo quizás hemos cometido un pequeño error, pero en el fondo somos seres humanos ejemplares».

Siendo tan naturales como comer, dormir y respirar, estos mecanismos de defensa nos permiten vivir con nosotros mismos adaptando nuestras percepciones de lo que hacemos para que se ajusten a nuestra imagen positiva. Mientras más diestramente elaboramos la autojustificación o la racionalización, menos probable es que suframos el dolor de la disonancia. Algunas personas harán un gran esfuerzo para justificar y/o racionalizar sus procesos de pensamiento y sus acciones. Un colega mío, Ben, me habló hace poco de un líder, Paul, con quien estaba realizando una evaluación de 360 grados y un asesoramiento de seguimiento. Paul había acudido a Ben porque sus empleados comenzaron a rebelarse con respecto a lo que Ben llamaba «cuestiones de personalidad». Los resultados de la evaluación de 360 grados dieron cuenta de lo que ocurría: los subordinados directos de Paul, sus compañeros y hasta su jefe lo describían como «difícil», «insensible», «arrogante», «ineficaz como líder» y «terrible para tomar decisiones». Ben, con mucho tacto, compartió esta información con Paul. Según me contó Ben después: «Paul simplemente se quedó sentado, con la cara de piedra, excepto por una pequeña mueca burlona». A medida que progresaba la reunión, Ben se dio cuenta de que nada de lo que decía hacía mella en su cliente. Cuando lo animó con más insistencia para que respondiera, este comenzó a dar una intrincada explicación de las razones por las que los defectos de los otros lo obligaron a actuar como lo hizo y alegó que sus subordinados eran unos tontos por no apreciar su excelente, aunque estricto, estilo de liderazgo. Todo se redujo a: «Yo tengo razón; ellos están equivocados». Su autojustificación y su racionalización se habían vuelto tan impenetrables que nunca cambió su conducta y pronto terminó buscando un nuevo empleo... y un nuevo asesor.

Sin importar la cantidad de malas conductas, decisiones fallidas, liderazgo abusivo y prácticas poco éticas en que incurran algunos líderes, ellos no cambian su estilo. En cambio, hacen todo lo que está a su alcance para conservar la visión positiva que tienen de sí mismos. Aunque las mentiras que nos decimos a nosotros y los otros, desde las pequeñas mentiras piadosas hasta los grandes engaños, reflejan tendencias humanas naturales, pueden hacer mucho daño cuando están envueltas en el manto de un esquema miope. Mira lo que le ocurrió a Nixon, obsesionado con «yo, yo, yo», y a Al Dunlap, empecinado en servir a un grupo relativamente pequeño de accionistas de la empresa. En cambio, aquellos que hacen lo suyo según un esquema panorámico, como Augusto, que trabajan por el bien de «nosotros» en lugar del «mío», disfrutan de un control intrínseco sobre los abusos del liderazgo y el caos que crean en una organización.

ÉXITO PANORÁMICO

«Si he logrado ver más allá que los demás, es solo porque me he subido a los hombros de gigantes».
—Isaac Newton

Los líderes que trabajan con una visión panorámica del éxito no operan con total egoísmo, sino definen su éxito dentro del contexto de una imagen más amplia. Si «nosotros» no tenemos éxito, «yo» tampoco.

El investigador Harold Harung y sus colaboradores hallaron que los líderes de mejor desempeño mostraban una mayor integración de la actividad cerebral eléctrica, más razonamiento moral maduro y más frecuentes experiencias pico que sus colegas que se desempeñaban peor. Para apoyar estos hallazgos, citaron el artículo de 2006 de Joan Marques, titulado «Wakefulness: The Decisive Leadership Skill» [Vigilancia: la habilidad decisiva del liderazgo], el cual apareció en la publicación *Management*

Services: «Un líder vigilante mantiene un alto nivel de lucidez en todos los aspectos». Según Marques, un líder de gran desempeño o «vigilante» tiene una profunda comprensión de sus impulsos y motivos y de cómo estos impactan y se relacionan con todos los aspectos de una organización, desde las tareas hasta la gente y toda la cultura organizacional.

Con respecto al desarrollo psicológico, Harung y sus colaboradores subrayan la diferencia entre las etapas convencional (ochenta por ciento de la población adulta de hoy) y posconvencional (diez por ciento de la población adulta de hoy) del desarrollo del yo adulto (el restante diez por ciento existe en una etapa de desarrollo preconvencional/atrofiado). Las teorías del desarrollo adulto en general describen cómo evolucionan —o no evolucionan— nuestros esquemas existentes en el tiempo y le dan forma a una percepción cada vez más compleja de nuestro mundo, los demás y nosotros mismos. Según la psicóloga Susanne Cook-Greuter, cada etapa del desarrollo surge de la síntesis del hacer (afrontamiento, necesidades y fines, propósitos), el ser (conciencia, experiencia, afecto) y el pensar (concepciones, conocimiento, interpretaciones), y cada nuevo nivel contiene al anterior. A medida que avanzamos en edad, nuestro cerebro adquiere e integra cada vez más información, la cual en la mayoría de los casos aumenta nuestra conciencia psicológica. Harung describe la mayor conciencia que surge durante el paso de la etapa convencional a la posconvencional al afirmar de un modo conmovedor que un líder evoluciona «de la eficiencia (hacer bien las cosas) a la efectividad (hacer las cosas correctas)».

Los mejores líderes evolucionan de una visión miope (convencional) a una panorámica (posconvencional) a medida que obtienen más experiencia. Los investigadores David Rooke y William Torbert presentaron una investigación pionera sobre este tema en un artículo publicado por *Harvard Business Review* en 2005. Rooke y Torbert, utilizando veinticinco años de investigación sobre los logros de miles de líderes que trabajaban en una amplia gama de industrias en Estados Unidos y Europa, identificaron siete transformaciones del liderazgo que se correlacionan en líneas generales con las diferentes etapas del desarrollo adulto. Hallaron que los líderes exhiben una amplia gama de «formas en las que uno interpreta su entorno y reacciona cuando su poder o seguridad están en riesgo». Encontraron que los líderes que han alcanzado una etapa de desarrollo más avanzada y comprensiva (vinculada en general con la etapa posconvencional del desarrollo adulto) «mostraban una constante capacidad de innovar y transformar con éxito sus organizaciones». Los investigadores descubrieron también que solo un pequeño porcentaje de líderes alcanza en realidad estos niveles porque lograr niveles más altos de autoconciencia requiere un esfuerzo tremendo y un riesgo personal.

¿Por qué tan pocos líderes adoptan un enfoque panorámico del éxito? Parte de la respuesta radica en el hecho de cada líder debe manejar muchas fuerzas y prioridades en conflicto, tanto internas como externas. Cuando estás trabajando dentro de un tornado, es difícil dar un paso atrás y observarte a ti, los demás involucrados y la situación con claridad. No solo debes emplear cierta dosis de autopreservación para retener tu puesto, también debes buscar el mejor interés de tus empleados, la cultura de tu organización, tus clientes, tus accionistas, tu junta directiva, tu comunidad e incluso tu planeta. En muchos casos, tomar una decisión para satisfacer las necesidades de uno decepcionará a otro. Justificar y racionalizar todas esas decisiones difíciles permite una relativa paz interior. Muy poca racionalización puede enloquecerte; demasiada puede enloquecer a todos los demás. Bienvenido a la cuerda floja del liderazgo.

Se necesita un agudo sentido del equilibrio para mantenerse en la cuerda floja, y ese agudo sentido del equilibrio depende de asumir la responsabilidad personal y rendir cuentas públicamente de tus acciones.

RESPONSABILIDAD Y RENDICIÓN DE CUENTAS

«Si pudieras patear a la persona responsable de la mayoría de tus
problemas, no podrías sentarte durante un mes».
—Atribuido a Theodore Roosevelt

En 1973, Ray Anderson comenzó a construir la empresa que llegaría a convertirse en Interface, Inc. Mientras se especializaba en cubiertas de pisos modulares para oficinas, industrias y hogares, la compañía usó un modelo industrial tradicional y creció rápidamente a través de diferentes adquisiciones y procesos de desarrollo. En 1994, algo cambió. Anderson estaba preparándose para hablar en una reunión cuando se sintió inspirado con el libro de Paul Hawken, *La ecología del comercio*. Hawken acusaba a los negocios y la industria por la degradación de la biosfera y sugería que solo los destructores poseían suficiente poder para liberar a la raza humana de su final desaparición. Las ideas de Hawken impresionaron tanto a Anderson que las incluyó en su discurso del día siguiente, desafiándose a sí mismo y a la compañía a desarrollar un compromiso estratégico con la sostenibilidad que crearía un nuevo modelo comercial postindustrial. Adoptó «un modelo cíclico que imitara a la naturaleza» con el que Interface solo tomaría de la tierra lo que podía renovarse de manera natural y con rapidez. Con su nuevo lema: «No tomes nada, no hagas daño», Anderson comenzó a liderar como un «saqueador en recuperación».

Desde su fundación, Interface ha crecido hasta convertirse en una corporación con un valor de mil millones de dólares, que opera en cuatro continentes y vende en 110 países. Siendo una fuerza importante en lo que respecta a la sostenibilidad, ha ganado galardones de la revista *Fortune* como una de las «Compañías más admiradas en Estados Unidos» y una de las «Cien mejores empresas para las que trabajar». Ray Anderson murió en 2011, dejando el duradero legado de una empresa y un mundo mejores. Su transformación personal demuestra que un líder puede evolucionar con éxito de un enfoque miope del negocio a uno más panorámico, que promueva una definición mucho más amplia del éxito. Entre estas cualidades, según se esbozaban en la visión y la declaración de misión de la firma, figuraban:

Visión: Ser la primera compañía que, por medio de sus acciones, le muestre a todo el mundo industrial para el año 2020 qué es la sostenibilidad en todas sus dimensiones: personas, procesos, productos, lugar y ganancias, y al hacer esto, se transforme en una restauradora a través del poder de la influencia.

Misión: Interface® se convertirá en el primer nombre en interiores comerciales e industriales en el mundo a través de su compromiso con *la gente, los procesos, los productos, el lugar y las ganancias*. Nos esforzaremos por crear una organización en la que se les conceda a todas las personas respeto incondicional y dignidad; que permita que cada persona aprenda continuamente y se desarrolle. Nos concentraremos en el producto (que incluye el servicio) a través de un constante énfasis en la calidad y la ingeniería del proceso, lo que combinaremos con una atención cuidadosa a las necesidades de nuestros clientes de modo que siempre les brindemos un valor superior, maximizando de esta forma la satisfacción de todos los involucrados. Honraremos los lugares donde hacemos negocios luchando por convertirnos en el primer nombre en ecología industrial, una corporación que valora la naturaleza y restaura el ambiente. Interface liderará con el ejemplo y validará con los resultados, incluidas las ganancias, convirtiendo al mundo en un lugar mejor que cuando comenzamos, y seremos restauradores a través del poder de nuestra influencia en el mundo.

El liderazgo panorámico de Anderson trajo aparejado el éxito para los empleados, los accionistas, el ambiente y el balance financiero. Él sirvió a su organización como un buen administrador. En realidad, podríamos usar la palabra «administración» para referirnos al enfoque panorámico del liderazgo.

Morela Hernández, profesora de la Escuela Foster de Negocios, define la administración como:

Actitudes y comportamientos que colocan los mejores intereses de un grupo a largo plazo por encima de las metas personales que sirven a los intereses de los individuos. Existe en la medida en que los miembros de la organización asumen una responsabilidad personal por los efectos de las acciones organizacionales para el bien de los involucrados. La cuestión del equilibrio es una parte clave de asumir la responsabilidad personal; al trabajar por el bien común, los miembros de la organización apuntan a equilibrar sus obligaciones con los involucrados dentro y fuera de la organización, mientras mantienen un compromiso más amplio con las normas morales sociales y universales.

Cabe notar el énfasis en el *equilibrio*, término que se aplica a muchos de los atributos y problemas del liderazgo que hemos expuesto en este libro. La responsabilidad también caracteriza a los estilos de liderazgo más efectivos. Para nuestros propósitos aquí, la responsabilidad se refiere a una sensación *interna* de obligación que asegura el bienestar de todos los involucrados. El líder bien equilibrado siente la necesidad de hacer malabares con muchas pelotas, equilibrando su éxito como líder con el de la gente a la que lidera. La rendición de cuentas, por otra parte, se refiere a las fuerzas *externas* que miden hasta qué punto el líder mantiene todas esas pelotas en el aire: «Asumo la responsabilidad por el bienestar del grupo» frente a «Acepto rendir cuentas por el resultado de mis acciones». Estos dos aspectos forman una aleación que es más fuerte que sus elementos separados. Si una mujer joven llamada Bethany acepta la tarea de liderar a su equipo de trabajo, debe:

- Expandir su comprensión del grupo y la dinámica social y aumentar su autoconciencia para volverse cada vez más experta en responder a la naturaleza siempre cambiante de sus necesidades, las de su equipo y las de la organización.
- Desafiar los procesos psicológicos naturales que intentan proteger su ego, mejorando los sesgos típicos de justificación, racionalización y otras formas del pensamiento autoprotector.
- Generar nuevas maneras de pensar y abordar los problemas y soluciones equilibrando sus sentimientos e ideas con los de sus compañeros de equipo.
- Aceptar las consecuencias positivas, negativas e incluso accidentales de sus decisiones y acciones.
- Desarrollar una visión holística, haciéndose cargo de las necesidades de todos los involucrados, y sin embargo, tomando una decisión impopular cuando la situación lo requiera.

- Comprometerse con una cultura de equipo que enfatice la responsabilidad y la rendición de cuentas en todos los niveles.
- Hacer un seguimiento de la rendición de cuentas de los resultados tanto personales como de su equipo.

Cuando Bethany asuma la responsabilidad personal por su conducta y sus decisiones, se encontrará recurriendo cada vez menos a las mentiras que nos decimos a nosotros mismos. En realidad, su autoconciencia expandida la ayudará a forjar una imagen de sí misma más precisa. Su compromiso con la responsabilidad personal también le permitirá hacer lo correcto mientras hace las cosas bien. Cuando asuma de verdad la responsabilidad y la rendición de cuentas, tanto por la forma en que hace su trabajo como por los resultados que busca, estará más dispuesta a aceptar el hecho de que se requiera que tanto ella como su grupo respondan por *todas* sus acciones y elecciones.

CÓMO CONTRARRESTAR LAS MENTIRAS

Pasar de un enfoque miope a uno panorámico del éxito y el liderazgo requiere mucha fuerza de voluntad y un compromiso extremo a contrarrestar las mentiras que nos contamos a nosotros mismos. Algunas de ellas no son malas o improductivas, en especial las «pequeñas mentiras piadosas» que nos motivan a llegar a buenas decisiones panorámicas. Sin embargo, algunas nos impiden hacer nuestro trabajo de la manera en que tenemos que hacerlo.

Esta no es una tarea fácil. La mayoría de nosotros se pasa la vida conservando la autoimagen, ignorando las consecuencias negativas de pensamientos, creencias, percepciones y conductas. Nos volvemos tan cómodos en el capullo de la autoprotección que nos hemos construido, que no podemos salir de él con facilidad y ver el mundo más amplio. Para obtener perspectiva, hay que buscar indicios que revelen que una creencia o conducta autoprotectora perjudica más que lo que beneficia. Y es necesario preguntarse: «¿Por qué hago lo que hago?».

DESCUBRE LOS MOTIVOS

Las mentiras autoprotectoras que nos decimos tienden a ocultar los rincones oscuros de nuestra mente, lo que dificulta bastante que caiga sobre ellos la luz brillante de la autoconciencia. Suele ser útil invitar a un grupo de gente confiable para que te ayude a hacerlo. Elige personas que te conozcan en diferentes contextos: colegas, subordinados directos, jefes, miembros de la familia, tu cónyuge u otra persona significativa, amigos, tu entrenador personal o (¡ejem!...) tu terapeuta. Dile a la persona que quieres una honestidad absoluta, luego hazle una simple pregunta: «¿Qué crees que me motiva?».

No puedo enfatizar en exceso este punto: asegúrate de que tu grupo de asistentes comprende que exiges absoluta franqueza. Cuando registres sus respuestas, ten en cuenta el contexto. Tu madre te verá de un modo diferente que tu colega de hace muchos años. No obstante, también es cierto esto: la gente matizará sus respuestas con sus propios sesgos, distorsiones y racionalizaciones autoprotectoras. Sin embargo, te guste o no lo que escuches, las percepciones pueden influir en las personas tanto como la pura realidad. Si alguien te percibe como un controlador, debes afrontar esa percepción, aunque sepas que usualmente no describe la forma en que operas. La *apariencia* de impropiedad es tan mala como la impropiedad en sí misma. Resístete a tu necesidad natural de defenderte.

En el espíritu de la frase: «Médico, cúrate a ti mismo», me permitiré bajar la guardia y compartir mi experiencia en este ejercicio. Antes de comenzar, tomé nota de lo que creo que me motiva:

- Influenciar a las personas y al mundo a gran escala.
- Ayudar a la gente a entenderse.
- Obtener credibilidad para lograrlo.
- Vivir la vida con pasión y a plenitud.

Creo que estas cuatro motivaciones se han traducido en el trabajo que hago y los desafíos profesionales y personales que asumo. Sin embargo, cuando les planteé la cuestión de mi motivación a mis asesores confiables (amigos, familia, colegas, empleados, personas que han asistido a mis presentaciones profesionales), recibí una información tanto esperada como sorpresiva:

Frases que describen la motivación de Nicole

- Perseguir el logro por el logro mismo.
- Buscar emociones.
- Solucionar los problemas de la gente ofreciendo soluciones creativas.
- Temor a la complacencia y el estancamiento.
- Mantenerse ocupada.
- Crear drama y atraer la atención de los otros.
- Conectarse con las personas y ayudarlas.
- Necesitar una sensación constante de esfuerzo y logro.
- Ayudar a las personas a superar sus limitaciones reales o imaginarias.
- Unir a la gente.
- Desear el control.
- Buscar poder.
- Amar el café.
- Buscar reconocimiento.
- Influenciar a las personas y el placer que proviene de eso.
- Respetar el profesionalismo.
- Atraer el amor y el respeto de otros.
- Honrar la pérdida de sus padres con su ambición por el éxito.

Si bien encontré reconfortantes todos los comentarios positivos, inicialmente me resistí a aquellos que no se ajustaban exactamente a mi percepción de mí misma. ¿Yo, una controladora? No. ¿Alguien que debe estar ocupada por el mero hecho de estarlo? En absoluto. ¿Una mujer impulsada por una pérdida infantil? No lo creo. ¿Reina del drama? Por favor. Sin embargo, mientras más lo pensaba, más comprendía por qué aquellos que me rodeaban habían desarrollado esas percepciones. Me comprometí a mantener una observación más cercana de mi conducta, reduciendo las acciones centradas en «yo, mío, mí» (la visión miope) y cultivando aquellas que giran en torno a «tú y nosotros» (la visión panorámica).

Cualesquiera que sean tus creencias sobre tu motivación, independientemente de cuánto se correspondan con las opiniones honestas de otros o diverjan de ellas, deberías pasar algo de tiempo considerando tus motivaciones con la intención de hacer los ajustes deseados en tu pensamiento y tu conducta. Como modelo (nunca puedes *no* liderar), tus acciones les envían señales a tus empleados sobre las conductas que tú y la organización alientan y respetan. Si tú creces, tu gente también lo hará.

USA LA DISONANCIA COGNITIVA COMO UNA HERRAMIENTA

La disonancia cognitiva constituye una gran herramienta para hacer ajustes mentales. Cuando eliges comprometerte a poner en práctica la autorreflexión y ponderar las formas en que natural o voluntariamente distorsionas la realidad, has dado el primer paso fundamental hacia una mayor autoconciencia. Esta siempre precede cualquier cambio transformacional en el pensamiento y la conducta. ¿Alguna vez te hallaste explicando y defendiendo tus acciones, justificando tu conducta, racionalizando las consecuencias negativas de tus actos, dando excusas, señalando con el dedo, o diciéndote a ti mismo y a otros algo que sugiriera que podrías estar evitando asumir la responsabilidad y rendir cuentas?

«Sí, pero...».
«No es mi culpa...».
«Está más allá de mi control...».
«Tenía que suceder de esa forma...».

«Lo dejé pasar solo esta vez...».

«Así es como lo hago siempre...».

«Me obligó a hacerlo...».

«No puedo hacer eso...».

«Veo que todos los demás lo hacen...».

Cuando detectes que tus escudos de defensa se levantan, haz una pausa. Escucha cuidadosamente lo que dices. ¿Puedes pensar en una forma de exponer la situación que reemplace al viejo pronombre «yo» por el más inclusivo «nosotros»?

«Veamos si podemos descubrir qué salió mal...».

«Es hora de que dejemos de culpar y volvamos a nuestra senda...».

«Como estamos a cargo de este problema, tomemos las medidas para resolverlo...».

«Tenemos que aprender de esto...».

«Podemos hacerlo mejor...».

Cuando te halles atrapado en un acto de autodefensa después de un fracaso, trata de usar este ejercicio simple para pensar de un modo más panorámico:

Paso uno: cuestiona tus suposiciones. Trata de refutar tus hipótesis en lugar de probarlas. Como el sesgo de confirmación dificulta tremendamente hacer esto, comunícales la decisión a tus asesores confiables y pídeles que detecten los potenciales obstáculos y ofrezcan soluciones alternativas.

Paso dos: considera el impacto de esta decisión particular sobre todos los involucrados, incluidos tus empleados, la cultura de la organización, los clientes, la comunidad, el ambiente y los accionistas.

Paso tres: pídeles sugerencias a las personas más afectadas por tu decisión. Una vez más, lucha contra la necesidad de desechar esa información. Recuerda el viejo dicho: «Tenemos dos oídos y una boca por una razón, usémoslos proporcionalmente».

Te ofrezco un último consejo. Nunca te avergüences de decir: «Estaba equivocado». Los líderes odian admitir sus errores, pero así logran que la gente los respete más que si llevaran a cabo todas las racionalizaciones y justificaciones del mundo.

SÍNTESIS

Imagina que has llegado a la edad de jubilarte y planeas comenzar una nueva vida feliz el próximo año. ¿Qué legado dejarás? O imagina que tu carrera terminará en quince minutos. ¿Cómo te recordaría la gente, como a un Julio César o Al Dunlap, o como a un César Augusto o Ray Anderson?

En cualquiera de los casos, tus huellas quedarán impresas en ese camino al éxito. Todo se reduce a las elecciones que hagas. ¿Permitirás que las fuerzas internas y externas constantes, tus esquemas, defensas, presiones financieras, políticas y sociales te guíen por el camino miope de la autosatisfacción y, posiblemente, la autodestrucción? ¿O aprovecharás esas fuerzas a fin de lograr el mayor bien para todos?

POR QUÉ LA PERSONA DE CAER AL ÉXITO

6

CAPÍTULO

¿Por qué la gente se resiste al cambio?

EN SUS 131 AÑOS DE historia, la marca y los productos Kodak se integra-
ron a nuestra vida y lenguaje con memorables escenas captadas en una
película como un «momento Kodak». Este gigante industrial dominaba
completamente el campo de la fotografía. Calificada constantemente
como una de las marcas más valiosas del país, Kodak poseía noventa por
ciento de la participación en la industria de las películas y ochenta y cinco
por ciento de la participación en la venta de cámaras en Estados Unidos. Ya
en 1917, la empresa presumía: «Si no es una Eastman, no es una Kodak».

En 1975, los innovadores de Kodak desarrollaron una de las primeras
cámaras digitales, un logro que debería haber posicionado a la compañía
para extender su dominio al nuevo mundo de la fotografía digital. Larry
Matteson, un antiguo ejecutivo de la empresa, escribió un informe deta-
llado en 1979 que sintetizaba cómo el mercado pasaría de la película a lo
digital, comenzando con el reconocimiento del gobierno, avanzando primero a la fotografía profesional y, por último, al mercado masivo hacia
el año 2010. Su informe demostró ser profético. Sin embargo, a pesar de
la extensa experiencia, la gran cantidad de recursos y los éxitos sin pre-
cedentes del pasado, Sony, un competidor importante, tomó la delantera
lanzando su cámara digital a principios de la década de 1980. Eastman
Kodak necesitó casi veinte años para hacer una incursión seria en el mercado digital. Aunque su línea EasyShare tuvo un éxito modesto, el mercado
digital pasó por alto a Kodak. La siguiente evolución de la fotografía digital
y los teléfonos con cámaras de alta calidad le asestarían el golpe final.

El doctor Ziggy Switkowski, que trabajó en Eastman Kodak de 1978 a
1996, sirviendo como presidente y ejecutivo principal de las operaciones

de Australasia, lo resumió en una entrevista con *The Australian* el 6 de enero de 2012: «El principal error de Kodak fue no identificar que el futuro del negocio de las imágenes químicas con un gran margen de ganancias estaba terminando. Uno tenía una compañía cuyos líderes pertenecían todos a ese mismo bando y cuya estrategia era optimizar los dividendos en última instancia para un negocio que se estaba extinguiendo». Él continuó diciendo: «Dar el paso para entrar en nuevos negocios cuando el tradicional está en estado terminal es una decisión sumamente difícil de tomar, pero cuando tu empresa está en esa posición, entonces debes adaptarte para sobrevivir».

Kodak se declaró en quiebra en enero de 2012. ¿Por qué este gigante alguna vez poderoso se convirtió en un tímido ratón que se resistió ciegamente al cambio y no logró ver su futuro?

He aquí una razón importante. La mentalidad de los líderes de Kodak no pudo ir más allá de la idea que enuncia: «Esta es la forma en que siempre se ha hecho». Es algo profundamente arraigado en la naturaleza humana desarrollar y aferrarse a hábitos —tanto buenos como malos— porque brindan un capullo cálido y cómodo de seguridad. Nos resulta sumamente fácil darles la espalda a los motivos urgentes para cambiar, ya se trate de una amenaza a nuestra salud por comer comida chatarra y fumar cigarrillos, o el peligro que atraviesa nuestra empresa debido a los cambios en el mercado o una disminución de los ingresos. En su libro *Immunity to Change* [Inmunidad al cambio], Robert Kegan y Lisa Lahey describen los procesos humanos básicos relacionados con nuestra resistencia universal a adoptar una nueva forma de pensar o comportarnos. Afirman que la razón por la que el cambio resulta tan difícil es que desarrollamos hábitos que son adaptativos en el tiempo. Con esto quieren decir que, comenzando en la infancia, tendemos a descartar los hábitos que no nos sirven mucho, pero nos aferramos a aquellos que nos brindan confort o seguridad. Estos hábitos persistentes pueden soportar hasta los ataques más violentos mucho después de su fecha de expiración.

Cuando se trata de cambiar casi cualquier cosa (una creencia, un prejuicio, un corte de cabello o hasta los amigos), la psicología básica y la forma en que funciona el cerebro pueden interferir con el pensamiento crítico y la toma de decisiones.

Esto ocurre porque:

- Rara vez le damos una alegre bienvenida al cambio.
- El diseño del cerebro nos predispone a una conducta y una toma de decisiones habituales y rutinarias.
- Dejamos que los sesgos psicológicos influyan en nuestra reacción al cambio y en nuestra capacidad para tomar decisiones que provoquen el cambio.

Afortunadamente, puedes aprender a sentirte más cómodo con el cambio modificando tu cerebro y alterando tus sesgos. Por supuesto, como señala Kegan, te resultará mucho más difícil hacerlo con hábitos que se han vuelto cómodos y familiares como un viejo par de pantuflas. Al igual que en el caso de todos los otros temas que hemos tratado en este libro, armarte de una mayor autoconciencia y conocimiento de lo que les molesta a ti y a los otros te dará una ventaja cuando se trata de desafiarte y retar a los demás a hacer cambios importantes.

RESISTENCIA

En el número del 1 de mayo de 2005 de *Fast Company*, Alan Deutschman escribió un artículo fascinante, «Cambia o muere», en el que describía la conferencia «Revisión de la Innovación Global» de IBM, donde importantes pensadores propusieron soluciones a grandes problemas. Deutschman subrayaba que el doctor Edward Miller, decano de la facultad de medicina y director del hospital de la Universidad John Hopkins, cuando abordó la crisis en el sistema de salud, habló de aquellos que padecían el tipo de enfermedad cardíaca potencialmente fatal para la que los cirujanos cardíacos realizan de rutina un bypass. Alrededor de 600.000 pacientes se someten a esta cirugía cada año en Estados Unidos, mientras que 1.300.000 reciben una angioplastia que abre las arterias obstruidas.

Según el doctor Miller, de aquellos que se someten a un bypass de la arteria coronaria, la mitad tendrá las arterias obstruidas de nuevo en unos pocos años. Los que reciben una angioplastia desarrollarán bloqueos a los pocos meses. Ambos cuadros llevarán a más cirugías. Estas no son buenas perspectivas. Un paciente podría disminuir dichas posibilidades adoptando un estilo de vida más sano. La investigación ha mostrado de manera constante que noventa por ciento de las personas que son sometidas a un bypass coronario no cambian su estilo de vida, a pesar de que acaban de recibir el susto de sus vidas. Cambiar, según parecería, asusta a la gente más que la muerte. Lo mismo puede afirmarse de otros hábitos personales: el cigarrillo, una mala alimentación, estilos de vida sedentarios, no usar el cinturón de seguridad y enviar mensajes de texto mientras se conduce. Aun cuando nos enfrentamos con la vida o la muerte, la mayoría de nosotros se resiste al cambio. ¿Por qué los líderes considerarían menos aterrador cambiar los malos hábitos corporativos?

La resistencia a cambiar por parte de Kodak la situó en un club bastante grande que también incluye a Blockbuster Video. El 23 de septiembre de 2010, Blockbuster, la empresa que alquilaba vídeos y videojuegos a través de tiendas de ladrillo y argamasa, se declaró en quiebra. En el momento de auge de la firma, sus clientes reconocían sus carteles azules y amarillos, esperando y disfrutando de una experiencia de compra confiable y agradable. Luego vino Netflix. Para cuando Blockbuster reaccionó a la amenaza en el año 2004 con un servicio en línea de entrega de DVD en alquiler, la compañía ya había puesto un pie directamente en la tumba.

¿Por qué los individuos, los equipos y todas las culturas organizacionales se resisten, evitan o hasta demoran fatalmente el cambio de «la forma en que se hacen las cosas por aquí»? Las razones pueden incluir culturas tóxicas e inertes, toma de decisiones miopes, mala información, temor financiero, e ignorancia o negligencia de las demandas del mercado, para nombrar solo algunas. Las organizaciones, como todos los organismos vivientes, funcionan como sistemas complejos con características únicas. Aunque puedes hacer algunos cambios fácilmente, encontrarás que otros son todo un reto, ya que algunos factores psicológicos y neurológicos muy arraigados causan resistencia, evasión o demora, aun cuando el cambio tenga mucho sentido. En muchos casos, más allá de lo convincente que sea la necesidad del cambio, la gente luchará naturalmente contra él con uñas y dientes.

EL CASCARRABIAS Y EL GIMNASTA

La mera perspectiva de cambio puede crear malestar psicológico. Este surge de los dos sistemas cerebrales principales: los ganglios basales (nuestro viejo cascarrabias) y la corteza prefrontal (nuestro gimnasta mental). Los ganglios basales nos permiten ponernos las medias antes que los zapatos, hacer el camino habitual hasta el trabajo sin pensar, y parar las orejas cuando escuchamos la música del camión de helados. Esto es a la vez una bendición y una maldición. El mismo sistema hace que automáticamente manejes a tu casa desde el trabajo por la ruta habitual cuando te habías prometido pasar primero por la casa de tu amigo. En él residen nuestros recuerdos arraigados (que pueden afligirnos con nuestros errores cognitivos), hechos e información que necesitamos para nuestro funcionamiento cotidiano (que pueden atraparnos en nuestra rutina), las tradiciones participativas (que pueden hacernos rechazar obstinadamente el cambio) y las rutinas estructuradas (que pueden comprometer nuestro potencial para un gran desempeño).

El viejo cascarrabias vive en nuestro prosencéfalo entre la corteza y el tronco cerebral, donde puede acceder tanto al área cognitiva del cerebro involucrada en la toma de decisiones como a la que controla el movimiento. En otras palabras, los ganglios basales vinculan el pensamiento con la acción. Aprender algo tan simple como atarse los cordones requiere una tremenda cantidad de capacidad cerebral inicial, pero una vez que lo dominas, consume muy poca.

La formación de estos hábitos involucra una parte particular de los ganglios basales, la estación de entrada rica en dopamina para los mensajes de otras porciones del cerebro llamadas el cuerpo estriado. Cuando dominamos las rutinas, la dopamina nos recompensa con sensaciones de placer o evitación del dolor, lo que nos ayuda a perpetuar la rutina.

En cambio, la corteza prefrontal, un componente muy activo del prosencéfalo, funciona como el capitán del cerebro y puede realizar todo tipo de gimnasia mental. En ella se aloja nuestra memoria a corto plazo y gobierna la conducta y el pensamiento cognitivos complejos, como el pensamiento abstracto, la toma de decisiones a corto y largo plazo, la mediación en la elección de pensamientos en conflicto entre lo correcto y lo incorrecto, la expresión de la personalidad, la planificación y el establecimiento de estrategias, la predicción de resultados y la moderación de la conducta social. Como la corteza prefrontal nos ayuda a enfocar nuestros pensamientos, también desempeña un papel en la atención y el aprendizaje. Imagínala como un centro de control que recibe datos, los procesa y determina acciones de acuerdo con nuestras metas internas. No es de extrañar que esta parte del cerebro requiera una gran cantidad de energía mental consciente, lo que significa un arduo trabajo.

La corteza prefrontal también se conecta con la amígdala, parte del sistema límbico que sirve como el centro emocional del cerebro. Facilita la emoción y la memoria, y es también responsable de nuestro circuito del miedo, que ayuda a producir la respuesta «lucha/huida» en nuestro cerebro y cuerpo (véase el capítulo 3).

La tecnología del análisis cerebral ha demostrado que el cambio activa la corteza prefrontal. Sin embargo, el análisis también ha revelado que, como la parte pensante del cerebro conecta con la parte emocional, un ataque de información poco familiar puede perturbar la parte emocional de nuestro cerebro. La mera perspectiva de cambio puede encender una tormenta de fuego para la comodidad del *statu quo*. Como aprendimos en el capítulo 3, la respuesta al miedo puede causar una toma de decisión impulsiva, miope, que impide el rendimiento.

BARRERAS MENTALES

En 1992, no pasaba un día sin que un disco de prueba de America Online (AOL) aterrizara en tu buzón de correo, apareciera en una revista, o atrajera tu vista en el mostrador de tu almacén local. En los primeros días brutalmente competitivos de la batalla del salvaje oeste digital por arrastrar al público a la frontera de Internet, los proveedores de servicio de Internet originales (IPS, por sus siglas en inglés), como Prodigy, Genie y CompuServe, cayeron ante la arremetida de la campaña de publicidad masiva y costosa de AOL. La revolucionaria interfaz gráfica del usuario (GUI, por sus siglas en inglés) de AOL y el enfoque de «jardín amurallado» (manteniendo la información contenida dentro de AOL) hicieron que el acceso a Internet estuviera disponible hasta para el usuario menos técnico. De pronto, todos, desde la madre que se quedaba en su casa en Bayonne hasta el doctor en economía de Palo Alto, podían acceder rápidamente a una receta de *boeuf bourguignon* o al producto nacional bruto de Transilvania.

Cuando AOL agregó salas de chat y luego mensajería instantánea, la empresa se convirtió firmemente en el líder indiscutido de la industria, el patrón oro para el acceso a Internet. Después, en 1993, Netscape entró en la pelea con el primer navegador web fácilmente accesible, Mosaic. Dos años después, Microsoft lanzó su propia versión, Internet Explorer. La «guerra de los navegadores» había comenzado. A pesar de la reticencia de AOL a entrar en el nuevo campo de batalla, reclamaba unos impresionantes 3,6 millones de suscriptores en 1997. En 1998–1999, los precios de las acciones de AOL subieron más de seiscientos por ciento, y para 2002, en ese momento valuada en 200.000 millones de dólares, se jactaba de tener 34 millones de miembros.

Cuando los usuarios de Internet comenzaron a incorporar la red a sus vidas cotidianas y los navegadores y los sitios web se volvieron cada vez más refinados y fáciles de utilizar, la gente comenzó a preguntarse por qué necesitaban el enfoque del jardín cerrado de AOL cuando podían acceder a la misma información en la red informática mundial desde muchas fuentes. Tanto entre los duchos en tecnología como entre los usuarios promedio, AOL se había convertido en una broma: «la Internet con rueditas de entrenamiento» y «la empresa que te manda portavasos gratis».

Sin que nada le importara, AOL se aferró incondicionalmente a su modelo comercial: una mercadotecnia costosa y generalizada combinada con una experiencia para el usuario simplificada, por la que los consumidores pagaban una prima a fin de obtener cosas que podían conseguir gratuitamente en otra parte. A medida que la comunidad en línea se fue multiplicando, AOL perdió terreno incesantemente. Para el año 2006, la cantidad de miembros había disminuido en cincuenta por ciento y el valor de AOL decaído en noventa por ciento. Mientras escribo esto, AOL ha evolucionado a un servicio principalmente gratuito que ofrece un agregador de noticias en línea con ciertos contenidos exclusivos. Su base de suscriptores pagos se reduce a cuatro millones de usuarios. Los fieles y tenaces pueden estar manteniéndose en la compañía solo por su propia resistencia al cambio. En un artículo de 2011 en la revista *The New Yorker*, un antiguo ejecutivo de AOL, bromeando a medias, afirmó: «El pequeño secreto sucio es que setenta y cinco por ciento de la gente que se suscribe al servicio por vía telefónica de AOL no lo necesita».

AOL había aparecido para darle la bienvenida al cambio allá por 1998, cuando compró Netscape, el navegador web más popular del momento, y luego se fusionó con Time Warner en 2000. La empresa claramente tenía el potencial para liderar las filas de los proveedores de servicios de Internet originales. Pero experimentaron un período de brillante crecimiento seguido de un rápido descenso por aferrarse a un modelo pasado de moda. Los navegadores más poderosos superaron a Netscape y el matrimonio de AOL y Time Warner terminó en un agrio divorcio en el que ambas compañías perdieron reputación y valor.

Habiendo liderado el rebaño durante tanto tiempo, ¿por qué el gigante de la Internet evitaría arriesgarse para hacer las cosas de un modo diferente, aun cuando era evidente que solo un cambio podría salvar su compañía?

Obviamente, los líderes de AOL no pudieron sumarse al cambio, aunque deben haberlo visto venir. No son los únicos. No importa cuántas señales de advertencia percibas, es posible sucumbir con facilidad a las poderosas fuerzas de los sesgos psicológicos que pueden enceguecerte a la necesidad de un cambio. Muchos sesgos cognitivos pueden inmovilizarnos, pero a veces simplemente todo se reduce a un agotamiento mental.

AGOTAMIENTO

Las rutinas y las elecciones nuevas y poco familiares desafían la zona de confort de nuestros hábitos arraigados. Cuando haces un cambio, te obligas a salir de tu zona de comodidad. Esto requiere mucha energía y puede agotarte. Del mismo modo que tus músculos a la larga terminan fallando durante una sesión de ejercicios extenuante, tus músculos mentales comienzan a dejar de funcionar a toda velocidad, dañando tu capacidad para preocuparte, hacer elecciones, mantener la motivación, sopesar decisiones y, en última instancia, actuar. Los psicólogos le llaman a esto *disminución del yo*, un estado mental en el que puedes perder elementos fundamentales de tu autocontrol y todos los otros procesos mentales que requieren concentración y un esfuerzo consciente. Como vimos en el capítulo 1, un nivel crónico de disminución del yo pueden volverte «demasiado ocupado para ganar».

En 1998, el investigador Roy Baumeister y sus colaboradores investigaron este fenómeno pidiéndoles a algunas personas que se anotaran para lo que los participantes creían que era un experimento de percepción del gusto. Los investigadores formaron tres grupos: los comedores de rábanos, los comedores de chocolate y los no comedores (el grupo de control). Les pidieron a los participantes que se saltaran una comida y acudieran con hambre a la cita. Cuando llegaron los comedores de rábanos y chocolate, pudieron oler galletas con chispas de chocolate recién horneadas. En la mesa delante de ellos encontraron un tazón con los rábanos y un plato con las galletas recién horneadas y barras de chocolate. Se les instruyó a los comedores de rábanos que comieran dos o tres rábanos y evitaran el chocolate. Los comedores de chocolate podían comer dos o tres galletas, pero ningún rábano. Los no comedores no participaron de esta parte del experimento.

Una vez que los participantes terminaron de comer, los investigadores les pidieron a los tres grupos que resolvieran un rompecabezas espacial imposible de armar. Podían abandonar la tarea en cualquier momento. ¿Quiénes se rindieron primero? Los comedores de rábanos. Los comedores de chocolate y los no comedores siguieron con la tarea por más tiempo y más o menos durante un período similar. Los que abandonaron primero, los comedores de rábanos, informaron que se sintieron más cansados que los otros dos grupos.

¿Qué podemos concluir de los resultados de este experimento? Como se necesita mucho más autocontrol para evitar la tentación del exquisito chocolate que para descartar un tazón de rábanos, resistir la tentación fue una carga mucho mayor para los comedores de rábanos. Esa resistencia disminuyó la energía mental necesaria para acometer la tarea del rompecabezas e hizo que los comedores de rábanos la abandonaran más rápidamente. Por otra parte, los participantes que estaban en condiciones de comer chocolate o los no comedores gastaron menos recursos mentales para mantener el autocontrol y pudieron más fácilmente pasar tiempo adicional con el rompecabezas.

Si resistirte a las galletas puede agotar tu mente, imagínate qué puede causarte resistirte a un gran cambio en el lugar de trabajo, después de agregar todas las otras cosas que haces en el día. Triplica el efecto para un líder que trabaja arduamente. Todo lo que haces y toda decisión que tomas en el trabajo, tu hogar, el gimnasio, la cancha de tenis, una charla entre padres y maestros y durante una cena de negocios requiere una inversión de fuerza de voluntad, y esa inversión disminuye incesantemente tus recursos mentales. Perdón, querido lector, pero hasta Einstein comenzaba el día con un tanque finito de combustible mental. Una vez que vaciaba el tanque con todos esos cálculos diarios, se sentía tan cansado como tú al final de tu larga jornada. Ahora agrégale el cambio a la mezcla. Einstein se muda de Alemania a Princeton, mientras trata de darles los toques finales a su teoría especial de la relatividad. Eso es suficiente para hacer llorar a un genio crecido.

Esas son las malas noticias. ¿Cuáles son las buenas? Mientras estás forjando tus hábitos y rutinas, tienes un montón de recompensas de la dopamina que te hacen sentir bien, pero una vez que estableciste esas rutinas, la dopamina deja de fluir. El cambio la activa una vez más, porque crea nuevas vías neuronales que electrifican nuevas partes del cerebro. Imagina unos rayos que iluminan el cielo y caen sobre la tierra: mientras más formas nuevas de pensar y actuar adoptas, más rayos creas para iluminar el cerebro. También logras nuevas vías para los receptores de la dopamina, que comienza a fluir de nuevo.

Ese refuerzo positivo puede ayudarte a perseverar con el cambio y, hasta cierto punto, contrarrestar los efectos del agotamiento. Felizmente acomodado en Princeton, Einstein vuelve al trabajo arduo de calcular la velocidad de la luz. Al final del capítulo, veremos las formas en que podemos afrontar el agotamiento haciendo un descanso creativo en medio de nuestra rutina.

Sin embargo, antes de que hagamos eso, prestémosle atención a algunas de las razones menos obvias por las que terminamos combatiendo el cambio.

COSTOS

Invertimos tanta energía mental en nuestras decisiones, que nos resulta difícil admitir cuando tomamos una que es mala. Invertimos incluso más tiempo y energía haciendo que nuestras malas decisiones parezcan buenas. ¿Recuerdas el sesgo de confirmación del capítulo 1? Buscar y prestarles atención a los datos que apoyan nuestras opiniones y creencias refleja esta tendencia a «aferrarnos». La disonancia cognitiva, tratada en el capítulo 5, también entra en juego cuando luchamos por evitar la incomodidad de sostener dos ideas conflictivas al mismo tiempo. Estas trampas mentales nos ayudan a pretender que no vemos la realidad o a justificar esta conducta obstinada. Otro sesgo psicológico hace aun más difícil dejar ir a las personas, los procesos y las ideas en los que hemos invertido mucho tiempo, dinero y recursos. Se llaman *costos hundidos* y reflejan el dicho: «No eches la soga tras el caldero».

Una vez que hacemos una inversión (tiempo, dinero, emoción), hemos incurrido en un costo hundido. Cuando llevas a cabo una actividad con emoción, has invertido tanto en ella que no puedes abandonarla fácilmente. Imagina que compras un par de pantalones de mezclilla en el centro comercial. Quizás, cuando vuelves a casa y te los pruebas otra vez, decides que no te gustan después de todo. Si bien puedes devolverlos y recuperar tu dinero, todavía tienes tiempo hundido al haber conducido hasta el centro comercial, hecho la compra, probártelos, luego volver a tu casa y guardarlos en el armario. Conducir de nuevo al centro comercial y cambiar la compra requiere una inversión adicional. Toda esa inversión puede persuadirte de quedarte con los nuevos pantalones después de todo. Y si los cambias, nunca recuperarás lo que has invertido. Por lo tanto, cualquier inversión nos ata a ella, y mientras mayor es, más nos aferramos a la misma.

AOL había invertido tanto dinero, tiempo y esfuerzo en su estrategia probada y segura que simplemente no la pudo abandonar. Tal vez la lógica les decía a los ejecutivos que siguieran adelante y pensaran de un modo diferente, pero los costos hundidos desautorizaron esa lógica y crearon un estado de inercia corporativa. La reticencia a cambiar de un modo eficiente y efectivo cuesta más tiempo y dinero, lo que refuerza nuestra incapacidad para el cambio. Se trata de un ciclo triste, pero es uno que sucede una y otra vez cuando los líderes se niegan a hacerles caso a todas las señales de que tienen que cambiar. Esto es lo que ocurrió con el Aérospatiale-BAC, en lo que Richard Dawkins y T. R. Carlisle llamaron la «falacia del Concorde».

El transporte supersónico Aérospatiale-BAC (más conocido como el Concorde), financiado conjuntamente por los gobiernos británico y francés, constituyó un logro impresionante, pero sumamente costoso. El jet deslumbraba la vista con su pureza de líneas y la mente con su velocidad. Sin embargo, cada vez se hizo más evidente que el Concorde nunca lograría una compensación de los enormes costos en que los dos gobiernos habían incurrido. Entonces, ¿qué hicieron los dos gobiernos? Invirtieron más dinero en el proyecto. Las pérdidas aumentaban en un ciclo tan triste como la locura administrativa que mencioné en la introducción de este libro, hasta que finalmente, en 2003 y 2004, Air France y British Airways decidieron cortar con las pérdidas.

Si lo piensas, puedes aportar ejemplos propios de la falacia del Concorde, desde los pequeños que suceden todos los días en tu vida personal y profesional hasta los grandes que ocurren cuando los países entran en una guerra o las empresas toman decisiones de gastos que las hacen precipitarse a un abismo financiero. Esta es una de las muchas razones por las que nos aferramos con fuerza al *statu quo*.

STATU QUO

Los ejecutivos de AOL, como muchos líderes corporativos a lo largo de la historia, se sentían tan profundamente fascinados con el *statu quo* que no pudieron cambiar, aun cuando se hizo evidente que solo el cambio podía salva su negocio. En lugar de moverse con audacia y mejorar su estrategia, se quedaron sentados murmurando: «No nos arriesguemos» o «Nuestro enfoque nos colocó en la cima, así que nos mantendrá allí» o «Acomodémonos y dejemos que pase la tormenta». Los psicólogos le llaman a esto el *sesgo del statu quo*.

Según un estudio de 2007 que realizaron Katrin Burmeister y Christian Schade, en lugar de considerar toda la información disponible cuando tomamos una decisión, la gente tiende a apoyarse en información que representa el estado actual o en decisiones anteriores que crearon las condiciones presentes, hayan sido ellos u otros quienes las tomaron. El sesgo del *statu quo* incluye la tendencia natural a:

- Abstenerte de actuar directamente, porque prefieres no hacer nada antes que cometer un error.
- Preferir una rutina actual en lugar de nuevas opciones.
- Considerar favorablemente las condiciones actuales, porque brindan una medida de confort.

El sesgo del *statu quo* afecta tanto a las grandes decisiones (AOL) como a las pequeñas (tu desayuno). AOL se aferró a su modelo comercial, tú comes un tazón de yogur de vainilla con una banana cortada por la mañana, todos los días. Cuando Google irrumpe en escena o no encuentras nada en el refrigerador excepto un panecillo, la tendencia a preferir el *statu quo* causa estrés y reticencia a cambiar el viejo hábito. Entonces es cuando puedes cerrar fácilmente tu mente a potenciales oportunidades.

Los psicólogos se refieren a este aspecto de la toma de decisiones como *aversión a la pérdida*. Cuando contemplas tomar una decisión que involucra un cambio (dejar un empleo o aceptar uno nuevo, retirar tu apoyo a un proyecto que está fracasando o adaptarse a las cambiantes fuerzas del mercado), te preocupas por una pérdida potencial (no encontrarás un nuevo empleo mejor; el nuevo empleo se convertirá en una pesadilla; el proyecto volverá a encaminarse mañana; la nueva fuerza en el mercado es solo una moda, no un cambio genuino). ¿Nos quitará esta decisión algunos beneficios actuales? ¿Se materializarán realmente los beneficios deseados? ¿Y si apostamos todo y terminamos perdiendo? ¿Qué pensará la gente si nos caemos de bruces? Estas preguntas con bastante frecuencia nos convencen de que nos quedemos atascados en el barro del *statu quo*.

Luego se agrega el *efecto donación*. En 1980, Richard Thaler llevó a cabo un estudio trascendental en la Universidad de Cornell, en el que le regaló a la mitad de los estudiantes de un curso una taza para café. Los afortunados receptores podían venderla a los estudiantes que no habían recibido una. Resultó que los vendedores fijaron el precio demasiado alto y los compradores fijaron el suyo demasiado bajo, por lo que se produjeron muy pocas transacciones. Poseer brevemente la taza de café influenció a los vendedores a sobrevaluarla e inflar el precio para compensar por la pérdida potencial; los compradores no quisieron perder mucho dinero por una taza que quizás no deseaban comprar. Thaler le adjudicó todo esto a la aversión a la pérdida. Resultó que todos podían vivir más fácilmente con el *statu quo* que con la posibilidad de perder. Si nos aferramos tanto a algo tan intrascendente como una taza para café, imagina cuánto nos aferraremos a algo realmente valioso.

Irónicamente, aun cuando los que toman las decisiones corporativas hagan un cambio grande y lo apuesten todo en una nueva dirección, sus clientes pueden aferrarse al *statu quo*. En un documento de trabajo de julio de 2011 titulado «Un modelo de fracaso», Patrick Hummen, John Morgan y Phillip Stocken describen el importante error de mercadotecnia de Coca-Cola cuando introdujo la «Nueva Coca». Los autores escriben que, en 1985, el antiguo presidente de Coca-Cola, Robert Goizueta, resolvió hacer algo con la constante pérdida de participaciones en el mercado de Coca a manos de su archirrival, Pepsi. Después de una investigación exhaustiva de las preferencias de sus consumidores, Coca-Cola creó una nueva fórmula para su gaseosa. La «Nueva Coca» reemplazaría a la «Vieja Coca». Las pruebas de sabor habían revelado que los consumidores en realidad preferían el gusto más dulce de la nueva fórmula, pero cuando la «Nueva Coca» salió al mercado, los clientes la objetaron firmemente y hasta llegaron a lanzar una demanda colectiva para obligar a Coca-Cola a restablecer la receta original. Setenta y nueve días después, la empresa regresó a la fórmula original y retiró la nueva de los estantes. Si la gente se opone a un cambio en su bebida favorita, imagina lo que hará cuando piense en un cambio en el *statu quo* que amenazará su subsistencia.

Rara vez tiene sentido cambiar solo por cambiar, pero los estudios han demostrado constantemente que la gente tiende a sobrevalorar y depender demasiado del *statu quo*, lo que puede tener como resultado la pérdida de oportunidades. Pregúntales a nuestros amigos de AOL, Blockbuster y Kodak. En realidad, los economistas conductuales han demostrado que lo mismo se aplica a las decisiones sobre finanzas personales e inversión. Ya en 1988, William Samuelson y Richard Zeckhauser llevaron a cabo una serie de estudios que involucraron a 486 estudiantes registrados en las clases de economía en las universidades de Harvard y Boston para demostrar el sesgo del *statu quo*. Los investigadores usaron dos cuestionarios ligeramente diferentes sobre finanzas, de los cuales solo uno incluía preguntas que ofrecían una alternativa del *statu quo*. Se les pedía a los estudiantes que consideraran esta situación: «Eres un lector serio de las páginas financieras, pero no has tenido fondos para invertir. Cuando heredas una fortuna de tu tío abuelo, puedes finalmente poner a funcionar todo lo que has aprendido. ¿Inviertes en una empresa de riesgo moderado, una de alto riesgo, letras del tesoro o bonos municipales?». Algunos cuestionarios describían la preferencia del tío (es decir, el *statu quo*), mientras que otros no. Con mucha frecuencia, los estudiantes que recibían el primero elegían mantener el *statu quo*.

Este tipo de conducta en la toma de decisiones sucede todo el tiempo. La gente se inclina de manera natural a protegerse haciendo elecciones más seguras, conservando su energía y evitando los riesgos que podrían terminar en un desastre. Eso está bien hasta que enfrentas una decisión en la que aferrarte al *statu quo* terminará en desastre. ¿Cómo detectamos la diferencia?

EL PLANTEAMIENTO

Todo depende de cómo plantees el cambio. En 1993, Eric Johnson y sus colaboradores describieron un interesante fenómeno que ocurrió cuando tanto Pensilvania como Nueva Jersey hicieron cambios idénticos en sus leyes de seguros para automóviles a fin de reducir costos. Cada estado les dio a los conductores una nueva opción que les ofrecía pólizas de seguro más bajas a cambio de acordar un derecho limitado a demandar después de un accidente. Los consumidores aceptaron una ley, pero objetaron la otra. Todo se redujo a las diferentes formas en que los estados presentaron el cambio. En Nueva Jersey, los conductores podían elegir el pleno derecho a demandar; en Pensilvania, podían elegir renunciar a este derecho. Nótese la impresionante diferencia en la condición de base (*statu quo*). La mayoría de los conductores de Nueva Jersey aceptaron el cambio (mantenía su *statu quo*); la mayoría de los de Pensilvania no lo hicieron (violaba su *statu quo*). Como resultado, Pensilvania perdió unos 200 millones de dólares en ahorros esperados en seguros y demandas.

Otra investigación realizada por Kahneman y Tversky ha mostrado que la conducta depende de la forma en que se plantee el cambio. Formas diferentes de presentar un desafío pueden producir conductas diferentes, aun en el caso de opciones idénticas en otros aspectos. La aversión a la pérdida impulsa a los seres humanos a apostar más agresivamente o asumir mayores riesgos (no necesariamente inteligentes) cuando se enfrentan con una pérdida potencial que cuando se enfrentan a una ganancia potencial. En los negocios, esta tendencia sostiene que cualquiera que proponga un cambio debería presentarlo como una gran oportunidad, de ese modo será menos probable que la gente lo vea como una amenaza potencial.

En el año 2002, Clark Gilbert, profesor de la Escuela de Negocios de Harvard, examinó cómo la industria periodística respondió a la amenaza de la Internet entre mediados y finales de la década de 1990. Descubrió que aquellos que plantearon el tema como una amenaza para su existencia respondieron volcando dólares en la web, pero solo replicaron en línea su copia en papel. Otros editores de diarios, que presentaron el asunto como una oportunidad, respondieron de un modo más adaptativo, pero irónicamente rara vez asignaron suficientes recursos para garantizar su presencia en la Internet. Las organizaciones más efectivas inicialmente evaluaron la web como una amenaza perturbadora, pero luego la enfocaron como una oportunidad estimulante que podía revitalizar su negocio.

Por lo general, cuando las organizaciones se enfrentan a amenazas reales o imaginarias, entran en crisis. Al igual que le sucede a un individuo que se encuentra con un oso en un sendero del bosque, el miedo activa la respuesta de parálisis/huida/lucha de los líderes. Las tres opciones reducen el flujo de ideas innovadoras, la toma de decisiones con la mente abierta, y la acción rápida y adecuada.

En esta era de cambios perturbadores en aceleración (la tecnología que cambia el juego, las redes sociales, la exposición a los medios instantáneos y la globalización, para nombrar solo algunos pocos), el cambio ha pasado de ser una excepción a constituir la regla. Los clientes quieren un producto o servicio hoy y otro muy diferente mañana. En 1995, Joseph Bower y Clayton Christensen publicaron un fascinante artículo en la *Harvard Business Review*, titulado «Disruptive Technologies: Catching the Wave» [Tecnologías disruptivas: atrapa la ola]. En el artículo, los autores plantean que las empresas a menudo fracasan porque su preocupación por satisfacer las necesidades de los clientes hoy hace que le presten muy poca atención al desarrollo de lo que los clientes necesitarán mañana. Los autores definen dos tipos de tecnología: de apoyo y disruptiva. Con la tecnología de apoyo, una empresa meramente actualiza y aumenta lo que el cliente ya posee y le gusta. «Si te gusta nuestro elegante auto deportivo, querrás incluirles todas las opciones extras». Eso puede funcionar a corto plazo, pero no para siempre. Con la tecnología disruptiva, un término acuñado por Clayton Christensen en su libro de 1997, *El dilema de los innovadores*, la empresa busca una innovación tecnológica, producto o servicio que termine por convertir la tecnología dominante o el producto existente en obsoletos. ¿Cuántos puedes nombrar más allá de la imprenta, la bombilla eléctrica y la Red Informática Mundial?

Según Clark Gilbert, los líderes de las organizaciones que presentan el cambio como una amenaza invierten demasiados recursos valiosos en agregar opciones extras. Los que lo presentan como una oportunidad dorada invierten sus recursos en diseñar un auto deportivo que opere por la vía del control mental.

Como mencionamos en el capítulo 5, cuando se trata de modelos mentales, debes saber cuándo mantenerlos y cuándo desecharlos. La ahora desaparecida cadena de librerías Borders se aferró demasiado tiempo a su modelo. Borders, como Barnes and Noble, ofrecía una vasta variedad de libros en una sola tienda, donde los clientes podían deambular por los pasillos y tomarse un café expreso doble con leche. Al principio, Borders adoptó la tecnología y desarrolló un sistema de inventario superior que podía optimizar y hasta predecir lo que los consumidores de todo el país comprarían. La cadena floreció. Sin embargo, a mediados de la década de 1990, cuando todo el mundo se estaba pasando a lo digital y los negocios tuvieron que formular una respuesta apropiada a esto, Borders se aferró con tenacidad a su modelo inicial. Mientras que Barnes and Noble desarrolló rápidamente Nook, su propio lector de e-books, e invirtió mucho en competir con la nueva Amazon en las ventas en línea, Borders estaba invirtiendo en su mercadotecnia, enfocándose en las ventas de CD y DVD, además de libros y café. Para empeorar aun más las cosas, expandió sus plantas físicas, renovó sus tiendas de ladrillo y argamasa, y subcontrató las ventas en línea a través de Amazon.com. En lugar de crear su propio lector electrónico, ofreció otros aparatos, como Kobo y Cruz, ninguno de los cuales en ese momento se opusieron seriamente al Kindle de Amazon o al Nook de Barnes and Noble. La inversión de Borders para apuntalar el pasado en lugar de inventar un nuevo futuro finalmente produjo su dolorosa caída en los tribunales de bancarrotas.

Aunque no puedo entrar en el cerebro del equipo de liderazgo de Borders, puedo decir con certeza que la forma en que se plantearon el desafío digital contribuyó en gran medida al fracaso de la compañía, mientras que la forma en que los líderes de Barnes and Noble lo hicieron produjo al menos un éxito temporal. Cómo le irá en el futuro contra Amazon y Apple dependerá de cómo enfrente ese desafío.

Mi amigo y agente literario Michael Snell cita a las librerías independientes como otro ejemplo de buen y mal afrontamiento del cambio. Si bien la mayoría de las librerías familiares siguieron vendiendo una selección limitada de los mismos libros ofrecidos por las supertiendas, algunos empresarios inteligentes se reinventaron a sí mismos, desarrollando entidades de marcas únicas y transformándose en lugares atractivos para compradores de libros específicos. Algunos se enfocaron en los padres, estableciendo salas de lectura para los niños e ideando eventos y actividades que atrajeran a padres e hijos. Otros diseñaron diferentes tipos de áreas de confort. Los dueños de las librerías que quedaron fuera del negocio se aferraron a la vieja forma de operar; los que sobrevivieron e incluso crecieron se reinventaron a sí mismos como alternativas atractivas a las grandes tiendas impersonales. Todos los líderes deben finalmente hacer la misma elección cuando golpea el cambio.

PLASTICIDAD

Dadas todas las fuerzas que conspiran contra una decisión de remar en aguas desconocidas, ¿qué puede hacer un pobre líder? Consíguete un cerebro plástico. No, no uno hecho de polímeros, sino uno que se preste al aprendizaje de nuevas estrategias. La investigación sobre la plasticidad cerebral (también conocida como *neuroplasticidad* o *mapeo cortical*) ha demostrado que el cerebro puede cambiar y adaptarse como resultado de aprender y experimentar nuevas conductas, ambientes y procesos nerviosos. Los líderes que quieren avanzar pueden dar los siguientes pasos para sobrevivir en los rápidos.

PONER A PRUEBA LOS SESGOS

Debemos repasar lo que hemos aprendido acerca del sesgo del costo hundido y el del *statu quo*. Solo reconocer su existencia no hará que desaparezcan. Sin embargo, el reconocimiento y la autoconciencia constituyen un paso importante en la mejora de sus efectos negativos en la conducta de cambio. Ten presente que un equipo y una organización desarrollan una cultura, y que una cultura puede perpetuar y hasta intensificar estos dos sesgos. La cultura ha comprado y es dueña del *statu quo*. «Hemos invertido mucho en hacer las cosas que siempre hacemos por aquí». Cuando el cambio se desliza, un líder debe enfrentarlo directamente. Reúne a toda la gente que tiene una sensación de propiedad del *statu quo* y aliéntalos a plantearse y responder algunas preguntas clave:

- ¿Cómo definimos nuestro *statu quo*?
- ¿Qué inversiones hemos hecho en nuestro *statu quo*?
- ¿Qué beneficios se han derivado de nuestro *statu quo*?
- ¿De qué modo estamos limitados por nuestro *statu quo*? ¿Elegiríamos hacer las mismas inversiones?
- ¿Cuál es el *statu quo* de nuestro principal competidor? ¿Cómo ha funcionado para él?
- ¿Cómo imaginamos nuestro futuro y el de nuestro competidor el próximo año? ¿Y dentro de cinco años?
- ¿Qué fuerzas comerciales requieren una respuesta audaz?
- ¿Qué cambios específicos podemos hacer para llevar a cabo una respuesta audaz?
- ¿Cuánto tiempo, dinero y emoción debemos invertir para hacer los cambios deseados?
- ¿Cómo nos beneficiaremos o no si hacemos estos cambios?
- ¿Cómo manejaremos el proceso de cambio para maximizar la aceptación del resto de la organización? ¿Y de nuestros accionistas?

El solo hecho de buscar la orientación para ti y tu gente a través de este proceso socrático sacudirá la mente de todos, los hará pensar hacia adelante y deshacerse de los grilletes del *statu quo*. Con lentitud, pero de manera segura, el poder del grupo comienza a contrarrestar los sesgos cognitivos tanto de los individuos como del equipo. Ahora puedes plantearte adecuadamente el desafío.

EL REPLANTEAMIENTO

Comienza describiendo el desafío actual en una sola oración. Supongamos que diriges un pequeño restaurante local que se especializa en mariscos. Cuando una cadena nacional abre un Tuna Charley en la otra cuadra, sufres una abrupta caída de clientes debido a sus precios bajos y estandarizados. Anota el desafío: «Nuestro competidor invasor gana clientes con la encantadora publicidad protagonizada por Charley, el atún». Plantearte el desafío de esa forma puede tentarte a gastar mucho más dinero en publicidad, pero no a hacer otros cambios significativos en la manera en que haces negocios. Ahora, tratemos de replantear el desafío: «Una cadena estandarizada ha amenazado nuestro territorio; ¿qué podemos hacer para competir?». Quizás ahora pienses en formas de combatir el desafío, posiblemente rediseñando el menú para apelar a una clientela gourmet mientras acrecientas tu reputación por usar ingredientes frescos y locales. El primer planteamiento favorecía el *statu quo*; el segundo generó una resolución del problema y una toma de decisiones creativas y productivas.

He aquí una estrategia que me gustar usar con clientes que están luchando con decisiones sobre cómo afrontar el cambio.

- Reúne a personas con intereses comerciales similares y diferentes en una sala.
- Escribe un resumen de una oración sobre el desafío comercial en un pizarrón.
- Invita a la gente a ofrecer diferentes formas de plantearse el desafío.
- Elimina toda la terminología cargada de valoración: justo, inteligente, tonto, beneficioso y problemático.
- Replantea el asunto en una oración neutral.

- Pídeles a los involucrados que formulen el desafío desde su punto de vista particular.
- Ayuda al grupo a analizar las ganancias y las pérdidas desde cada punto de vista.

Trabajé con una organización basada en la membresía que se enfocaba en los docentes de educación superior. Esta organización sufría el desafío de una membresía estancada durante varios años, algo que empeoró con la recesión. El equipo de liderazgo exhibía todos los signos indicadores de una clásica institución rutinaria: fuerte apego emocional a su organización y su marca, egos inflados por éxitos pasados, y un mal caso de *statu quo* y pensamiento convencional y poco innovador. Antes de que yo entrara en escena, el equipo de liderazgo había llevado a cabo una encuesta formal con los miembros existentes de la organización. Les preguntaron qué valoraban de la organización y que les gustaría ver incrementado (de una lista de ofertas existentes).

Cuando le pedí al equipo de liderazgo que formulara su desafío comercial, estuvieron de acuerdo en esta afirmación: «Les ofrecemos a nuestros miembros muchos beneficios, pero un creciente número de competidores menos competentes nos han robado miembros y la recesión nos ha costado incluso más». Nótese cómo le echaban la culpa a todos menos a ellos mismos por el problema. Antes de hurgar en el tema, les pedí que ofrecieran ideas de posibles soluciones. No es de extrañar que no se les ocurrieran más que variaciones de la misma vieja historia a la que se agregaba: «Nuestros miembros no aprecian todo lo que hacemos por ellos». Es como el dicho del avestruz: «No puedo ver por toda la arena que tengo en los ojos», en lugar de: «Quizás deba sacar la cabeza de la arena».

Cuando nos dispusimos a reformular el desafío eliminando los elementos emocionales y cargados de valoración y el obstinado orgullo por los logros pasados, la nueva formulación fue: «Las necesidades de los clientes que evolucionan y las realidades económicas requieren nuevos enfoques». Nótese la ausencia de emoción. Nótese también que el nuevo planteamiento no culpa a otros, sino acepta la responsabilidad por un futuro mejor. Comienza a cerrarle la puerta al *statu quo* y abrirle una ventana a la resolución creativa de problemas. No se necesitó mucho tiempo para que el equipo sugiriera un nuevo conjunto de ideas, desde adoptar una perspectiva más centrada en el cliente hasta el desarrollo comercial y un enfoque más claro en la audiencia a la que apuntaba la organización: los jóvenes profesionales y estudiantes.

Un replanteamiento efectivo desplaza el énfasis de los síntomas a las causas. Reemplaza un apósito protector con antibióticos para curar la infección. Como al tratar la causa de origen de una enfermedad, para hacer un replanteamiento se necesita mucha habilidad y trabajo. Cambiar la forma en que la cultura piensa y opera significa hacer preguntas difíciles y a veces dolorosas.

En el caso de la organización con la que trabajé, los líderes tenían que descubrir qué pensaban los miembros presentes y potenciales de la organización. Les resultó doloroso admitir que la misma había construido involuntariamente la reputación de ser un «club de viejos amigos», un lugar aburrido donde arcaicos veteranos se reunían para palmearse la espalda por sus logros y premios. Los programas de educación y los eventos de gala no hacían nada para contrarrestar esa percepción y quizás incluso la reforzaban. Una vez que el liderazgo vio la causa real de su problema, pudo hacer algo al respecto. No, no abandonaron totalmente el *statu quo*, porque tenían que retener a la vieja guardia. Sin embargo, pudieron encontrar formas de atraer a la nueva guardia con ofertas como un programa de tutorías, un centro de conexiones y seminarios sobre elementos esenciales del negocio. También fueron capaces de abordar la preferencia de la nueva guardia en cuanto a usar nuevas tecnologías y medios sociales en sus prácticas profesionales con servicios y programas educativos en la Internet. Con estas y otras iniciativas, salieron del barro y comenzaron a correr hacia un futuro más brillante.

RECUPERACIÓN

Cuando debes enfrentar decisiones que involucran cambiar las cosas, tienes que reconocer que evitar, encerrarse, resistirse o demorarse se debe a veces solo al agotamiento mental o desgaste. A pesar de la tremenda resiliencia del cerebro y el cuerpo humano, a veces necesitamos darles un descanso para que puedan recuperar todas sus capacidades. Sin embargo, es más fácil decirlo que hacerlo cuando nos encontramos hasta las cejas en las arenas movedizas.

Uno de los ejemplos más costosos de no lograr recuperarse antes de sufrir una enorme pérdida ocurrió en noviembre de 2011, cuando António Horta-Osório, presidente del Lloyd's Banking Group, de Gran Bretaña, se vio obligado a tomarse un extenso descanso forzoso debido al estrés y la sobrecarga de trabajo. Horta-Osório se había unido al grupo al principio de ese año y convertido en presidente en marzo. Para el otoño, sufría de un insomnio tan agudo que permaneció despierto durante cinco días seguidos. Sin descanso y cada vez con más estrés y agotamiento mental, se vio obligado a buscar ayuda médica. Los resultados fueron dramáticos; las acciones de Lloyd's cayeron 4,4%, una enorme reducción de 1.500 millones de dólares en la capitalización del mercado. Horta-Osório terminó volviendo al banco a fines de diciembre, pero renunció a su bonificación anual y se vio obligado a alterar radicalmente sus hábitos tanto laborales como personales.

Un líder hábil aprende a reconocer las señales que indican un agotamiento mental:

- *Síntomas físicos.* Sentirse cansado la mayor parte del tiempo, pero tener dificultades para dormir; sufrir más enfermedades, como resfríos y ataques de gripe; experimentar pérdida o aumento del apetito y no comer bien; problemas gastrointestinales; más dolores de cabeza y musculares que lo habitual.
- *Síntomas emocionales.* Sensación de impotencia; depresión; ansiedad; irritabilidad; falta de confianza en uno mismo; reducción de la satisfacción en la vida; disminución del impulso sexual.
- *Síntomas conductuales.* Declinación de la capacidad para concentrarse y focalizar; capacidad para tomar decisiones disminuida; aislamiento social; automedicación con drogas o alcohol;

procrastinación inusual; disminución en la atención a la salud física, el bienestar y los pasatiempos.

Como Horta-Osório, a veces ignoramos estos síntomas hasta que nos golpea el agotamiento mental. En momentos como esos, necesitamos bajar el ritmo y brindarnos suficiente descanso y tiempo de recuperación. No temas, todo va a estar allí cuando regreses. Aléjate de todo, tanto física como mentalmente. Recurre a tu red de apoyo social y considera buscar ayuda profesional.

Una vez que regreses al trabajo fresco y deseoso de continuar, pon en práctica algunas medidas preventivas para no volver a caer. Como siempre, se aplica el consejo más simple: come bien, duerme lo suficiente, haz ejercicio, involúcrate en juegos y actividades sociales con los amigos, lee un libro o ve al cine o al teatro, pasa tiempo disfrutando de tus pasatiempos (o encuentra uno nuevo), medita o haz otra cosa que te permita liberar la tensión. Una de mis clientas lleva un diario en el que escribe todas las cosas buenas o malas del día. El mero hecho de llevarlas al papel lo pone todo en perspectiva y la calma. Percátate de cuándo decirle que no a esa invitación que agrega una gota más al vaso de tu cansancio. Y por último, aunque no menos importante, apaga el celular e ignora tu computadora, al menos una vez por día.

Como hemos mencionado, desarrollar hábitos requiere tiempo. Sin embargo, a nuestro cerebro le encanta formar hábitos nuevos, especialmente saludables y positivos, que impidan el agotamiento, nos ayuden a cambiar de dirección, y nos permitan hacer el corte que necesitamos para recuperar la energía y tomar decisiones con la cabeza fresca.

SÍNTESIS

Como todos los seres humanos del planeta, los líderes son solo humanos, aunque con muchas responsabilidades relacionadas con la gente, los procesos e importantes decisiones que pueden levantar o destruir a una compañía. Y nada levantará o destruirá a una compañía con más seguridad que la forma en que el líder maneja el cambio. ¿Quedarás atrapado en el barro y perecerás? ¿O le darás la bienvenida al cambio y prosperarás? Para prosperar tienes que ser más consciente de la psicología que está detrás de tu respuesta al cambio y la de tu gente. Esa conciencia te ayudará a tomar mejores decisiones con respecto al futuro.

7

¿Por qué los buenos equipos se convierten en malos?

COMO UNA EXPERIMENTADA DIRECTORA DE recursos humanos, Lily pensó que lo había visto todo. Se estaba preparando para investigar una queja de acoso sexual contra un vicepresidente de una gran empresa farmacéutica. Una cajera, Rosa, afirmaba que había recibido atenciones no deseadas por parte de Scott, un popular ejecutivo atractivo e influyente con un historial impecable de veinticinco años en la compañía.

Durante la reunión inicial con el jefe de Scott, Roger, y otros ejecutivos importantes, Lily se dio cuenta de que le estaban obstaculizando el camino. «Scott es un santo», insistía Roger. «*Nunca* haría algo así, especialmente a alguien como *ella*». Un testigo presencial, señalaba Lily, había confirmado la queja. «No intentes tomarme el pelo», se rió Roger. ¿Aceptarías la palabra de una casquivana que gana el mínimo, una empleada insatisfecha, en lugar de la de un hombre felizmente casado y que va a la iglesia como Scott?». Cuando Lily informó acerca de esta conversación, su propio jefe le sugirió que cerrara el caso.

Debido a que deseaba desesperadamente hacer lo correcto, volvió a ver a Rosa con la esperanza de que la joven mujer pudiera brindarle más pruebas que apoyaran su reclamo. Rosa, con gran reticencia, sacó una foto de su bolso y se la entregó a Lily. Era impresionante. En ella aparecía Scott completamente desnudo y excitado.

En una visita de regreso para reunirse con los ejecutivos, Lily, sin una palabra, dejó caer la fotografía sobre la mesa. La hostilidad se convirtió rápidamente en vergüenza. Un acuerdo negociado permitió que Scott renunciara, Rosa retirara la queja, y Lily guardara la foto ofensiva en un archivo confidencial.

¿Cómo es posible que individuos inteligentes, éticos y, en otros aspectos, buenos, como los miembros del equipo ejecutivo de la farmacéutica, tomen decisiones comerciales grupales éticamente cuestionables? ¿Por qué hacen algo en equipo que nunca soñarían hacer cuando están solos? Bueno, como probablemente puedes adivinar, forma parte de nuestra naturaleza, o como diría un neurocientífico: «Está en nuestro cerebro». La dinámica grupal ejerce una fuerza increíblemente poderosa sobre nuestra conducta individual, nuestro pensamiento y nuestras emociones.

Si piensas que la psicología individual puede ser un lío, espera a que ahondemos en el mundo increíblemente complicado y confuso de la psicología grupal. Para que nos ayuden a encontrarle sentido a todo esto, exploraremos seis factores que gobiernan la dinámica grupal y pueden introducirte en todo un universo de dolor si no los manejas eficazmente:

- La inevitabilidad de los grupos.
- La mentalidad de «nosotros» frente a «ellos».
- La conformidad grupal.
- La holgazanería social.
- El contagio emocional.
- Las personas inteligentes y las decisiones grupales tontas.

Muy pocos aspectos de la vida organizacional plantean mayores desafíos para un líder que la conducta de las personas en los grupos.

LA INEVITABILIDAD DE LOS GRUPOS

Los seres humanos siempre se han unido a grupos y equipos para sobrevivir y prosperar. Los grupos influencian casi todo lo que hacemos, desde las familias, los amigos y los colegas hasta las organizaciones religiosas, los clubes sociales, las redes, los equipos de trabajo y las asociaciones profesionales. La dinámica grupal afecta a conjuntos de personas que se juntan para cada actividad, desde una ceremonia de bodas hasta un funeral.

En un estudio interesante, Henri Tajfel y sus colaboradores les mostraron a los participantes diapositivas de pinturas de Klee y Kandinsky. Los investigadores les dijeron que su preferencia por un cuadro u otro determinaría a qué grupo se unirían, una táctica de diseño de investigación que apuntaba a crear una mentalidad de «nosotros» frente a «ellos». Después que cada participante manifestaba su preferencia, los investigadores escoltaban a esa persona a un cubículo y lo invitaban a distribuirles dinero virtual a los miembros de ambos grupos. Los participantes nunca se habían encontrado, no conocían a ningún individuo personalmente y solo podían ser identificados por un número que indicaba una preferencia por Klee o Kandinsky.

Los participantes favorecieron de forma sistemática a su grupo basados en la elección de una pintura u otra. ¿Cómo podían estos grupos *mínimos* inspirar una preferencia sistemática?

Según la *teoría de la identidad social*, un término acuñado por Henri Tajfel y John Turner en la década de 1970, la gente deriva su sentido del yo no solo de su identidad personal (características personales únicas), sino también de su asociación e identificación con uno o más grupos sociales (hombre, mujer, negro, blanco, trigueño, rubio, grupo de trabajo A, grupo de trabajo B, etc.). La identidad social nos permite identificarnos con los demás y actuar juntos alcanzando un consenso acerca de qué es importante, qué reglas regirán la conducta, y cómo definimos las metas compartidas y trabajamos para lograrlas. Ser miembro de un grupo les brinda a las personas un sentido de pertenencia, una necesidad humana básica y universal para saber quiénes somos y cómo nos adaptamos al mundo. No es de extrañar que gravitemos hacia todo tipo de grupos. Sin embargo, una vez que nos unimos a uno, comienza una dinámica verdaderamente fascinante.

NOSOTROS FRENTE A ELLOS

Desde mayo de 2006 hasta octubre de 2009, Apple emitió sesenta y seis comerciales de televisión con el lema «Consigue una Mac», protagonizados por un usuario de PC rechoncho y torpe y un usuario de Mac a la moda y genial. Nos hacían reír. Sin embargo, también ilustraban una importante dinámica grupal: la mentalidad de «nosotros» frente a «ellos». ¿Querían los televidentes unirse al grupo de los usuarios de PC, que en su momento fue dominante, pero ahora estaba muriendo, o al grupo de usuarios de Mac, antes marginales, pero ahora atractivos?

En un mundo de constantes opciones, nuestras selecciones, desde amigos y amantes hasta computadoras y automóviles, definen quiénes somos y nos separan de otros grupos. Una vez que te asocias con un grupo, comienzas a disfrutar de maravillosos beneficios, como la cooperación y la cohesión, pero también empiezas a caer víctima de algunos lastres perturbadores, como el prejuicio y la corrupción. «Nosotros» podemos lograr algo; «nosotros» somos buenos. «Ellos» son incompetentes; «ellos» son malos.

Nuestra mente, por lo natural, exagera las diferencias entre nuestro grupo y el de ellos. Esta distinción «nosotros» y «ellos» fomenta la cooperación intragrupal, la competencia intergrupal, una conducta tanto productiva como improductiva y un rango de ambientes de trabajo, que va desde los lugares de trabajo enriquecedores hasta los tóxicos. Tres procesos mentales entran en juego:

- *Categorización social.* La clasificación de las personas y las cualidades nos permite identificarnos y relacionarnos con ellas (negro/blanco, hombre/mujer, rubio/trigueño, mercadotecnia/producción). Estas categorías nos ayudan a encontrarle sentido a nuestro mundo, nos brindan información sobre las personas, y nos dan una forma de definir tanto a nosotros mismos como nuestro lugar en el mundo. La categorización también ayuda a definir una conducta apropiada dictada por las normas de nuestro grupo.
- *Identificación social.* La adopción de las creencias y las conductas del grupo nos separan de los otros. «Soy católico; creo en la Virgen María; voy a misa; respeto al papa». A través de la identificación social nuestra pertenencia al grupo se vuelve significativa emocionalmente, porque nuestra adopción de las normas

grupales se integra a nuestra sensación de identidad personal y autoestima.

- *Comparación social.* La conducta comparativa que exhiben todos los seres humanos nos permite mantener nuestra autoestima personal y la basada en el grupo, y vemos a este como mejor que otros (piensa en esto como una comparación hacia abajo a nivel grupal). A veces hacemos pequeñas distinciones y coexistimos cómodamente con otros grupos (los diversos departamentos en una empresa); a veces establecemos grandes distinciones y tratamos a otros grupos como rivales (los fanáticos de los Medias Rojas contra los de los Yankees).

Estudio tras estudio se ha demostrado que los seres humanos favorecen y se esfuerzan por aumentar el estatus de los grupos a los que pertenecen. Esto es conferirles superioridad a nuestro grupo e inferioridad a todos los demás. La brecha entre «nosotros» y «ellos» se ensancha.

Una de las demostraciones psicológicas más famosas de este fenómeno ocurrió en 1954, cuando el psicólogo social Muzafer Sherif y sus colaboradores llevaron a cabo el «Experimento de la cueva de los ladrones». Los investigadores llevaron a un grupo de jóvenes típicos a un campamento de verano en el Parque Estatal Cueva de los Ladrones, en Oklahoma, y los asignaron al azar a dos grupos separados a los que mantuvieron aislados uno de otro. Los grupos adoptaron nombres, las Serpientes y las Águilas. Después de un período inicial de vinculación, les contaron a cada uno de los grupos acerca del otro. Luego comenzaron los juegos. Cuando los dos grupos se involucraron en la competencia directa, comenzaron a portarse mal, recurrir a insultos, autosegregación y ataques, así como a cantar canciones derogatorias sobre el grupo rival. Para la fase final del estudio, los investigadores crearon una situación que requería que los dos grupos trabajaran juntos de manera cooperativa en un problema cuya solución permitiría que los dos equipos prosperaran. Sherif y sus colegas descubrieron que, con el tiempo, las tensiones entre los grupos declinaron cuando gradualmente vieron a la oposición de un modo más favorable.

La mayoría de los grupos, equipos y culturas organizacionales adoptan ciertos ritos de iniciación formal o informal. En la fraternidad «Alfa Beta», los hombres de clase alta pueden someterse a todo tipo de tareas humillantes y resolución de problemas grupales que forjan fuertes vínculos entre los reclutados. Estas pueden ir desde juegos inocuos hasta novatadas abusivas. Tales prácticas de iniciación pueden incluir también acoso u ostracismo, hacia aquellos del «otro» grupo y/o dirigidos a miembros del propio grupo que han cometido algún tipo de transgresión. En el mundo profesional, los médicos y abogados principiantes sacrifican el sueño y toda apariencia de vida personal para demostrar su dedicación a la profesión o el estudio jurídico. Los equipos de las fuerzas especiales de la marina lo hacen. Los niños y niñas exploradores lo hacen. Recuerda lo que aprendimos sobre el sesgo de los costos hundidos en el capítulo 6. Una vez que hemos invertido sangre, sudor y lágrimas para convertirnos en miembros del grupo, lo pensaremos dos veces antes de abandonarlo.

Esta mentalidad de «nosotros» frente a «ellos» puede estimular también una competencia sana en el lugar de trabajo. Sin embargo, surgen inevitablemente problemas cuando la competencia comienza a cruzar la línea de enriquecedora a tóxica, o la cohesión se vuelve tan fuerte que no puedes deshacerla. Si la rivalidad sana se convierte en acoso y abuso, o la gente se queda en el grupo porque teme a las represalias, el líder debe reducir la mentalidad de «nosotros» frente a «ellos». Esto podría implicar reacomodar ligeramente los grupos competitivos cambiando algunas personas de un equipo a otro o estableciendo una tarea que requiera la cooperación intergrupal, como hicieron Sherif y sus colaboradores con los muchachos en Cueva de los Ladrones.

LA CONFORMIDAD GRUPAL

Seguro recuerdas que tus padres te decían cuando hacías algo estúpido o peligroso con tus amigos: «¿Si tus amigos saltaran del puente de Brooklyn, tú también lo harías?». La conformidad tiende a regir la conducta grupal, se trate de una banda de adolescentes que fuma cigarrillos o un grupo de trabajo que se pierde una conferencia en Las Vegas para jugar en las máquinas tragamonedas. Todos sentimos el impulso a estar de acuerdo porque tememos las consecuencias del rechazo social.

Enron ofrece un ejemplo particularmente doloroso de conformidad que salió mal. Aunque varios factores llevaron a la declinación y la caída del gigante de la energía, incluidas la corrupción y la codicia, la cultura corporativa básica promovía la conformidad y penalizaba el disenso. Una herramienta que usó la gerencia de Enron para poner en práctica la conformidad fue el sistema de revisión del desempeño de la organización, llamado en broma el proceso de «clasifica y despide». Dos veces por año, un comité revisor del desempeño interno calificaba a los empleados en una escala de uno a cinco en diez criterios separados. Los resultados de un empleado determinaban si era agrupado con los de mejor rendimiento, que recibían grandes recompensas; entre los que tenían un desempeño intermedio, a quienes se les daban seis meses para que hicieran importantes mejoras; o con los de bajo rendimiento, que quedaban afuera. Peter Fusaro y Ross Miller lo resumieron en su libro *What Went Wrong at Enron* [Qué salió mal en Enron]: «Enron creó un ambiente en el que los empleados tenían miedo de expresar su opinión o cuestionar prácticas comerciales poco éticas y potencialmente ilegales. Puesto que el sistema clasifica y despide resultaba tan arbitrario como subjetivo, los gerentes lo usaban fácilmente para recompensar la lealtad ciega y aplastar el disenso creciente».

La conformidad puede hacer que la gente justifique la mala conducta. El psicólogo Solomon Asch llevó a cabo un famoso estudio acerca de la conformidad usando una tarea de juicio sobre la longitud de una línea. Les pidió a ciento veintitrés participantes que observaran las líneas trazadas en una página e identificaran cuál combinaba mejor con una línea base. La respuesta parecía perfectamente clara.

Asch colocó a cada participante en un grupo con otros sujetos experimentales, los que en realidad habían recibido instrucciones para elegir una combinación particular, aunque no coincidiera en absoluto. Uno a uno, los integrantes de cada grupo dieron sus respuestas predeterminadas antes de que el participante no adiestrado manifestara una opción. Asombrosamente,

- cincuenta por ciento de los participantes dio la misma respuesta equivocada que los otros en más de la mitad de las pruebas;
- veinticinco por ciento de los participantes se negó a ser influido por el juicio falso de la mayoría;
- cinco por ciento de los participantes siempre se conformó a la opinión incorrecta de la mayoría;
- la tasa de conformidad promedio en todas las pruebas fue treinta y tres por ciento.

Cuando Asch les pidió a los participantes que explicaran su conducta, descubrió que la mayor parte se sintió ansiosa y cohibida durante la prueba. Tenían miedo de ganarse la desaprobación de la mayoría. A pesar de haber establecido inicialmente la respuesta correcta, muchos llegaron a cuestionar su propio juicio cuando otros expresaban opiniones falsas. Algunos simplemente no querían sobresalir de la multitud. Un pequeño número hasta se negó a aceptar la verdad después que se enteraron del engaño.

Con los años, la investigación ha mostrado que diversos factores influyen en la conformidad de los grupos, entre ellos (figura 7-1):

FIGURA 7-1 Factores que influyen en la conformidad grupal

Tamaño del grupo	La máxima conformidad ocurre en grupos de 3 a 5 personas. Más no hace diferencia; menos puede reducir la tendencia a estar de acuerdo.
Grupos de adentro/ afuera	Las personas coinciden con el grupo de «adentro», en especial si encuentran que los otros son atractivos y se sienten vinculados emocionalmente con ellos. La gente parecida se atrae. Los que son diferentes estimulan el desagrado y la inconformidad.
Disenso	Si alguien percibido como competente está en desacuerdo o no puede decidirse, la tendencia a conformar declina.

Estado de ánimo	Los estados de ánimos positivos promueven la conformidad y el acuerdo.
Calidad de la tarea	Será más probable que las tareas importantes o aquellas por las que las personas sienten ambigüedad promuevan la conformidad.
Miedo	Las crises que causan miedo y que provocan emociones de alivio al pasar, fomentan la conformidad.
Personalidad	Se rinden más fácilmente a la influencia de la conformidad las personas con una mayor necesidad de la aprobación social y de la estructura y/o con una baja autoestima.
Cultura	Las culturas individualistas (típicamente las occidentales) producen menos conformidad que las colectivistas (a menudo las asiáticas). Sin embargo, ambos tipos de cultura unirán a los miembros del grupo contra los de afuera.
Normas sociales/grupales	Las normas y los códigos grupales de conducta influyen fuertemente en la conformidad.
Autoridad/liderazgo	Algunos líderes crean condiciones que favorecen la conformidad o la obediencia.
Género	Hombres y mujeres se ajustan de manera similar; sin embargo, es más probable que las mujeres demuestren conformidad en situaciones públicas, de presión grupal. Es más probable que los grupos del mismo sexo coincidan más que los grupos mixtos.

La conformidad social puede producir efectos tanto buenos como malos en situaciones de negocios. Si bien los grupos cohesivos pueden lograr resultados asombrosos, la conformidad grupal extrema puede ahogar la creatividad, la innovación, el pensamiento crítico, la toma de decisiones y la resolución de problemas. A gran escala, la conformidad social puede alimentar una cultura productiva y solidaria, pero llevada a un extremo, puede hacer que la gente ignore los errores, el equivalente a saltar del puente de Brooklyn con tus amigos.

Para evitar la posibilidad de que los buenos equipos se vuelvan malos, los líderes deben tener cuidado cuando forman los grupos. Pueden establecer una «regla de alternativas» que aliente a la gente a aportar más de una opción viable cuando tome una decisión o se embarque en una tarea. Aun más, el líder puede asegurarse de que la gente sepa que puede y debe desafiar las conductas de conformidad que tal vez lleven a violaciones de la ética o la ley, o a malas decisiones comerciales. La autoconciencia también puede brindar un poderoso remedio. Aprender lo básico de la dinámica grupal ayudará a las personas a comprender los buenos y los malos efectos de la conformidad y a afrontarlos. Los líderes que ven que un buen equipo se vuelve malo deben intervenir de inmediato. Con bastante frecuencia, el líder no puede ver lo que está sucediendo, porque también se ha conformado al grupo. En ese caso, un asesor confiable o uno imparcial pueden brindar un consejo objetivo sobre cómo volver a poner al equipo en la senda correcta.

LA HOLGAZANERÍA SOCIAL

En *Rebelión en la granja*, la clásica novela de George Orwell de 1946, un grupo de animales establecían una igualdad común y protectora entre todos. Hermosa idea. Sin embargo, esto es lo que en realidad sucedió: la mayoría terminó trabajando a más no poder para beneficio de algunos animales perezosos, ante lo que el cerdo jefe exclamó: «Todos los cerdos son iguales; pero unos son más iguales que otros». Los psicólogos se refieren a este fenómeno como *holgazanería social*, y una de mis clientes, Elaine, la conoce demasiado bien.

Elaine trabajaba como uno de los seis directores de recursos humanos para un gran banco de inversión. Además de manejar sus propias áreas geográficas, los directores se reunían ocasionalmente para trabajar en ciertos proyectos como equipo. Uno de ellos, Tony, estaba en la empresa desde hacía treinta años y había invertido mucho tiempo y energía en ganarse el respeto del liderazgo superior. Sin embargo, según lo veía Elaine, Tony solo se preocupaba de los que estaban por encima de él, les prestaba poca atención a sus compañeros, y se ocupaba poco del bienestar del departamento de recursos humanos como equipo. Enojada, Elaine se decía: «¡Él no ha hecho nada en el programa de recompensas y reconocimientos que hemos estado desarrollando durante ocho meses!».

Tony solo asistía a las reuniones cuando se aparecían los altos ejecutivos, se hacía cargo del encuentro y aceptaba el crédito por el trabajo de sus compañeros de equipo. Eso enfurecía a Elaine, porque Tony no hacía casi nada en cuanto a los componentes del programa del que era responsable, lo que obligaba a que los otros miembros del equipo se ocuparan de la tarea. Sentían que no tenían otra opción que hacer su trabajo, ya que estaban orgullosos del proyecto y deseaban que tuviera éxito.

Elaine y los otros directores se quejaron de la conducta de Tony ante su jefe, Frank. Sin embargo, este no podía entender la verdadera dinámica, porque en las reuniones veía al Tony «bueno». Tony nunca tomó en serio los comentarios que sus compañeros de equipo hacían sobre los aprovechadores buenos para nada. A pesar de su actitud, el proyecto terminó maravillosamente y el equipo ganó premios por su excelente trabajo. No obstante, Elaine confesó: «Irritó a todos los del equipo ver el nombre de Tony en la placa. Le quitó parte del brillo».

Las personas que trabajaban para Tony tomaban su conducta como un marco de referencia: entra y sale cuando quieras, deja que los otros hagan el verdadero trabajo, congráciate con el jefe para brillar ante los ojos de los que están por encima de ti. Esto también desmoralizaba a aquellos que trabajaban para directores difíciles. Con el tiempo, todo el departamento de recursos humanos se ganó el menosprecio de los otros departamentos de la compañía.

Entonces Frank fue reemplazado. La nueva vicepresidenta, Lydia, vio claro a través de la ilusión óptica. Cuando la recesión obligó a la empresa a reestructurarse, Tony fue el primero en recibir el telegrama de despido.

Los psicólogos han sabido de la holgazanería social ya desde 1913, cuando Max Ringelmann, un profesor francés de ingeniería agraria, intentó medir la eficiencia de la máquina frente a los métodos manuales en las granjas. Mientras Ringelmann medía la fuerza de tensión de los hombres que halaban unas cuerdas, separadamente o en grupos de diversos tamaños, hizo una observación muy interesante. En apariencia, todos los hombres halaban de la misma forma. Sin embargo, he aquí lo que ocurría realmente: mientras más hombres halaban de la cuerda, menos lo hacía cada uno individualmente. El trabajo de cada uno era casi la mitad de arduo en un grupo con respecto a cuando lo hacían solos.

Estudios científicos recientes han mostrado el mismo efecto. En 1979, Bibb Latané, Kipling Williams y Stephen Harkins les pidieron a los participantes que gritaran y aplaudieran tan fuerte como pudieran, primero de forma individual, luego en un grupo. Si uno escuchaba causalmente el ruido colectivo, parecía como si cada individuo contribuyera del mismo modo. No obstante, he aquí es lo que estaba ocurriendo en realidad: cada individuo gritaba y aplaudía menos fuerte en grupo. Los investigadores acuñaron el término *holgazanería social* para describir el esfuerzo reducido que los individuos ponen en una tarea cuando están trabajando en grupo. Latane y sus colegas llegaron a considerar que se trataba de un tipo de enfermedad social, con «consecuencias negativas para los individuos, las instituciones sociales y las sociedades». El sentido común sugiere que un equipo logrará más que un individuo. Por supuesto, seis personas recogerán más bayas que un solo recolector; un grupo de cazadores matará más rápido al tigre dientes de sable que uno solo. ¡Sin embargo, quizás no!

En 1993, Steven Karau y Kipling Williams revisaron setenta y ocho estudios de holgazanería social para identificar las causas de origen. Su revisión creó el *modelo de esfuerzo colectivo*. El punto sobresaliente fue la forma en que vemos la conexión entre nuestro esfuerzo individual y los resultados esperados. Si crees que todo tu trabajo arduo tendrá un resultado valioso (una bonificación, reconocimiento u orgullo) para ti y el grupo, harás todo lo que puedas para alcanzar tu meta. Si, por otra parte, piensas que tu trabajo solo aportará un sexto de un resultado deseado, pasará inadvertido o contribuirá a una meta grupal aparentemente sin sentido, no trabajarás tan arduamente y quizás estés en camino de convertirte en un holgazán social. Karau y Williams descubrieron algunos temas comunes en toda la investigación.

1. La holgazanería social recorre los géneros, la cultura y la tarea; sin embargo, parece menos probable que las mujeres y los habitantes de Asia holgazaneen.

2. Los holgazanes sociales pueden darse cuenta de que están holgazaneando o no.

3. Los holgazanes sociales no holgazanean tanto con los amigos cercanos y compañeros de equipo que valoran.

4. Es más probable que los holgazanes sociales holgazaneen cuando:

   - Piensan que su trabajo se perderá en el colectivo.
   - Ven una tarea como sin sentido para ellos y el grupo.
   - No pueden comparar el trabajo de su grupo con el de otros.
   - No entienden las expectativas en cuanto a los resultados.
   - Se unen a un grupo compuesto por extraños.
   - Esperan que sus compañeros se desempeñen bien.
   - Repiten el trabajo de otros miembros del grupo.

Cualquiera puede caer en un poco de holgazanería social cada cierto tiempo, pero cuando esta obstaculiza seriamente la productividad de un equipo, el líder debe tomar las medidas para remediar la situación. A fin de curar la infección (o de prevenirla en primer lugar), recomiendo usar el siguiente método (figura 7-2):

FIGURA 7-2 Modelo para detener la holgazanería social

Forma equipos pequeños	La holgazanería social se desalienta cuando se trabaja en grupos más pequeños.
Vincula las tareas con la visión	La holgazanería social se desalienta cuando la tarea se considera fundamental para el bienestar de la organización.
Observa la necesidad de compromiso	La holgazanería social se desalienta con objetivos específicos, medibles, que promuevan el compromiso.
Provee la evaluación de los compañeros	La holgazanería social se desalienta teniendo en cuenta las sugerencias de los compañeros.
Enumera y haz cumplir las reglas básicas	La holgazanería social se desalienta teniendo reglas de rendición de cuentas con respecto a los resultados y a cómo el líder y los miembros del grupo afrontan la holgazanería.
Ten la mente abierta en cuanto a la dinámica grupal	La holgazanería social se desalienta con un equipo educado que comprende la dinámica grupal y convence a los miembros de abandonar las conductas de holgazanería.

Trata de que actúen «todos para uno y uno para todos»	La holgazanería social se desalienta cuando hay un sentido de responsabilidad personal por la conducta del otro.
Fomenta los lazos grupales	La holgazanería social se desalienta con fuertes vínculos interpersonales, confianza grupal y respeto mutuo.
Celebra el éxito	La holgazanería social se desalienta cuando las recompensas refuerzan las contribuciones individuales y grupales.

Sin importar qué medidas tomes para impedir la holgazanería social, aún tendrás que considerar la forma en que los individuos influyen en el modo en que se comportan los otros.

EL CONTAGIO EMOCIONAL

En el año 2004, el jugador de fútbol americano Terrell Owens («T. O.») firmó para las Águilas de Filadelfia. En ese momento los fanáticos informados consideraban que Owens eran uno de los mejores receptores en la disciplina. Antes de su llegada, a las Águilas les había ido bien, pero no tan bien como para llegar al Super Bowl. Sin embargo, en 2004, con la ayuda de Owens, el equipo ganó trece de los dieciséis partidos, el mejor récord en la Liga Nacional de Fútbol, y finalmente llegó al gran juego. Owens, a pesar de una pierna con una lesión grave que lo tuvo alejado los últimos cuatro partidos de la temporada, se apuró a pesar de las órdenes del médico para formar parte del equipo en el Super Bowl. Aunque las

Águilas perdieron, tuvieron un desempeño extraordinario y Filadelfia enloqueció.

En la postemporada, después del Super Bowl, Owens pidió que lo recompensaran por su desempeño con un contrato ampliado, aunque sabía que la política de las Águilas prohibía estas negociaciones. Después que la administración rechazara el pedido de Owens, el equipo que había tenido cohesión hasta el momento comenzó a desmoronarse. A comienzos del entrenamiento de pretemporada en 2005, el descontento y amargado Owens se convirtió en una fuerza destructiva y una distracción tales en los vestidores que la gerencia lo mandó a su casa. No podían tolerar sus constantes críticas a Donovan McNabb, el mariscal de campo del equipo. La conducta de Owens generó división dentro del equipo; algunos jugadores se pusieron de su lado y otros, del lado de McNabb. El rencor individual de Owens erosionó la cohesión del equipo, desenfocó al grupo de la meta de llegar a otro Super Bowl y comenzó a dañar el rendimiento en el campo de juego. A mitad de la temporada, las Águilas decidieron reducir sus pérdidas y enviar a empacar al tóxico Owens, lamentablemente, demasiado tarde para que el equipo volviera a reencaminarse. En solo un año, las Águilas pasaron de ostentar el récord de victorias más exitoso en la Liga Nacional de Fútbol a tener uno de los peores: 0 de 6 en la Conferencia Este de la Liga en la temporada 2005.

Las emociones pueden extenderse como el fuego sin control en el lugar de trabajo. Una personalidad enojada, crítica y desagradable puede derribar a todo un equipo. Del mismo modo, un miembro alegre, servicial y encantador puede levantar a todo el grupo. Los psicólogos le llaman a esto *contagio emocional*.

Décadas de investigación han mostrado que las emociones influyen fuertemente en nuestra memoria, nuestros sentimientos, nuestra percepción de los hechos, nuestros procesos intelectuales y, en última instancia, nuestra conducta. En el lugar de trabajo, el estado de ánimo de las personas impacta tremendamente en la toma de decisiones, la resolución de problemas, la atención/el enfoque, las interacciones interpersonales, el desempeño, la productividad y toda la cultura organizacional.

Sigal Barsade, actual profesora de administración en la Escuela Wharton, realizó un trabajo pionero en 2002 sobre los efectos positivos y negativos de la danza emocional que tiene lugar en todo grupo. Para el estudio, asignó a noventa y cuatro estudiantes universitarios de la escuela de negocios a veintinueve grupos diferentes, que variaban en tamaño de dos a cuatro participantes e incluían un infiltrado (también conocido como un cómplice), un actor del departamento de teatro. Cada grupo decidía cómo asignar el dinero de un fondo de bonificaciones. Sin que el resto del grupo lo supiera, el infiltrado tenía instrucciones de Barsade de actuar mostrando diferentes estados de ánimo y niveles de energía, por ejemplo, entusiasmo alegre, calidez serena, irritabilidad hostil y lentitud depresiva.

Barsade descubrió que los participantes actuaban de manera diferente según la actuación del infiltrado. La alegría del actor hacía que el grupo fuera más alegre; el enojo del mismo hacía que el grupo se enojara más. Las emociones positivas creaban más cooperación; las negativas aumentaban el conflicto y disminuían la toma de decisiones cooperativas.

Barsade observó: «Las personas son inductoras ambulantes de estados de ánimo, influenciando continuamente el estado de ánimo y luego los juicios y las conductas de los otros». El efecto ocurre en todo tipo de organización, en cada industria, y en los grupos de trabajo grandes y pequeños.

El contagio emocional involucra procesos psicológicos y fisiológicos, algunos sutiles y otros que no lo son tanto. Comienza con nuestra tendencia humana, originada en la infancia, a imitar las conductas no verbales, las expresiones faciales, el lenguaje corporal, los patrones del habla y los tonos vocales de otros. Mamá te sonríe, tú le devuelves la sonrisa. Papá frunce el ceño y tú no puedes evitar hacer lo mismo. Esta mímica automática desencadena un ciclo de respuestas fisiológicas en el que las reacciones musculares y glandulares a partir de la mímica generan una emoción. Mamá sonríe, te sientes feliz. Papá frunce el ceño, te sientes triste.

Eso explica el contagio cara a cara. Sin embargo, ¿qué ocurre con los equipos cuyos miembros trabajan en diferentes lugares, que se telefonean, se mandan correos electrónicos, mensajes instantáneos o de texto? Un fascinante estudio que en el año 2011 realizaron Arik Chesin, Anat Rafaeli y Nathan Bos examinó el efecto de los mensajes de texto sobre las emociones. No es de extrañar que los investigadores hallaran que tanto la alegría como el enojo pueden extenderse fácilmente a través de los mensajes. El emoticón triste de Josephine hace que Bob y Sarah compartan su infelicidad. Todos los días las personas redactan un correo electrónico apurado o escriben una rápida respuesta a un mensaje instantáneo, presionando la tecla de «enviar» antes de contemplar cómo ciertas palabras, tonos y énfasis pueden afectar al destinatario. Nota la diferencia entre «Por favor, tráeme el contrato de Doolittle» y «¡POR FAVOR, TRÁEME EL CONTRATO DE DOOLITTLE!». Hasta una coma perdida puede enviar el mensaje equivocado. «Terminó, lamentablemente» significa algo totalmente diferente a «Terminó lamentablemente». La mayoría de nosotros también ha respondido a algún mensaje que en realidad queríamos reenviar. Un agente literario, respondiendo al rechazo de un editor, le envió un correo que decía: «¡Qué idiota!», cuando en realidad quería reenviarle el correo del editor al autor. Deseó haberlo pensado dos veces antes de actuar. Si no te percatas de que presionas la letra equivocada en el teclado o no observas tu infortunado autocorrector en el teléfono, puedes estar en problemas: «Te pido que me reconfortes para avanzar». En realidad, querías decir: «Te pido que me reconfirmes para avanzar».

Los investigadores han estado buscando los procesos subyacentes responsables del contagio emocional remoto, pero algunos hallazgos preliminares apoyan la idea de que, en ausencia de las señales no verbales convencionales, atendemos a todo otro tipo de indicios (¡el énfasis transmitido por las **negritas**, *cursivas* y MAYÚSCULAS, los rostros sonrientes y los signos de puntuación!). Estas indicaciones pueden encender el contagio emocional casi de un modo tan seguro como la emoción humana cara a cara. Esta es la razón por la que les llamamos a las caritas felices «emoticones».

La contribución de un líder al contagio emocional influye mucho en los resultados de un equipo. En 2005, los investigadores Thomas Sy, Stéphane Côté y Richard Saavedra examinaron los efectos en un grupo del estado de ánimo del líder. Dividieron a ciento ochenta y nueve estudiantes universitarios voluntarios en sesenta y tres grupos de tres, haciendo que los «líderes» elegidos por cada grupo vieran un vídeo humorístico de David Letterman (para evocar un estado de ánimo positivo) o uno que mostraba injusticia social y agresión (para evocar un estado de ánimo negativo) antes de que interactuaran con sus respectivos equipos para trabajar en una tarea asignada. Las mediciones de los estados de ánimo de cada uno de los miembros del grupo antes y después de la tarea demostraron que el estado de ánimo del líder influyó en el del grupo. Los equipos con buen humor trabajaron juntos sin roces y se desempeñaron mejor en una tarea asignada que los que tenían mal humor.

Más allá de su impacto en la dinámica grupal, el contagio emocional puede imponerles serias consecuencias a la cultura de toda una organización, lo que puede afectar —y lo hará— a consumidores, clientes y otras personas que tienen contacto con la organización. Zappos, un minorista conocido por su servicio al cliente de calidad superior, ha creado en conjunto con sus empleados e inculcado en toda la organización diez valores centrales, conocidos como los diez mandamientos, que tienen un tono inspirador, positivo y entusiasta. La gente en Zappos no los dice de la boca para afuera, sino los vive y respira cada minuto todos los días. Los líderes de la empresa los enfatizan tanto cuando contratan, entrenan, ascienden y recompensan a su personal que los valores llegan a gobernar la conducta cotidiana de todos. Son contagiosos. Afectan los encuentros cara a cara, los correos electrónicos, las llamadas telefónicas y los mensajes instantáneos.

Para mantener el contagio emocional en una senda positiva, se requiere un esfuerzo consciente. En tu organización, usa estos consejos para inculcar y mantener el estado de ánimo correcto:

- *Fíjate en ti mismo*. Como en casi todo lo que hace un líder, mantener una autoconciencia precisa de tu estado de ánimo y tus conductas no verbales contribuye mucho a aprovechar el contagio emocional. No pienses que puedes ocultar exitosamente tus emociones y estados de ánimo. Invariablemente se deslizan en nuestro tono, expresiones faciales, posturas y cosas similares. A veces, debes alejarte y mejorar tu estado de ánimo antes de que tenga consecuencias en aquellos que te rodean. Cuando no puedas hacer un descanso, solo admite que te levantaste con el pie izquierdo y dile a la gente que te ignore hasta que vuelvas a tener la cabeza en su lugar.

- *Aplica la empatía.* Los mejores equipos siguen la regla básica de que los miembros pueden señalar el mal humor de un compañero sin temor a represalias, siempre que lo hagan de un modo útil y empático. Esto, por supuesto, se hace probablemente mejor en privado, pues puede ser vergonzoso que alguien sea llamado al orden o corregido en un ambiente grupal. Así como podemos tener problemas para reconocer nuestros estados de ánimo y su impacto sobre los otros, lo mismo ocurre con la gente con la que trabajamos estrechamente. Pregúntales qué puedes hacer para ayudarlos. Escucha su historia. No obstante, hagas lo que hagas, no juzgues ni critiques. Esto ayuda a que un miembro del equipo reconozca y ajuste su estado de ánimo, y establece las bases para un equipo colectivamente empático y solícito.

- *Usa el humor.* No todas las situaciones permiten una buena risa, pero nada disipa el descontento con más rapidez que algo gracioso que aligere el ánimo de manera instantánea. A veces, solo una sonrisa y una palmada en la espalda pueden lograrlo. Mary Helen Immordino-Yang, neurocientífica cognitiva y psicóloga educativa, sugiere que si te sientes triste, sostengas una lapicera o un lápiz horizontalmente en la boca para estimular una sonrisa. Sí, parece tonto, pero funciona, porque hacer eso estimula los músculos de la sonrisa. ¿Recuerdas cuando mamá te sonreía? Una simple expresión puede alterar un estado de ánimo.

- *Emplea la comunicación electrónica positiva.* Todos los correos electrónicos, mensajes instantáneos y de texto que envías pueden irritar o complacer al destinatario. Nunca olvides las pequeñas cortesías y comentarios agradables, como «por favor» y «gracias». ¿Una carita sonriente o un emoticón tonto te hacen sonreír? Ellos ponen un poco de emoción positiva en el mensaje y eso solo podría levantarle el ánimo a alguien que necesita una buena sonrisa. Si los emoticones no son lo tuyo, prueba terminar con un «Que tengas un buen día» o «Disfruta el fin de semana». Estas frases crean una experiencia positiva y empática para el lector.

- *Monitorea la cultura del equipo.* Como solía decir mi madre: «Eres una joven inteligente, pero si sabes que debes hacer algunos cambios y no los haces, entonces tenemos que repensar la parte de inteligente». Como líder de un grupo, debes obtener la información que necesitas para efectuar cambios en el estado de ánimo del equipo. Ignorar el contagio emocional solo empeorará las cosas. En algunos casos, quizás tengas que sacar una manzana podrida del cajón porque decides repensar «la parte de la inteligencia» y reemplazar esa manzana mala por una en buen estado. Esto también puede aplicarse a ti como líder. Algunas personas no son jugadores de equipo y deben hallar un ambiente de trabajo que se adecue mejor a ellos, tal vez abandonando la orquesta para comenzar una carrera como solista.

LAS PERSONAS INTELIGENTES Y LAS DECISIONES GRUPALES TONTAS

En Gran Bretaña no dicen: «Voy a pasar la aspiradora», sino: «Voy a pasar la Hoover». Esto demuestra cuán establecida está la marca de aspiradoras Hoover en su cultura. Sin embargo, cuando la competencia comienza a comerse su participación en el mercado, en especial durante una recesión económica, hasta los productos más estables pueden encontrarse en problemas.

Para combatir varios trimestres de caída en las ventas en el Reino Unido a principios de la década de 1990, Hoover desplegó una nueva y gran promoción para sus clientes ingleses e irlandeses: compra cualquier aspiradora Hoover que cueste más de 100 libras y obtendrás dos pasajes aéreos, ida y vuelta, a una importante ciudad europea o estadounidense.

La promoción funcionó de maravillas. Las ventas se dispararon. Las casas de aparatos electrónicos comenzaron a quedarse sin máquinas. Las fábricas de Hoover respondieron con todo a través de horarios de producción durante los siete días de la semana. Finalmente, entre 200.000 y 300.000 clientes habían calificado para los pasajes aéreos.

Fue entonces cuando algún genio en Hoover hizo las cuentas. Por el precio de una aspiradora, Hoover había prometido dos pasajes aéreos que costaban mucho más que la nueva aspiradora más cara de la línea, en especial los pasajes a Estados Unidos. Hoover no había hechos los números, pero sus clientes sí.

Como la compañía no cumplió con su promesa, los clientes de Hoover se enfurecieron. El apoyo telefónico de la empresa, engañoso y confuso, alimentó aun más la indignación pública. Pronto se vieron envueltos la prensa y los tribunales. Cuando finalmente se asentó la polvareda, Hoover sufrió una pérdida de 48 millones de libras, despidió a los tres miembros principales de la división europea y cerró todas las fábricas inglesas. Los en un tiempo felices clientes de Hoover siguen hablando de «pasar la Hoover» para decir que aspiran su alfombra, pero cada vez más lo hacen con una Dyson o una Vax.

Las personas inteligentes pueden tomar, y lo hacen, decisiones grupales tontas, como la ideada por la alta dirección de Hoover. ¿Por qué sucede esto? Los psicólogos lo atribuyen a algunas causas básicas: *confianza grupal excesiva, polarización grupal*, el *sesgo de información común* y, en algunos casos, simplemente el *pensamiento de grupo*.

CONFIANZA EXCESIVA

Los individuos, en general, tienden a tener una confianza excesiva en su conocimiento, capacidades, habilidades y predicciones. Por ejemplo, ochenta y un por ciento de los individuos se clasifica dentro del treinta por ciento de los conductores seguros. Encantados con nuestras capacidades, podemos desacreditar alguna buena información o evidencias que nos ayudarían a alcanzar una mejor decisión o vernos bajo una luz más realista. La investigación confirma esto también en las filas corporativas al mostrar que los directores ejecutivos sobrevaloran y sobreestiman constantemente su capacidad para generar ganancias, lo que suele tener como resultado malas decisiones de fusiones y adquisiciones. Los negociadores y los inversores sobreestiman notablemente sus habilidades proféticas, lo que suele terminar en desastre.

No hay nada de malo con un alto grado de confianza. Nos ayuda a hacer el trabajo y hacerlo bien. No obstante, cuando cruzamos la línea al exceso de confianza, las cosas comienzan a girar sin control. Esto ocurre más a menudo cuando poseemos una tremenda cantidad de información sobre una tarea o cuestión, cuando estamos sumergidos hasta el cuello en la tarea y, sorprendentemente, cuando la tarea plantea un enorme desafío. La confianza excesiva surge de nuestra tendencia natural a ignorar los cientos de formas en que puede desplegarse una situación o problema (*sesgo de disponibilidad*), nuestra propensión a buscar y considerar solo la información que apoya nuestras creencias o decisiones (*sesgo de confirmación*) y nuestra inclinación a aferrarnos y sobrevalorar un valor o idea (*sesgo de anclaje*). Finalmente, como a menudo aprendemos *a posteriori*, con frecuencia suponemos que podemos predecir el futuro, cuando en realidad no podemos ver lo que está del otro lado de la esquina (*sesgo retrospectivo*).

Si esos sesgos corren desbocados en las mentes de los individuos, imagina lo que hacen en los grupos. Los individuos excesivamente confiados, cuando están en grupos, tienden a serlo más. Nuestros sesgos pueden hacernos tomar una mala decisión, pero en un grupo que comparte tales sesgos, podemos crear un festival a partir de una mala decisión. Más que nunca, ignoramos los consejos externos. Un ejemplo catastrófico ocurrió en la NASA en 1986, cuando un equipo de brillantes científicos e ingenieros ignoró el consejo externo sobre el peligro del lanzamiento del *Challenger*, que terminó en una explosión presenciada en vivo en millones de televisores de todo el mundo. La investigación ha mostrado que la confianza excesiva, tanto individual como grupal, empeora en situaciones donde no hay respuestas correctas o incorrectas verificables, exactamente en esa área gris donde tienen lugar casi todos los negocios. Mientras más grande es el grupo, más probable es que desarrolle una confianza excesiva.

La composición de un grupo también influye en su grado de confianza. En un estudio de 2002, Stefen Schulz-Hardt, Marc Jochims y Dieter Frey les pidieron a los participantes que evaluaran la validez de una hipótesis sobre la conveniencia financiera de una nueva oportunidad corporativa. Los investigadores hallaron que los grupos que compartían las mismas percepciones iniciales de las alternativas se sentían más confiados que aquellos que sostenían una variedad de perspectivas. Lo que resulta interesante es que los investigadores encontraron un alto nivel de sesgo de confirmación en los grupos homogéneos, lo que los llevaba a preferir la información que apoyaba sus preconceptos. ¡Voilà! ¡Cuando los otros están de acuerdo con nosotros, no hay nada que no podamos hacer!

Un compromiso creciente con una idea, como el sesgo del costo hundido que tratamos en el capítulo 6, también aumenta la confianza grupal excesiva. La tendencia a persistir en un curso de acción, a pesar de la evidencia en su contra, puede provocar un mal desempeño del grupo. Los vínculos sociales entre los miembros pueden aumentar el compromiso, en especial en grupos muy cohesivos donde los fuertes lazos estimulan el deseo de obtener la aprobación social a través de la conformidad. Ser siempre leales puede generar resultados espectaculares, pero llevado a un extremo («Equivocado o no, te seguiré hasta el infierno»), puede producir exactamente lo opuesto.

INFORMACIÓN COMPARTIDA

Las personas en grupos/equipos de trabajo tienden a enfatizar en exceso, discutiéndola *ad nauseam*, la información sostenida por la mayoría a expensas de la expresada por la minoría. Esto se conoce como *sesgo de información compartida* o *efecto de información compartida*, y los problemas surgen cuando el «dictamen de la minoría» hubiera llevado a mejores resultados. Sin embargo, la investigación ha demostrado que hasta cuando el grupo acepta el dictamen de la minoría, suele terminar descartándolo, porque no apoya el conocimiento grupal compartido. Paradójicamente, las organizaciones reúnen equipos para que generen ideas innovadoras, y terminan encontrándolos preocupados con las viejas ideas ya gastadas. Esto aflige en particular a los grupos que operan dentro de un período reducido, porque considerar nuevas opciones exige más tiempo que aferrarse a las viejas.

Daniel Gigone y Reid Hastie introdujeron el efecto del conocimiento compartido en su estudio de 1993, que involucró a ciento veinte estudiantes de la Universidad de Colorado. Los investigadores asignaron a los estudiantes al azar a tres grupos de miembros y le dieron a cada individuo del equipo la instrucción de leer breves descripciones de varios estudiantes específicos y hacer juicios individuales y luego grupales consensuados sobre las calificaciones de esos estudiantes en el curso. Una parte de la información que poseían los miembros individuales del grupo era compartida por todos y otra parte no. Sin embargo, todos recibieron alguna combinación de los promedios de la escuela secundaria de los estudiantes, los resultados de un test estandarizado (el Scholastic Achievement Test o el American College Test), el porcentaje de conferencias y lecturas a las que asistieron para el curso (información aportada por los propios estudiantes), la autocalificación de disfrute de la clase, la autocalificación de la ansiedad académica, y/o la autocalificación de la carga de trabajo en otros cursos.

Ellos hallaron que la información compartida por todos los miembros del grupo antes de que se iniciara la discusión influenció con más fuerza el juicio acerca de la calificación del estudiante en el curso que la información que tenía solo uno de los miembros del grupo. En otras palabras, los grupos le brindan más consideración a la información compartida que a la no compartida.

Este efecto del conocimiento compartido no es un problema cuando un grupo posee cien por ciento de información precisa. Sin embargo, ¿cuándo es que esto sucede? El mundo de los negocios suele operar en las áreas grises entre el blanco y el negro. Varias razones explican nuestra preferencia por la información compartida. Primero, accedemos fácilmente a ella. Es el camino de menor resistencia. Los miembros del grupo prefieren intercambiar información en común porque reciben reacciones más favorables.

Los sesgos individuales también entran a jugar cuando los miembros del grupo entablan una conversación con preferencias alineadas con la información compartida. «Ha funcionado para nosotros en el pasado; funcionará en el futuro». La información, ideas y hechos nuevos sugieren la necesidad de un cambio y, como vimos en el capítulo 6, la gente se resiste al cambio. Quedarse en la zona de confort del conocimiento compartido puede mantener a raya al cambio y a la incomodidad que causa.

POLARIZACIÓN

Quizás pienses que las opiniones moderadas terminarán matizando las posiciones extremas, pero esto rara vez sucede. En los grupos, la gente «polariza» sus posturas hacia las posiciones más extremas. Cientos de estudios han demostrado que, después de una discusión grupal, las personas que apoyaban una guerra antes lo hacen aun más, y las que apoyaban una posición política sostienen esa misma visión con más fuerza. La discusión grupal fortalece en lugar de matizar las fuertes inclinaciones de un grupo.

Para examinar el impacto de los grupos en la toma de decisiones, Thomas Walker y Eleanor Main realizaron un estudio en 1973 que analizó las decisiones de los jueces de tribunales federales solos o en grupos de tres. Hallaron que, cuando los jueces estaban solos, determinaban un curso de acción extremo treinta por ciento de las veces. Cuando juzgaban en grupos de tres, el curso extremo se determinaba en sesenta y cuatro por ciento de los casos. El estudio muestra que unirse a un grupo con las mismas inclinaciones hace que los tomadores de decisiones estén más dispuestos a aceptar, racionalizar y adoptar posturas extremas.

Los psicólogos han postulado tres teorías principales para explicar por qué las personas que participan en una toma de decisiones grupal polarizan y fortalecen sus preferencias iniciales y por qué los que tienen una preferencia distinta al comienzo a menudo terminan cambiando de opinión y aceptando la postura de la mayoría:

1. *Persuasión*. Las personas cambian de opinión cuando le prestan atención a lo que consideran argumentos racionales que ofrecen los otros miembros del grupo.
2. *Comparación*. Las personas cambian de opinión para conformarse al grupo, en especial cuando aceptan esas normas como socialmente deseables.
3. *Diferenciación*. Las personas cambian de opinión para acomodarse a una decisión que consideran que el grupo debería hacer.

No todos los grupos se polarizan. Mientras mejor establecido está un grupo, más cómodos se sienten los miembros entre sí, más confían en los otros, y más conocen el tema que tienen entre manos, menos se polarizan. En realidad, en grupos bien establecidos como estos, en especial cuando hay presiones de tiempo, es más probable que la gente llegue a un acuerdo a mitad de camino en la toma de decisiones. Los grupos nuevos que asumen nuevas tareas tienen muchas más probabilidades de polarizarse para contrarrestar la inseguridad causada por cualquier cosa nueva.

PENSAMIENTO GRUPAL

Por último, aunque no menos importante, llegamos al pensamiento grupal, quizás el más conocido efecto negativo que se da cuando la gente se congrega en grupos. Irving Janis investigó por primera vez este tema en 1972, el cual se refiere a una forma de pensar que puede ocurrir cuando la presión por estar de acuerdo lleva a los integrantes del grupo a una apreciación sesgada de las opciones y, en última instancia, a decisiones malas y hasta desastrosas. Janis propuso que ciertas características de los grupos tienden a alentar el pensamiento grupal, entre ellas, la fuerte cohesión, los altos niveles de estrés, un líder fuerte y autoritario, un gran aislamiento de las opiniones externas valiosas, la incomunicación con otros grupos, la falta de normas para evaluar la información, y la poca autoestima y confianza en los miembros.

Puedes reconocer el pensamiento grupal por sus síntomas típicos: mentalidad cerrada, conformidad uniforme, autocensura, sobrestimación o categorización en estereotipos de los de afuera, y una sensación de invulnerabilidad y superioridad moral. Cuando los miembros se sienten impulsados a estar de acuerdo con el líder y los demás, no expresan con franqueza sus reservas y ofrecen pocas críticas. Esta autocensura refuerza la creencia ficticia de que todos apoyan con entusiasmo lo que el grupo piensa, dice y hace.

El pensamiento grupal socava la viabilidad a largo plazo del equipo mientras se acumulan las malas decisiones. En última instancia, el equipo puede volverse ineficaz porque ha negado demasiada información útil y no ha logrado elaborar planes de contingencia. Algunos ejemplos bien conocidos que Manis menciona incluyen el fracaso de Estados Unidos para anticipar el ataque a Pearl Harbor y la escalada de la Guerra de Vietnam, donde las posiciones en contra de la guerra fueron supuestamente prohibidas en las salas donde se tomaban las decisiones. Este también ocupó los titulares de los diarios cuando ayudó a demoler a Enron y Lehman Brothers.

Irónicamente, el pensamiento grupal en sí mismo bien puede ser un ejemplo de pensamiento grupal. El término ha migrado al habla cotidiana y se ha convertido en un concepto aceptado sin discusión. Sin embargo, la comunidad científica ha comenzado a dudar de su validez debido a la falta de evidencia empírica que lo apoye. Aunque gran parte de las dinámicas grupales, como el sesgo de confirmación y la presión hacia la conformidad, que Manis describe, están correlacionadas con malos procesos de toma de decisiones grupales, estas dinámicas o tendencias grupales suelen ocurrir (y ocurren juntas) cuando los grupos no están involucrados en el pensamiento grupal. Además, algunas de las condiciones que supuestamente dan origen al pensamiento grupal, como la cohesión, no necesariamente llevan a una mala toma de decisiones grupales. No obstante, los síntomas usados para describir el pensamiento grupal existen, sin importar qué etiqueta les pongamos.

CÓMO CONTRARRESTAR LAS TRAMPAS

Establecer y manejar grupos buenos requiere pensar cuidadosamente sobre la composición del equipo, su tamaño, sus objetivos y protocolos. Para contrarrestar algunos de los problemas comunes que pueden hacer que un buen equipo se vuelva malo:

Establece la diversidad grupal. Aunque el líder puede sentirse tentado a reunir en un grupo cinco personas que piensen de un modo similar, la uniformidad puede ahogar la creatividad y alimentar resultados mediocres. Considera seleccionar a un grupo diverso de personas que representen, en la medida de lo posible, diferentes géneros, edades, orígenes étnicos, habilidades funcionales y experiencias. Déjale en claro a tu equipo por qué hiciste eso. «Verán algunas caras poco conocidas por aquí, porque quiero asegurarme de obtener una amplia gama de aportes cuando tratemos de inventar un nuevo envase para la pasta dentífrica».

Define las expectativas. Si los líderes expresan con claridad los resultados que esperan de un grupo, ya sea en una reunión *ad hoc* o un trabajo en equipo en desarrollo, pueden mantener más fácilmente los esfuerzos de todos en los carriles hacia la meta deseada. Eso también ayuda a asegurar la rendición de cuentas por los resultados. Después de todo, no es fácil hacer a las personas responsables de los resultados si nunca les dijiste exactamente qué esperabas. «Crearemos especificaciones en cuanto a un nuevo tubo de pasta dentífrica para la hora de cierre del viernes».

Enfatiza la conciencia colectiva. Si los miembros del equipo entienden los sesgos grupales comunes, detectarán y corregirán sus sesgos más fácilmente. «Miren, todos preferimos apretar el tubo de la pasta dentífrica en lugar de enrollarlo. Tengamos eso presente cuando alguien sugiera un nuevo tipo de tubo que requiera enrollado».

Brinda el entrenamiento adecuado. Aunque los líderes suelen contratar personas que serán buenos jugadores de equipo, no necesariamente las entrenan para que trabajen bien en grupo. A menos que todos los miembros hayan participado activamente en equipos deportivos toda la vida, algunos individuos pueden encontrarse en territorio desconocido. Sí, todos gravitarán naturalmente hacia los grupos, pero la conducta grupal efectiva exige ciertas habilidades, como desempeñar un papel específico a pesar de que podrías desempeñar otros también. Aborda el entrenamiento para el trabajo en equipo con el mismo cuidado que pones en la capacitación técnica o en el lugar de trabajo. Desarrollar un conjunto de habilidades para el trabajo en equipo entre tu gente no solo aumenta su conciencia de sí mismos y la social, también les brinda las herramientas que necesitan para operar con éxito en un grupo.

La capacitación en cuanto a las habilidades grupales puede provenir de un consultor externo o tu departamento de desarrollo organizacional. Haz que tu equipo piense en la naturaleza de la dinámica grupal y las fortalezas y debilidades colectivas discutiendo activamente preguntas como las siguientes:

1. ¿Cuáles son las fortalezas de nuestro equipo?
2. ¿Cuáles son las debilidades de nuestro equipo?
3. ¿Cuáles son los obstáculos que parece que enfrentamos cuando se trata de lo siguiente?

   - comunicación
   - toma de decisiones/resolución de problemas
   - manejar proyectos, tiempos y entregas

4. ¿Qué condiciones debemos desarrollar?
5. ¿Qué condiciones nos hacen sufrir?

Estas conversaciones elevan la conciencia de todos con respecto a qué se necesita para funcionar productivamente en un grupo. «Repasemos nuestra última innovación importante, cuando inventamos la llave similar a la de la lata de atún para enrollar el tubo de la pasta dentífrica».

Enfatiza la libertad de pensamiento. El líder puede preparar al equipo para una reunión importante instándolo a hacer su tarea de forma individual y aportar al encuentro información e ideas libres de la influencia del equipo. Enfatiza que ningún dato y ninguna alternativa posible son demasiado tontos o insignificantes para presentarlos en la reunión. «Antes de reunirnos para nuestra primera sesión grupal el miércoles, quiero que investiguen y piensen profundamente en la historia del tubo para la pasta dentífrica. Anoten los datos y las ideas que surjan en su cabeza mientras llevan a cabo esta tarea».

Insiste en compartir la información. El líder debe insistir en que la información se comparta. Cuando las personas pueden acceder libremente a toda la información durante una discusión, se sienten menos inclinadas a dejar afuera material que podría llevar a una mejor decisión o solución. Recomienda que todos hagan una lista con toda la información que poseen en relación con el tema. «¿Quién quiere hablar de la invención del tubo de pasta dentífrica? Examinemos cada pequeño detalle que nuestros competidores han agregado a través de los años».

Promueve la innovación. Un buen líder estimula a las personas a escalar la cerca mental que puede impedir que un grupo conciba, discuta con franqueza y adopte nuevas ideas y soluciones. Enseñarle a un grupo a pensar de un modo crítico y creativo, en lugar de simplemente alcanzar un consenso, ayuda a que el equipo comparta más información, a que sus miembros se desafíen sin rencor y sin juicios, y a que se obtengan mejores resultados. «Todos conocemos las dos formas clásicas de sacar la pasta dentífrica del tubo, sin embargo, ¿podemos soñar con una forma que no implique apretar o enrollar el tubo? Y ya que estamos en esto, ¿por qué la pasta dentífrica tiene que venir en un tubo? Llevaré a almorzar al primero que se aparezca con la idea más extravagante».

SÍNTESIS

Desde los primeros primates que bajaron de los árboles, pasando por nuestros ancestros que habitaban en cuevas, hasta el *homo sapiens* de los tiempos modernos, y desde las pequeñas bodegas familiares hasta los conglomerados multinacionales de rápido crecimiento, la gente siempre se ha sentido y siempre se sentirá impulsada a formar grupos y unirse a ellos. Todo grupo, desde un equipo de tenis de dobles mixtos hasta una fuerza de ventas de 250 personas, queda bajo la influencia de las dinámicas grupales. Comprender esas dinámicas ayuda a que los líderes creen y manejen equipos de un modo más efectivo e impide que caigan presa de conductas grupales negativas que pueden hacer que un buen equipo se convierta en malo.

¿Qué hace que una estrella se apague?

UN NUEVO CLIENTE ME PIDIÓ recientemente asesoramiento sobre un problema que amenazaba su carrera. Casi diez meses antes, Dan había entrado en una empresa de desarrollo de software como ingeniero de productos. Su nuevo trabajo, ayudar a un equipo a desarrollar un producto innovador llamado Widget, lo motivó por completo. Veía posibilidades profesionales ilimitadas en el futuro por delante, y el nuevo salario y la estructura de bonificaciones superaban ampliamente lo que había ganado en su último empleo. Estaría trabajando desde su casa, algo que lo puso un poco nervioso hasta que su nuevo jefe le prometió que haría ir a todos sus teletrabajadores a la oficina central todos los trimestres para que se conectaran con sus compañeros de equipo.

Dan empezó con mucha energía y todo iba viento en popa al principio. Widget estaba saliendo bien, pensó. Trabajando sin problemas a través de diferentes departamentos, construyó muchas relaciones sólidas dentro de la empresa. Fue más allá de su descripción de tareas, haciendo avanzar al equipo de ventas y cultivando buenas relaciones con clientes potenciales. Entonces, ¿por qué estaba sentado en mi oficina con la mirada de un hombre que acaba de saltar de un avión sin paracaídas? Para parafrasear la clásica línea de la película *La leyenda del indomable*: «Lo que tenemos aquí es una falta de compromiso».

Sentado en mi oficina con la cabeza gacha y los hombros encorvados, Dan me dijo que no podía esperar para irse de la empresa y empezar en un trabajo «en el que la gente no sea una banda de mentirosos que te apuñalan por la espalda». Poco a poco, reveló las razones por las que había pasado de entusiasmado, comprometido y laborioso a deprimido, frustrado y en busca de un nuevo empleo.

Como pronto veremos, Dan había sido víctima de un clásico problema organizacional: no lograr comprometer a la gente. La Organización Gallup pasó treinta años entrevistando a cerca de diecisiete millones de empleados para llegar a una conclusión innegable, publicada en el *Journal of Applied Psychology*: La falta de compromiso de los empleados puede dañar la productividad, el desempeño, el esfuerzo discrecional, la seguridad en el lugar de trabajo, la lealtad, la motivación y, en última instancia, los resultados. Como muchos clichés actuales en el mundo de los negocios, todos sabemos acerca del compromiso. Sin embargo, ¿qué pensamos exactamente que significa?

COMPROMISO ELUSIVO

Muchos líderes no pueden definirlo, pero lo reconocen cuando lo ven. Importantes investigadores y firmas consultoras, como Gallup y Blessing White, han estudiado el concepto usando grandes bases de datos de empleados y empleadores en todas las industrias imaginables por todo el mundo. Cada uno ha basado sus mediciones en distintas definiciones y factores, aunque han estado buscando hilos comunes. La Conference Board escribió una definición simple y clara del compromiso: «Una conexión emocional intensificada que un empleado siente por su organización, que lo influencia para ejercer un esfuerzo discrecional mayor en su trabajo». En términos psicológicos, el compromiso es un estado mental impulsado por factores conductuales, cognitivos y emocionales.

Numerosos aspectos tangibles e intangibles de cómo interactúan las personas dentro de una organización influyen en el compromiso, incluidos los siguientes, pero sin limitarse a ellos:

* *Trabajo.* Los componentes que determinan cómo funciona una empresa, su estructura, su reputación, su cultura, su práctica de responsabilidad social y global, las tareas que realizan su gente, la naturaleza del trabajo y los recursos disponibles.

- *Procesos.* Las políticas y procedimientos que rigen las operaciones de la empresa, incluidas las revisiones de desempeño, la supervisión de la información y la comunicación, y las prácticas de administración de los recursos humanos y generales.

- *Personas.* La cualidad y la efectividad de los líderes, los gerentes, los empleados y los clientes de una compañía y la fuerza de sus inter e intrarrelaciones.

- *Beneficios.* Las recompensas tangibles e intangibles que la gente recibe, que incluyen salario, bonificaciones, seguro médico, reconocimientos, recompensas, estabilidad o seguridad laboral y sentido de comunidad de parte de la compañía.

- *Oportunidades.* Los métodos usados para lograr progresos y oportunidades, entre ellos, programas de desarrollo profesional, iniciativas de capacitación y aprendizaje, exposición a diferentes niveles y funciones, así como estándares de promoción.

- *Inversión.* La inversión financiera y emocional que hace una empresa en su personal a través del respeto por la integración trabajo/vida, el ambiente físico de trabajo, la alineación entre el trabajo que hace la gente y las metas más amplias de la organización.

Estos diversos factores no influyen en el compromiso de cada individuo de la misma manera. Un nuevo empleado puede anhelar progresar, mientras que un gerente experimentado puede apreciar la seguridad laboral y los beneficios de la empresa. Sin embargo, en la mayoría de los casos, el compromiso surge de la tela entretejida con todos estos hilos.

Más allá de por qué y cómo se genera el compromiso, la investigación y las encuestas han demostrado constantemente que se aplica a todo tipo de ambiente laboral e influye de manera preponderante en los resultados comerciales. Rodd Wagner y James Harter, como parte de su trabajo para la Organización Gallup, descubrieron claras conexiones entre empleados que se sentían plenamente comprometidos con su trabajo, así como tasas más altas de retención, tasas más bajas de rotación, reducción del ausentismo, mayor productividad, aumento de la rentabilidad, menos accidentes en el lugar de trabajo y una satisfacción y lealtad del cliente más intensa.

La investigación de Gallup también muestra que:

- Las organizaciones que cotizan en la Bolsa con personas muy comprometidas informan 3,9 veces más crecimiento de las ganancias por cada acción que aquellas en la misma industria con empleados menos comprometidos.
- Las organizaciones con los puntajes de compromiso más elevados disfrutan de ochenta y tres por ciento de posibilidades de alcanzar niveles de desempeño comercial por encima del promedio. Las que tienen niveles más bajos de compromiso no podían esperar más que diecisiete por ciento de posibilidades.

Aunque los investigadores del compromiso emplean diferentes metodologías, están de acuerdo en que este concepto elusivo desempeña un papel vital en una contribución individual a los resultados comerciales deseados. No puedes lograrlo superficialmente solo sacando a tu equipo a cenar cada cierto tiempo o esperando que unos trozos de pizza mágicamente los inspiren a la grandeza. Debes edificar el compromiso en el tejido mismo de la organización. Debes trabajar en él tan diligentemente como trabajas para mejorar los resultados. Esto no es fácil, porque casi todos los días nos encontramos hasta el cuello con todas las crisis cotidianas, grandes y pequeñas, que nos vuelven demasiado ocupados para ganar, demasiado orgullosos para ver y demasiado temerosos para perder (véase el capítulo 1). Atareados con los asuntos de la ocupación, perdemos de vista lo que realmente es importante para nuestra gente y de forma involuntaria hacemos que las mismas personas de las que depende el éxito de nuestra organización se desconecten.

¿Recuerdas a Dan y su paso del compromiso a la desconexión en solo nueve meses. Su estrella se apagó por dos motivos esenciales:

1. Su empleador lo motivo, pero fracasó en comprometerlo. Motivar y comprometer no es la misma cosa.
2. Su empleador violó un contrato psicológico, un entendimiento tácito entre ellos. Romper un contrato envenena el compromiso.

MOTIVACIÓN MAL ENTENDIDA

La motivación nos hace hacer lo que hacemos. Comenzando en la infancia, nuestro diseño biológico nos hace reaccionar en ciertas formas a todos los tipos e intensidades de motivación a lo largo de nuestra vida. No obstante, ¿cómo difiere la motivación del compromiso? Este encapsula el «qué» de la motivación. ¿*Qué* nos hace hacer lo que hacemos? Incluye también el «cómo» y el «por qué» detrás de lo que hacemos. Incorpora nuestros impulsos motivacionales, nuestras conexiones sociales y nuestro sentido de significado personal.

¿Qué anduvo mal en la empresa de Dan? Su equipo de trabajo incluía otras nueve personas: el director del producto (Michael); una gerente de proyecto (Laura); otros dos ingenieros del producto (Nick y Taylor); dos programadores (Gary y Derrick); la directora de ventas (Deborah) y sus gerentes de ventas (Rick y Christine). Dan, Taylor, Derrick y Laura comenzaron a trabajar para la compañía aproximadamente al mismo tiempo, cuando Widget estaba pasando de las pruebas beta al mercado. Poco después de que Dan comenzó su trabajo, le presentó a Deborah a alguien que conocía de los que tomaban las decisiones en un gran grupo bancario de Nueva York, porque tenía confianza en que ella podía cerrar el trato. Si el equipo podía hacer esta venta, cambiaría el juego para la empresa, ya que en el pasado había vendido la mayoría de sus productos a instituciones financieras más pequeñas. El liderazgo estaba tan entusiasmado por esta venta potencial que le prometió una gran bonificación a cada miembro del equipo si se cerraba el trato.

Durante seis meses el equipo cortejó febrilmente a los que tomaban las decisiones en el grupo bancario y por fin lograron la venta. Sin embargo, cuando el equipo destapó el corcho de champagne y abrió los sobres que contenían las bonificaciones, las sonrisas se convirtieron en un ceño fruncido. El equipo de liderazgo se adelantó a cualquier pregunta acerca de las bonificaciones insignificantes con el argumento de que la compañía tenía que seguir invirtiendo en nuevos productos y que el equipo a la larga recibiría la recompensa prometida. El equipo no estaba contento. Ya habían escuchado antes esta canción.

En un breve mes, las quejas del nuevo cliente comenzaron a caer. Widget no estaba haciendo lo que el equipo de ventas había prometido. Dan, Derrick, Taylor y Laura comenzaron a trabajar contra reloj para arreglar los desperfectos, que resultaron ser más grandes y complicados de lo que nadie imaginó. Resultó que Deborah, Michael, el director del proyecto, y los otros veteranos del equipo sabían de los defectos, pero se los ocultaron al equipo de liderazgo. Esperaban que los chicos nuevos arreglaran las fallas técnicas antes de que Widget llegara al mercado.

Finalmente, el equipo arregló a Widget, no solo liberándolo de defectos, sino también agregándole algunos nuevos componentes que lo hicieron más útil en aplicaciones grandes. Deborah y Michael aceptaron todo el crédito por el logro y recibieron las felicitaciones. Dan y sus colegas fueron reprendidos por el tiempo que pasaron arreglando algo que nunca debería haber estado mal en primer lugar. Entonces fue cuando la estrella de Dan colapsó.

En términos simples, los líderes hicieron una promesa que no consiguieron mantener. No lograron el compromiso. En 2011, el gigante internacional Blessing White emitió un informe sobre el compromiso mundial de los empleados que reflejaba la información reunida durante entrevistas con los departamentos de recursos humanos y líderes de primera línea, así como también a partir de las respuestas a encuestas en línea a 10.914 individuos de Norteamérica, India, Europa, el sudeste asiático, Australia/Nueva Zelanda y China. El estudio descubrió que los empleados comprometidos se quedan con su empleador debido a lo que ellos *dan*: la alegría de su trabajo y la satisfacción de hacer una contribución. Los empleados motivados, pero no plenamente comprometidos, se quedan con su empleador por lo que *obtienen*: un buen salario, bonificaciones, progreso profesional, un empleo seguro y/o condiciones de trabajo agradables.

Con los años, han surgido varias teorías para explicar la motivación. En este capítulo, exploraremos la que usa la idea de factores extrínsecos (externos) e intrínsecos (internos) para explicar las fuerzas que nos motivan.

- *Motivación extrínseca.* El viejo enfoque de la zanahoria y la vara alienta a algunos a llevar a cabo una tarea para obtener reconocimiento y recompensas, o para evitar castigos u otras consecuencias negativas. Los motivadores externos, como medios para un fin, incluyen ganar o perder compensaciones, aumentos, bonificaciones, reconocimientos, premios, elogios o ascensos. «Estoy trabajando mucho porque quiero la bonificación para comprar un coche nuevo» o «Estoy trabajando mucho porque mi jefe me amenazó con degradarme de posición». La empresa de Dan usaba motivadores externos como prometer una gran bonificación y reconocimientos a fin de impulsar al equipo a cerrar la gran venta.

  Los motivadores externos prometen una satisfacción que la tarea en sí misma quizás no brinde. Escribir un manual para el usuario de Widget puede ser tan estimulante como mirar cómo se seca la pintura, pero la bonificación prometida, o la zanahoria, hace que Dan siga trabajando arduamente.

- *Motivación intrínseca.* El núcleo central del compromiso profundo, la motivación intrínseca, impulsa a la gente a realizar una tarea porque «es lo correcto». También disfrutan haciéndolo porque concede satisfacción, fortalecimiento y entusiasmo. Si bien la gente aprecia las recompensas externas, estas no suelen ser el motivo principal de su compromiso.

  Escribir el manual del usuario de Widget es algo que Dan consideraba divertido y gratificante. Dan, Taylor, Derrick y Laura también se sintieron intrínsecamente motivados para arreglar Widget. Habían invertido mucho tiempo y energía a fin de obtener el contrato. Se enorgullecían y asumían la responsabilidad de su implementación exitosa. Arreglar sus problemas les brindó ese mismo sentido de orgullo y profesionalismo.

La motivación intrínseca y extrínseca afecta a cada uno de nosotros de una forma personal exclusiva. Las personas motivadas extrínsecamente se mueven para obtener la zanahoria o evitar la vara. Las motivadas intrínsecamente, que se sienten comprometidas de un modo profundo, consideran las complejidades y posibilidades de realizar una tarea, reúnen y procesan la información metódicamente, y la integran a su trabajo. ¿Cuál es la mejor forma de lograr resultados estelares? No se trata de algo difícil. La motivación intrínseca enciende a las personas desde lo profundo de su corazón y su alma. Las compromete.

Sin embargo, una cosa puede sorprenderte. En algunos casos, trabajar por la recompensa extrínseca (la zanahoria) puede reducir la motivación intrínseca (el corazón y el alma). Las recompensas extrínsecas por el desempeño, en especial en el caso de tareas que exigen un pensamiento creativo y original, pueden generar un conflicto entre la alegría de hacer un buen trabajo y hacerlo por la compensación. Cuando Edward Deci estudió esta teoría en 1971, halló una tendencia hacia una disminución de la motivación intrínseca cuando los estudiantes recibían dinero como recompensa externa por completar una tarea. Las sugerencias y los consejos positivos, el refuerzo y el apoyo, por otra parte, aumentaron la motivación intrínseca.

Teresa Amabile, una importante investigadora de la creatividad, puso a prueba esta noción en el lugar de trabajo. Ella sostiene que prometer solo recompensas extrínsecas, aumentos o bonificaciones, disuade a los individuos de aplicar creatividad a una tarea. Esto ocurre cuando las personas perciben que cada movimiento que hagan afectará —mejorará o dañará— su subsistencia financiera. No estamos hablando de una compensación justa por el trabajo, sino más bien de una preocupación por la compensación que hace que la gente sea cauta. Esta cautela inhibe el pensamiento expansivo. Amabile halló que los líderes que recompensan a los empleados con bonificaciones o recompensas por cumplir con las expectativas o excederlas deberían también respetar el poder de la motivación intrínseca. Los líderes que enfatizan, apoyan y recompensan la creatividad, fomentando lugares de trabajo que brindan una oportunidad de aprender y crecer, generan soluciones inspiradas. Los líderes que no logran cultivar la motivación intrínseca (el corazón y el alma) generan soluciones poco inspiradas.

En su libro *Carrots and Sticks Don't Work* [Las zanahorias y las varas no funcionan], el autor Paul Marciano enfatiza la importancia de la relación entre la motivación y el compromiso. Los altos niveles de compromiso amortiguan los efectos de un ambiente laboral malo, y eso puede influir en la motivación de la gente para lidiar con fechas de entrega exigentes, recursos limitados o hasta jefes desagradables. Cuando las cosas se ponen difíciles y las recompensas se vuelven escasas, los fuertes de corazón intrínsecamente motivados siguen cosechando resultados y brillan de verdad. Los «comedores de zanahorias» motivados extrínsecamente terminan quedándose atrás cuando disminuyen las recompensas y no logran obtener resultados extraordinarios.

Existe una interacción biológica y psicológica entre la motivación y el compromiso. Un alto grado de compromiso y motivación intrínseca contribuyen mucho a las razones por las que la gente trabaja arduamente. Cada lado de la ecuación influye progresivamente en el otro para crear y enriquecer el ambiente de trabajo. En una cultura positiva de compromiso, las personas recorren de manera natural la distancia extra por el equipo, los clientes y la empresa. Es por esto que tienes que controlar las decisiones organizacionales, los ambientes, las actitudes y las conductas que interfieren con el compromiso. La interferencia puede provocar una violación al contrato psicológico.

EL CONTRATO PSICOLÓGICO

Después que el equipo de Dan resolvió la emergencia del producto, él se encontró cada vez más desilusionado. Lo que consideró como una gestión manipuladora e interesada había conducido a la mitad del equipo a otros proyectos durante el período más importante del ciclo de vida del producto. Los líderes del proyecto le ocultaron información al grupo, luego aceptaron el crédito por los resultados que el equipo produjo. Para agregar sal a la herida, hubo una increíble disminución de la bonificación. Todo esto había destruido los sueños de Dan de construir un superproducto.

Widget no estaba haciendo lo que la empresa prometió que haría. Aunque Dan y su equipo arreglaron los problemas y crearon algunas características adicionales satisfactorias, sabía que el nuevo producto no satisfaría las expectativas a largo plazo. Este último fracaso puso en jaque su integridad personal.

Toda empresa y todo jefe establecen un *contrato psicológico* con sus empleados. Denise Rousseau, profesora en la Universidad Carnegie Mellon, define el contrato psicológico como las creencias de un individuo sobre las obligaciones mutuas que existen entre el empleado y el empleador. Es una senda de doble vía: «Puedes esperar esto de mí. A cambio, tú me darás esto». Tales obligaciones implican promesas tanto explícitas como implícitas que se hacen las partes. En décadas pasadas, las obligaciones incluían recompensas como una pensión (término que rara vez aparece en algún lugar, excepto en Wikipedia) y una seguridad laboral casi garantizada. Las obligaciones explícitas del empleador (tangibles) incluían el salario, los sistemas de recompensas, los beneficios y los recursos para hacer el trabajo. Por su parte, un empleado acepta llegar a horario y trabajar para cumplir con las expectativas del empleador. Los compromisos implícitos del empleador (intangibles) incluyen respeto, imparcialidad, un trabajo con sentido y otras condiciones laborales que no se pueden cuantificar fácilmente y superan en número a las explícitas.

Un contrato psicológico, ya sea entre tú y tu mejor amigo o entre tú y tu inmediato superior, gira en torno a dos conceptos conductuales: la *teoría del intercambio social* y la *norma de reciprocidad*. La teoría del intercambio social afirma que la conducta social es el resultado de un intercambio en el que ponderamos una relación en términos de un análisis de costo-beneficio. Naturalmente, tratamos de maximizar los beneficios mientras minimizamos los costos, o solo tratamos de mantener la balanza equilibrada. Si la balanza comienza a inclinarse en contra de nosotros, empezamos a sufrir consecuencias que repercuten en nuestra conducta, emociones y actitudes. «Me prometiste un ascenso si tenía éxito con este proyecto. Lo logré, pero me pasaste por alto. Ahora estoy furioso». La norma de reciprocidad define lo que harás por alguien si el otro hace algo por ti. «Si me dejas liderar este proyecto, superaré tus expectativas de ingresos».

El contrato psicológico incorpora tangibles e intangibles de ambas partes, como lo muestra la figura 8-1. Aunque en este gráfico aparecen agrupados en casillas bien definidas, los elementos evolucionan en el tiempo y a menudo cruzan los límites entre lo tangible y lo intangible.

Estas obligaciones surgen de documentos escritos, promesas verbales, interacciones con equipos de contratación, reclutadores y otros empleados, experiencias de trabajo en la cultura organizacional y hasta las experiencias laborales pasadas de una persona. En esencia, este contrato agrega elementos no dichos y no escritos al contrato formal empleado/empleador. Aunque es un contrato dinámico que se modifica en el tiempo, las experiencias iniciales forjan muchas de las expectativas asociadas con él. A su vez, el contrato influye en la conducta, las actitudes y las expectativas de ambas partes, y les da forma.

Para complicar las cosas, no hay dos personas que comprendan los elementos del contrato exactamente del mismo modo. Como hemos aprendido a lo largo de este libro, un conjunto de sesgos psicológicos puede distorsionar nuestras percepciones. Estas distorsiones, junto con todos los problemas de comunicación habituales entre las personas, pueden causar estragos en el contrato psicológico. Los elementos tangibles, como el cargo, el salario y los beneficios, suelen atraer a las personas a una organización. Los intangibles, como una cultura corporativa corrosiva, la falta de valoración, un liderazgo miope o una reputación organizacional manchada, a menudo las alejan.

Como en las relaciones románticas, ambas partes del contrato suelen gozar de una luna de miel. Rousseau describe a los nuevos empleados que se sienten optimistas con respecto a la relación, expresando sus altas expectativas iniciales en cuanto al empleo. Cuando se establece la realidad, las expectativas cambian. Pueden bajar algunos puntos porcentuales y no dañar seriamente la relación, o pueden iniciar una caída libre y enviar la relación a un abismo de desilusión. Esto es lo que les sucedió a Dan y su equipo. Cuando estos intangibles disminuyen o desaparecen, los individuos pueden sentirse forzados a dar una respuesta de lucha/huida. La huida puede significar que se van con amargura. La lucha puede significar que recurren a la representación externa para hacer valer sus derechos, por ejemplo a los acuerdos de negociación colectiva.

FIGURA 8-1 Contrato psicológico: tangibles e intangibles

Tangibles del empleador Salario y beneficios Ambiente seguro Reconocimientos y recompensas Capacitación y desarrollo Recursos para hacer el trabajo Iniciativas de bienestar Flexibilidad	**Tangibles del empleado** Aportes laborales Tiempo y horarios Desempeño y resultados Productividad Contribución Creatividad e innovación Conductas de ciudadanía organizacional Liderazgo personal e iniciativa
Intangibles del empleador Cultura laboral positiva Respeto Relaciones empáticas Oportunidad y crecimiento Integración entre el trabajo y la vida Integridad organizacional Imparcialidad Ciudadanía corporativa y responsabilidad social	**Intangibles del empleado** Compromiso y lealtad Sacrificio Esfuerzo Riesgo Integridad Inversión personal y dedicación Impulso y motivación

Contrato psicológico

PROMESAS ROTAS

A medida que crecía su desencanto, Dan comenzó a lamentar haber dejado su antiguo empleo por esta nueva pesadilla. Siendo normalmente una persona positiva y fuerte, se sintió atacado por la espalda, disgustado por el engaño, las mentiras y la terrible ética de una empresa que vendía a sabiendas un producto que no podía entregar. Dan se sentía también dividido entre dos jefes. Formalmente debía responder ante Michael, pero Deborah intervenía todo el tiempo. Dan se sentía atrapado en una puja de poder entre dos ejecutivos que no se preocupaban demasiado el uno por el otro. Cuando le expliqué la naturaleza del contrato psicológico durante nuestra sesión de consejería, prácticamente saltó de la silla. «¡Sí! ¡Exactamente! Comenzaron a violarlo desde el primer día».

Pocas fallas de liderazgo causan tanto daño al compromiso de un empleado y a la cultura de una organización como las violaciones al contrato psicológico. Estas surgen por una variedad de razones, entre ellas:

- Violaciones a la confianza.
- Acciones que revelan faltan de honestidad e integridad.
- Conductas que violan la ética o la ley.
- Promesas que se rompen.
- Tareas que interfieren con el tiempo personal.
- Descripciones de tareas y expectativas mal definidas.
- Ambientes que son difíciles y deprimentes.
- Líderes que alteran drásticamente el trato.

Dan se hallaba experimentando el peor escenario en cuanto a las posibles violaciones del contrato. Su conducta y actitud en la compañía estaban cambiando. A medida que se acumulaban las faltas, pasó de ser un individuo entusiasmado, motivado y productivo a uno desvinculado y desinteresado. Su cambio de conducta y actitud no es de extrañar. Un estudio de 2007 que realizara Hao Zhao y sus colaboradores sobre más de cien estudios de investigación anteriores descubrió que las violaciones del contrato psicológico tenían como resultado una serie de modificaciones en la mente de los empleados. Estos experimentaron una abrupta caída en:

- La satisfacción laboral.
- El desempeño.

- La lealtad y la confianza.
- El interés por trabajar más allá de la descripción de tareas.
- La cooperación y el compartir con los compañeros.

Sin embargo, al menos una actitud aumentaba: el interés por buscar mejores oportunidades en otra parte. Archiva todas estas actitudes en la «R» de «Retirada». La retirada puede abarcar desde una rebelión sin palabras hasta la violencia directa. Otro estudio, que llevó a cabo P. Matthijs Bal y sus colaboradores, halló que las violaciones contractuales influyen de manera diferente en los distintos grupos etarios. Los empleados más jóvenes pierden la sensación de confianza y compromiso; los más viejos pierden la sensación de satisfacción con el trabajo.

Este hecho debería preocupar grandemente a los actuales líderes, en particular cuando contemplan y se preparan para la generación Y, que cada vez más asumirá posiciones de liderazgo en los próximos años. Numerosos estudios y encuestas sobre el compromiso han revelado que la siguiente generación de jóvenes líderes ya se siente menos positiva y comprometida en sus empleos. Se ha abierto una importante brecha entre lo que esperaban y lo que han recibido de su trabajo, pues han entrado en la fuerza laboral durante una gran recesión, con alto desempleo y poca movilidad laboral. Su idealismo choca con lo que ven como valores corporativos pasados de moda y una corrupción desenfrenada. Empezar una carrera con un contrato psicológico ya roto genera consecuencias conductuales, emocionales y actitudinales significativas. ¿Cómo comprometes a los jóvenes, cuyas elevadas y quizás poco realistas expectativas se han visto frustradas por la realidad de entrar a trabajar en un momento económico malo? ¿En qué tipo de líderes se convertirán? ¿Puedes ayudarlos a convertirse en grandes líderes?

Debes comenzar por entender los efectos de las violaciones percibidas en el contrato psicológico. Albert Hirschman habló originalmente sobre esto en 1970, y luego investigadores posteriores ampliaron el tema. Los efectos se dividen en cuatro categorías amplias:

1. *Salida*: dejar o planear el abandono de la organización.

2. *Voz*: hablar para tratar el tema con los superiores, compañeros de trabajo, familia y amigos.

3. *Lealtad*: sufrir en silencio y esperar que el problema se resuelva solo.

4. *Descuido*: hacer un esfuerzo a medias al realizar el trabajo.

Si practicar el juego de la espera o hablar del tema no remedia la situación, es probable que un empleado descontento pase de descuidar su trabajo a ser despedido o irse para encontrar otro empleo.

Según el principio del contagio emocional, que tratamos en el capítulo 7, las cuatro conductas pueden afectar adversamente al resto de la organización. Si mi compañero de equipo Raji sufre, yo sufro; si habla, tomo sus sentimientos en serio; si descuida su trabajo, yo también (o tengo que cubrirlo); si se va, considero seguir sus pasos. Esto puede afectarme incluso más cuando las emociones provengan de mi jefe.

Un estudio de 2010, que realizaron Prashant Bordia y sus colaboradores, halló que una violación del contrato psicológico entre la organización y un supervisor se filtra a los empleados que trabajan para él y termina por romper el contrato supervisor/empleado y, a largo plazo, el contrato empresa/cliente. La atención al cliente declina, este se siente insatisfecho, y la empresa pierde el negocio.

En este sentido, el veneno del compromiso puede extenderse a la cultura de una organización, y una vez que pasa esto se necesita un antídoto poderoso para neutralizarlo. Dos síntomas —el cinismo y el agotamiento— pueden ser especialmente virulentos.

CINISMO Y AGOTAMIENTO

La lealtad de Dan hacia la organización disminuyó poco a poco. Finalmente, habló con Michael de su situación, pero fiel a su costumbre, este último le restó importancia a las quejas de Dan. Debido a que seguía sufriendo, se sentía agotado, comenzó a descuidar su trabajo, se quejaba de su situación y, como era de esperar, contempló la posibilidad de irse.

Este hombre, que en un tiempo había sido optimista, se convirtió en un cínico.

Dan no es el único así en el ambiente laboral contemporáneo. Una situación económica mala, titulares que anuncian una corriente continua de delitos corporativos, horarios más extensos, miedo a terminar en la fila de los desempleados y una caída abrupta de la lealtad recíproca entre empleadores y empleados, que en otros tiempos caracterizaron la vida empresarial estadounidense, han contribuido a una verdadera plaga de cinismo por parte de los empleados. En 1998, James Dean y sus colaboradores lo definieron como «una actitud negativa hacia la organización que lo emplea» y propusieron que el cinismo comienza con una creencia de que la dirección y el liderazgo de la organización carecen de integridad. Se trata de una creencia que tiene como resultado comentarios despectivos, críticas agudas y una serie de conductas negativas hacia la empresa.

En 2003, Jonathan Johnson y Anne O'Leary-Kelly estudiaron la relación entre la violación del contrato psicológico y el cinismo. Basados en la información reunida de empleados bancarios, sus supervisores y registros organizacionales, los investigadores descubrieron que el cinismo del empleado deriva no de las malas actitudes que las personas muestran en el lugar de trabajo, sino de sus experiencias en él. El cinismo también puede provocar agotamiento emocional y físico. Algunas personas parecen más susceptibles a desarrollar una mala actitud, sentirse pesimistas y hablar mal de jefes y compañeros. Se ganan la reputación de manzanas podridas que pudren al resto del cajón, pero incluso estas manzanas se vuelven así por la experiencia.

La experiencia forja nuestras creencias centrales y nuestro sentido del yo. El agua que fluye por el lomo de un pato puede hacer que otro pato sienta que están tratando de ahogarlo. «Me viene bien una buena ducha», dice el pato resiliente, que extrae reservas de su capital psicológico (una mezcla de autoeficacia, resiliencia, esperanza y optimismo) y su fortaleza mental para amortiguar los efectos de una mala experiencia. El pato cínico carece de esas reservas. Tiene un pobre concepto de sí mismo y cree que no puede sobrevivir a la mala experiencia. Emplea el cinismo como una especie de escudo contra las emociones sobrecogedoras que pueden llevar al agotamiento.

Siempre es tentador desestimar a los cínicos y acoger a los creyentes. Nuestra naturaleza humana nos insta a culpar de las actitudes y conductas negativas de otros a sus personalidades negativas. Los psicólogos le llaman a esto *sesgo de atribución fundamental*. Este sesgo nos hace sobrevalorar las explicaciones basadas en la personalidad para las conductas de otros y minimizar los factores ambientales. Sin embargo, la paradoja del sesgo de la atribución fundamental radica en que las reglas cambian si se aplican a nosotros. Si sentimos que la organización nos subestima, debe ser que la organización tiene la culpa. Si Dan se queja de su situación, Michael y Deborah solo lo adjudican a su naturaleza quejosa, ignorando los errores de dirección que lo han vuelto así. No obstante, si Michael o Deborah comenzaran a sentirse del modo en que se siente Dan, rápidamente culparán también a la organización.

Aquí es donde el líder puede aprender de la situación y evitar cometer un gran error. Lejos de ser manzanas podridas, los empleados cínicos poseen información valiosa que puede evitar que se pudra todo el cajón. Si los jefes pudieran mirar más allá de lo que consideran como empleados quejosos, y les preguntaran y se preguntaran a sí mismos qué causa estas quejas, podrían hallar una cura para la dolencia. Eso requeriría el conocimiento de la naturaleza del compromiso, una suspensión del juicio, una mente abierta, una buena dosis de autoconciencia y una disposición a hacer ciertos cambios en su enfoque directivo.

El compromiso no es un lujo en estos días; es una necesidad. Las empresas que han comenzado a creer en este concepto han logrado una ventaja competitiva. Exactamente, ¿qué puedes hacer para comprometer a tu gente y mantenerla comprometida?

CÓMO FORTALECER EL COMPROMISO

Buenas noticias: hay un elixir para el compromiso. Noticias no tan buenas: varía de una organización a otra. Por eso he desarrollado una forma de pensar en el compromiso que te ayudará a diseñar una estrategia para la naturaleza y las necesidades únicas de tu organización.

COMPROMISO
Conexión social
Liderazgo excelente
Alineación de la cultura
Trabajo y vida significativos

He desarrollado este modelo en mi trabajo con individuos y organizaciones durante años para abordar los problemas de motivación y compromiso en el lugar de trabajo. El mismo incorpora toda mi experiencia y la investigación más actual en el campo, constituyendo una herramienta fácil de recordar y útil para crear y mantener el compromiso en el lugar de trabajo. Su punto de vista holístico respeta todos los aspectos importantes de la naturaleza humana: psicología, fisiología, emociones, actitudes y conductas.

CONEXIÓN SOCIAL

Piensa en la última vez que abandonaste a un grupo de gente por la que sentías aprecio, cuando te fuiste de casa para ir a la universidad, dejaste la universidad para aceptar tu primer trabajo importante, o cambiaste un trabajo por otro. Si forjaste fuertes conexiones sociales con tus compañeros y colegas, seguro hallaste que era una experiencia más bien devastadora. Es difícil dejar atrás a los amigos. La investigación de la Organización Gallup que mencionamos antes en este capítulo citaba dos elementos especialmente importantes relacionados con el compromiso en el lugar de trabajo: «Tengo a mi mejor amigo en mi trabajo» y «Mi supervisor y otras personas se preocupan por mí como individuo». Estas conexiones sociales significan mucho para la gente.

Nuestra necesidad básica y poderosa de conexión social influye de forma preponderante en nuestra vida laboral. La participación, la retención, el desempeño, la productividad, el compromiso cultural, el bienestar y la reducción del estrés dependen de eso. Esta es la razón por la que un líder debe concentrarse en fomentar las relaciones. Un líder inteligente:

- Alienta y apoya los eventos sociales, que a veces incluyen a familiares y amigos. Asistir a un picnic de la empresa y jugar en el partido anual de softball aumenta los lazos que unen a las personas.
- Lleva a cabo reuniones de personal periódicas con algunos puntos abiertos en la agenda. Hacer una pausa en el ajetreado día laboral y hablar de temas importantes hace que la gente comparta un círculo de afecto y respeto mutuo.
- Enfatiza el valor del voluntariado en equipo, que no solo incrementa la sensación de propósito y significado de la gente, sino que también fortalece los valores de la organización. Trabajar para renovar una parque de juegos de la comunidad une al equipo en un proyecto que tiene significado más allá de la oficina.
- Convoca a celebraciones que involucran a toda la empresa para honrar los logros. Recibir reconocimientos públicos y ver que los colegas aceptan premios fortalece los lazos sociales.
- Fomenta competencias en equipo que favorezcan el bienestar físico. Participar de una campaña para ponerse en forma puede unir a la gente en una causa que aporta beneficios tangibles.
- Permite en ocasiones almuerzos extensos o reuniones al terminar el día. Pasar un poco de tiempo de la empresa en algo que todos disfrutan hace que las personas se sientan más cercas unas de otras.
- Organiza retiros para pasar la noche en otros lugares. Participar de una conversación informal tarde en la noche les da a las personas la posibilidad de desarrollar su relación fuera del ambiente laboral.
- Incluye mediciones tanto cualitativas como cuantitativas en las evaluaciones del desempeño. Saber que la organización valora los

intangibles, como apoyar a los colegas en problemas y ayudar a las personas a sentirse bien con ellas mismas de manera integral, no solo como autómatas que manipulan aparatos y contribuyen a los resultados económicos, ayuda mucho.

Sin duda, puedes agregar cosas a esta lista inicial, pero ya entiendes de qué se trata. Las conexiones sociales más sólidas producen niveles más altos de compromiso.

LIDERAZGO EXCELENTE

Janine me contó una historia sobre su camino al empresariado. Cuando estaba llegando a los treinta, trabajaba para una empresa contable. Su jefe, Todd, dirigía su departamento de acuerdo a los procedimientos. Cuando el veterinario de Janine la llamó para decirle que su cocker spaniel de diecisiete años que estaba gravemente enfermo tenía que ser sometido a la eutanasia, Janine con lágrimas en los ojos le pidió a Todd el día libre. Encorvado sobre su teclado, el jefe murmuró: «No. La regla dice que debes darme un preaviso de cuarenta y ocho horas para tomarte un día de vacaciones». Mientras él seguía escribiendo, ella le preguntó si podía llegar dos horas más tarde al día siguiente. No hubo respuesta.

Al día siguiente, todavía llorando la pérdida de una mascota que había amado durante más de la mitad de su vida, entró en la oficina a las diez de la mañana ; Todd se la encontró en la puerta, dio media vuelta y le dijo: «Sígueme». Sentada en la oficina de Todd, observó cómo él llenaba un formulario para informar su insubordinación. Ni una vez estableció contacto visual o expresó alguna preocupación por su pérdida. «En ese mismo momento comencé a planear mi partida. Me sentí terrible, pero de algún modo fue lo mejor que pudo haberme pasado. Eso me empujó a iniciar mi propia empresa. Todd me enseñó todo lo que necesitaba para tener éxito: simplemente hacer lo opuesto a lo que hacía él».

Me encantaría poder decir que los líderes excelentes superan en número a los insensibles y emocionalmente perdidos Todds de este mundo, pero lamentablemente eso no es cierto. ¿Recuerdas a Julio César y Augusto del capítulo 5? Es posible que hayas trabajado para más personas impulsadas por el ego de las que te correspondían. El compromiso depende más que nada del tipo de liderazgo panorámico que practicó Augusto durante su período como líder de Roma. La mentalidad de un líder excelente se extiende por la organización y a todos los involucrados. Lo mismo que la actitud y la conducta de uno miope. Cuando esta llega a los clientes, la reputación de la organización y los resultados sufren.

En 2009, la investigación de Deloitte concluyó que las estrategias de retención clave durante los difíciles tiempos económicos incluyen un excelente liderazgo, transparencia, y ambientes de trabajo donde rijan la honestidad y la integridad. En contraste, el liderazgo débil e interesado tiene constantemente como resultado estrés, mala salud mental, desempeño inhibido y altos niveles de rotación. Los líderes excelentes:

- Piensan y se comportan panorámicamente.
- Eliminan actitudes y conductas miopes.
- Cierran la boca y abren los oídos para enterarse de lo que su gente siente y necesita.
- Crean culturas seguras donde las personas piden ayuda libremente y nunca temen cometer un error.
- Desarrollan inteligencia emocional, conciencia de sí mismos y social, así como habilidades interpersonales.
- Alientan a otros a hacer lo mismo.
- Permanecen visibles, presentes y sensibles a todo tipo de consejos y sugerencias.
- Modelan las actitudes y conductas que esperan de los otros.
- Crean y mantienen una cultura de pura transparencia.
- Alinean a las personas con los valores de la organización.
- Enfatizan cómo cada trabajo se ajusta a la estrategia y las metas de la organización.
- Cumplen con las promesas, los compromisos y todos los contratos psicológicos.
- Reparan los contratos rotos.

- Practican los niveles más altos de ética e integridad.
- Celebran los aportes compartidos, las sugerencias e ideas que provienen de todos los niveles.
- Establecen y manejan las expectativas.

Los líderes como Todd, que no logran practicar esos principios, terminan perdiendo la confianza y el respeto de su gente, la cual incluye no solo a todos los empleados desde los de nivel ejecutivo hasta los de la sala de correspondencia, sino también a los accionistas, clientes, proveedores, observadores del gobierno y todos los que entran en contacto con la organización. Janine juró que nunca trataría a su gente como Todd la trató a ella, y sobre esa promesa ha edificado una empresa propia sumamente exitosa.

Una nota final: nunca le delegues el compromiso al departamento de recursos humanos. Cuando se trata de comprometer a las personas y mantenerlas comprometidas, la responsabilidad comienza y termina en el escritorio del líder.

ALINEACIÓN DE LA CULTURA

El Sistema del Hospital Metodista en Texas recibe constantemente premios por la satisfacción de los empleados y los clientes, y goza de envidiables tasas de retención. Ellos logran esto no solo por medio de iniciativas de gestión y desarrollo exhaustivas, sino también con un énfasis constante en alinear a todos con el propósito y los valores de la institución. La alineación, según saben, los ayudará a crear compromiso a todos los niveles. Todas las personas en el sistema del hospital, ya sea que trabajen como vicepresidente de mercadotecnia o cajero de la cafetería, comprenden cómo su rol encaja en la imagen más amplia de la misión del hospital. Cada acción que realiza un empleado y cada palabra que dice apoya o socava los valores generales de la compañía. Esta profunda aceptación psicológica y conductual ha impulsado al Sistema del Hospital Metodista a la excelencia, año tras año.

Lamentablemente, demasiadas organizaciones publican sus valores, visión y misión en su sitio web e incluyen material sobre ellos en los paquetes que les dan a los nuevos empleados, pero no los entretejen en la estructura de la organización. Hablan de la boca para afuera, pero no viven y respiran lo que predican. Pídeles a los empleados que enuncien los valores y la misión de la empresa y los escucharás tartamudear y carraspear antes de decir: «Mmm, ¿vender un montón de aparatos?». Esta es una señal segura de que la firma le ha prestado poca atención a la alineación.

Si los líderes no se mantienen fieles a los valores corporativos o hacen excepciones cuando las cosas se ponen difíciles, no solo violan el contrato psicológico, tampoco logran cumplir con nuestra necesidad humana básica de entender el contexto en el que trabajamos. ¿Solo vendemos aparatos o mejoramos la vida de nuestros clientes ayudándolos a resolver sus problemas? Ignorar la alineación es como desatender las necesidades básicas de un niño. Si lo haces con bastante frecuencia, te despertarás un día con un delincuente juvenil en las manos. ¿Qué piensas del siguiente código de ética?

Respeto. Tratamos a los otros como nos gustaría que nos trataran. No toleramos un trato abusivo o irrespetuoso. La agresividad, la insensibilidad y la arrogancia no pertenecen a este lugar.

Integridad. Trabajamos con los clientes actuales y potenciales de un modo abierto, honesto y sincero. Cuando decimos que haremos algo, lo hacemos; cuando decimos que no podemos hacer algo o no lo haremos, no lo hacemos.

Comunicación. Tenemos la obligación de comunicarnos. Aquí nos tomamos el tiempo para hablar con el otro y escuchar. Creemos que la información debe moverse y que la información mueve a la gente.

Excelencia. No estamos satisfechos con nada que no sea lo mejor en todo lo que hacemos. Seguiremos subiendo el estándar para todos. La gran diversión aquí será que todos descubramos cuán buenos podemos ser realmente.

Suena bien, ¿no? Quizás te sorprenda enterarte de que este código proviene de Enron, el fracasado gigante de la energía que una vez se autoproclamó «ciudadano corporativo global». Claramente, las palabras no se trasladaron a la acción. La forma en que una empresa se presenta, tanto hacia adentro como hacia afuera, influye en la autoestima del empleado, su valor y su orgullo personales. Si una compañía no solo enuncia valores, sino que los pone en práctica, compromete a todos los involucrados.

Para asegurarte de que llevas los valores a la práctica, puedes comenzar por:

- Definir y redefinir tu visión, misión, valores y propósitos de manera concreta. Esto no solo involucra al liderazgo principal, debería incluir el aporte de todos los demás niveles, porque todos los niveles deben poner en práctica la misión y los valores. Crear un grupo multidisciplinario para evaluar y reevaluar estos elementos obtendrá los resultados más significativos.
- Reemplazar el concepto de «contratar a cualquier persona» por una filosofía de ajuste organizacional exhaustiva con respecto a la personalidad, el estilo para relacionarse, el estilo de trabajo, la conciencia de equipo y demás.
- Presentarles a los posibles empleados lo bueno, lo malo y lo feo de la compañía, para que sepan de verdad qué esperar.
- Adoptar principios de dirección y liderazgo que apoyen la cultura.
- Desarrollar a las personas para que se adapten a la cultura.
- Pasar del proceso de orientación tradicional de un día a dos semanas a uno diseñado para promover el compromiso con la misión y los valores de la empresa.

En mi práctica de consultoría, hablo de lograr que todos acepten los valores y la misión de la organización. Esta debe desarrollar estrategias de inclusión para empleados de todos los niveles, así como también para todos los accionistas, clientes, proveedores, los medios, los organismos gubernamentales y reguladores, y todos aquellos que entren en contacto con la organización.

Los esfuerzos en curso para sincronizar los valores y la misión de una empresa con sus prácticas de contratación, estrategias de retención, principios de dirección y liderazgo, prácticas de recursos humanos, conductas de ciudadanía corporativa e imagen empresarial alimentan el compromiso.

TRABAJO Y VIDA SIGNIFICATIVOS

Solo como hipótesis, hagamos algunas afirmaciones muy generales sobre el trabajador promedio durante la semana laboral de cinco días. Con unas cuarenta y seis semanas por año (descontando dos semanas de vacaciones, diez días de licencia por enfermedad y diez feriados públicos o flotantes) él o ella:

- Trabaja aproximadamente cuarenta y siete años.
- Trabaja cuarenta horas por semana, o 1840 horas por año.
- Duerme cuarenta horas (ocho horas por noche) durante la semana laboral, o 1840 horas por año.

Esto significa que un trabajador pasa aproximadamente un tercio de su tiempo durmiendo y un tercio trabajando. Eso no le deja mucho tiempo para bañarse, comer, ocuparse de su familia, relajarse, pasar tiempo con los amigos, hacer trámites, ejercitarse, pasear al perro, alimentar al gato y no hacer nada. Aun más, en la época de los medios sociales, los correos electrónicos y los teléfonos inteligentes, la semana laboral de lunes a viernes de nueve a cinco ha inundado la vida personal de la mayoría de la gente. ¿Y cuántas personas conoces que trabajen solo ocho horas o duerman ocho horas completas?

¿Deseas pasar un tercio de tu vida en un trabajo que te adormezca el cerebro y te succione el alma convirtiéndote en un zombi bizco? ¿O quieres perseguir una carrera que satisfaga tu deseo de significado y logro? La psicología y la experiencia personal nos enseñan que, cuando no nos sentimos satisfechos o no podemos encontrar significado en aquello que nos pasamos haciendo un tercio de la vida, nuestros sentimientos de desánimo y desilusión envenenan todos los otros aspectos de nuestra vida, incluido el buen sueño nocturno.

Cada vez más en estos días las personas exigen un trabajo gratificante y un equilibrio entre ese trabajo y el resto de su vida. Si lo encuentras, te beneficias con algo más que un salario; aumentas tu orgullo, tu autoestima y tu sentido de que lo haces marca una verdadera diferencia en el mundo, todos aspectos importantes que contribuyen al bienestar físico y emocional.

En el antiguo mundo del trabajo manufacturado la gente cambiaba para ajustarse al trabajo. Un obrero de la línea de ensamblaje en la fábrica del Modelo T de Ford pasó de trabajar como un peón rural que podía escuchar el canto de los pájaros mientras trabajaba al aire libre, a funcionar como un par de manos apretando un tornillo mariposa A en una tuerca B mientras escuchaba el ruido del metal que golpeaba sobre más metal. En el nuevo mundo del trabajo basado en la información, las personas esperan lo opuesto. Esperan que la organización se adapte a sus necesidades humanas. Quieren oler las rosas y escuchar el canto de los pájaros. Exigen flexibilidad en el lugar de trabajo, beneficios que favorezcan su salud y su bienestar, respeto por su humanidad y su necesidad de una vida hogareña armoniosa, y una conducta corporativa que refleje un mayor grado de ética y responsabilidad. Trabajarán desde su casa y desde cualquier otro lugar a través de la tecnología, pero ocasionalmente tendrán que ir a casa durante el horario regular de trabajo para atender ciertas obligaciones personales. Quieren ofrecer su talento a cambio de un trabajo y una vida significativos. Las organizaciones que se esfuerzan por satisfacer ese deseo generan un compromiso automáticamente.

Detesto la frase «equilibrio trabajo-vida», la cual sugiere que el trabajo y la vida de alguien están en los extremos opuesto de un sube y baja. No es una cuestión de lograr que las dos cosas estén en un plano horizontal, sino de *integrarlas* en un todo parejo y continuo con la capacidad de desconectarse para recargar combustible.

Tampoco estamos hablando de seguirle la corriente y consentir a una nueva generación de trabajadores que aportan una sensación de tener derechos al ámbito laboral. Sí, muchos miembros de esta generación han disfrutado de tener todo servido en bandeja y de ser cuidados y protegidos, pero estarían mucho más dispuestos a dar lo máximo de sí mismos por la recompensa de una excelente carrera. (Trato este tema extensamente en mi libro *Y in the Workplace.*) Algunos de los beneficios que una organización puede agregar al paquete habitual son:

- Horarios flexibles que siguen sumando una semana laboral completa. Alguien que prefiere la noche podrá hacer mucho más de las 9 P.M. a las 5 A.M. que una persona que aprovecha las mañanas y prefiere una jornada laboral tradicional de 9 A.M. a 5 P.M.
- Teletrabajo, el cual permite a los individuos y equipos trabajar lejos de la oficina convencional. Un programador en Austin, Texas, puede ser tan efectivo trabajando desde su casa y desarrollando relaciones laborales estrechas con sus colegas como dos compañeros que se sientan uno al lado de otro en un cubículo en Silicon Valley.
- Guarderías en el lugar que permitan que los padres y las madres interactúen con sus hijos durante el horario del almuerzo y los descansos. Una madre reciente se sentirá mejor en su escritorio si sabe que podrá ver a su hijo de dos años durante el día.
- Salas de ejercicio, gimnasios, pistas para correr, clases de manejo del estrés y salas de juegos que ayuden a las personas a afrontar las presiones de los complicados ambientes laborales de hoy. Un empleado administrativo regresará al trabajo revitalizado y energizado después de una buena rutina de ejercicios.
- Espacios de trabajo diseñados creativamente, ambientes que se perciban más como lugares donde la gente desearía trabajar que como pequeñas celdas en forma de caja que les den claustrofobia. Mucho aire fresco, la luz natural y los colores brillantes energizan a las personas, mientras que los locales cerrados con

aire acondicionado, de paredes grises e iluminados con tubos fluorescentes las hacen sentir como ganado que está esperando en el matadero.

- Oportunidades para que la gente pase parte de su tiempo trabajando en proyectos que estén fuera del alcance de su puesto, los cuales impliquen intereses más amplios y brinden una capacitación transversal, exposición a una perspectiva externa y a menudo habilidades transferibles.

- Proyectos voluntarios individuales u organizacionales, o en el caso de las empresas más grandes, años sabáticos pagos en los que los líderes y los gerentes puedan pasar algunos meses enseñando o trabajando para organizaciones sin fines de lucro.

Estos gestos significan mucho, porque muestran respeto por toda la persona y su vida fuera del trabajo. A menudo los empleados alardean más de este tipo de beneficios significativos que del paquete formal de salario, bonificaciones y seguro de salud. Si tu empresa te ama, tú amas a tu empresa. Y darás la vida por aquello que amas.

EL MODELO EN ACCIÓN

Ubicada en una iglesia remodelada, SEER Interactive me impresionó más que cualquier otra empresa que haya visitado este año. Siendo una firma consultora de mercadotecnia y optimización de motores de búsqueda con sede en Filadelfia, SEER opera con un ambiente de trabajo que recuerda el que he leído sobre Google, el cual ha hecho mucho por crear un espacio donde a la gente le guste trabajar. SEER Interactive ha cosechado una cantidad impresionante de logros, como la inclusión en las 100 Empresas de más Rápido Crecimiento en Filadelfia (2011, 2010, 2009, 2008) y en los Mejores Lugares para Trabajar (2011). Esto se logró porque su fundador y líder, Wil Reynolds, hizo que sucediera.

Wil comenzó SEER en su casa en 2002, pero no contrató su primer empleado hasta el año 2005. Como ocurre muy a menudo, se lanzó por su cuenta porque un jefe miope le dijo que no a su pedido de entrar antes y trabajar durante la hora del almuerzo para salir una hora más temprano a fin de colaborar como voluntario en el hospital de niños local. Cuatro días después de este funesto no, Wil renunció y comenzó SEER. Él recuerda: «Al observar el impacto que quieres tener en el mundo, ninguna otra empresa me permitía hacer lo que deseaba, así que construí la mía propia basado en aquello en lo que creía». Wil creía en ciertos principios no muy comunes entre las empresas de mercadotecnia y optimización de motores de búsqueda, como la integridad, hacer lo que uno dice que va a hacer y poner a los clientes en primer lugar.

Describe de este modo la misión de SEER: «Hacemos lo correcto. Si esperas que el karma vuelva a ti, entonces pones en el mundo la menor cantidad de mal posible». Esta filosofía inspira la cultura que ha construido en SEER, la filosofía del liderazgo y la dirección de la empresa, sus prácticas de contratación y despido, la forma en que los empleados manejan las relaciones con los clientes, así como todo lo demás que hace la empresa para comprometer a los que están involucrados con ella. Puedes verlo y sentirlo. Los empleados de SEER:

- Trabajaron 1600 horas voluntarias solo en 2011. Wil espera que este número aumente todos los años a medida que más personas ingresen a la empresa.
- Comparten mucho atributos; disfrutan pasando tiempo con los otros en el trabajo y fuera de la oficina. Wil cree que una empresa que celebra junta permanece junta.
- Se sienten libres de expresar una opinión, por más tonta, escandalosa o contraria al pensamiento actual que sea. Wil sabe que la creatividad puede surgir de traspasar los límites.
- Trabajan en un ambiente sincero, amigable, con muchos rincones y espacios donde pueden ir a meditar o charlar con los colegas y visitantes.
- Disfrutan de, como dice Wil, «un conducto que lleva a la gente al siguiente nivel en su vida». Wil acepta el hecho de que el avance

puede implicar un movimiento hacia arriba en la escalera corporativa de SEER o un movimiento a otro empleo, e incluso un movimiento a un nuevo emprendimiento personal. Ellos creen en la importancia de desarrollar a las personas, más allá de dónde terminen finalmente. Pueden volver y, si no, pueden enviarles nuevos proyectos de negocios.

- Aportan su talento al trabajo porque sus ideales se ajustan a los valores y la misión de la empresa. Wil insiste en que la motivación viene de adentro, no de un líder inspirador o un gurú.

- Encuentran algunos obstáculos que pueden interferir en el camino de las personas inteligentes, creativas, ansiosas por resolver los problemas. Wil se asegura de que los procedimientos y los protocolos no se arraiguen tan firmemente que impidan que su gente haga lo que tiene que hacer para obtener los mejores resultados.

- Saben que su voz será escuchada y que serán respetados, recompensados y tratados de una forma personal. Wil escucha a la gente todo el tiempo, ya sea en el trabajo o en las reuniones a la salida. Lo que aprende le permite diseñar sus formas de dirección, reconocimiento y recompensas a la medida de las preferencias y enfoques individuales.

- Reaccionan ante la empresa como lo harían ante una escuela de postgrado en lugar de una fábrica. Wil alienta el aprendizaje continuo en toda la compañía.

Todo esto lleva a un compromiso a gran escala. Incluye unos valores y una misión bien entendidos, pero más que eso, representa una forma integrada de pensar y hacer un buen trabajo.

SÍNTESIS

El compromiso no es una lista de control: hacer una reunión para comer pizza (hecho); ofrecer una bonificación (hecho), decir: «Hiciste un gran trabajo» (hecho). Tampoco es una moda para sentirse bien: hacerlos sentir mimados (hecho); lograr que sigan la corriente (hecho). Las personas reconocen instintivamente el verdadero compromiso cuando lo ven, y el verdadero compromiso brinda la clave para la productividad y la rentabilidad. Define el carácter de la compañía y los valores que esta respeta en las buenas y en las malas. Desarrolla y nutre una cultura positiva y sólida. Enfatiza la excelencia del liderazgo. Honra las sutilezas y las realidades del contrato psicológico.

El compromiso tiene que ver con contratar según la adecuación cultural. Tiene que ver con reconocer cuánto significado puede y debe brindarle el trabajo a nuestra identidad individual y colectiva. Lo más importante: tiene que ver con las personas como individuos, no como «capital humano» o «recursos humanos», o algún otro frío término de negocios.

Los líderes inteligentes deben monitorear constantemente los cuatro elementos esenciales del compromiso: la conexión social, la excelencia del liderazgo, la alineación con la cultura y el trabajo y la vida significativos. Cuando tu organización entienda bien esto, te resultará mucho más fácil mantener un control firme sobre todas esas extravagantes y complicadas sutilezas psicológicas, emocionales, conductuales, cognitivas y fisiológicas de la naturaleza humana que todos llevamos al lugar de trabajo.

El momento de la revelación

RECIENTEMENTE PRONUNCIÉ EL DISCURSO DE apertura en la conferencia anual de la Asociación de Distribuidores de Automóviles para las mujeres distribuidoras de autos. Hablé de liderazgo y psicología, argumentando sobre el poderoso impacto que la psicología humana tiene en el liderazgo de todos los días y los contagios que podemos causar y propagar. En un punto del discurso —todavía no sé por qué— esto se escapó de mi boca: «Cuando la gente apesta, nosotros en cierta forma apestamos también». La reacción de las mujeres pasó de un silencio conmocionado a murmullos divertidos, y finalmente a grandes sonrisas y un asentimiento entusiasta.

Esa frase constituyó un momento definitorio para mí, porque puso en perspectiva lo que me había mantenido despierta todas esas noches cuando trataba de descubrir qué hacer con respecto al mal desempeño de mi gerente de oficina, Hope. Me hizo acordar de lo mucho que había aprendido de la experiencia.

Había decepcionado a mi joven empleada, mis colegas, nuestros clientes y a mí misma. No había podido verme del modo en que hubiera visto a otro que hiciera la misma cosa. Había dejado que todo mi conocimiento y habilidad como líder se esfumaran de mi cabeza, mientras me sumía en la falta de confianza en mi capacidad. Me preocupaba haber cometido un error irreparable y no encontrar nunca una forma de recuperar la cultura de mi empresa, que en otros tiempos había sido brillante y vibrante. Apesté. Y todo el mundo a mi alrededor me devolvió más o menos lo mismo.

Preocupada por mi metida de pata, no pude ver una salida para todo ese lío. Me resistí al cambio y, como líder, arrastré a todos los que me rodeaban al mismo fango. En ese momento mi horario laboral se parecía a la invasión de Normandía, con todos mis barcos en el agua y todos mis aviones en el aire: citas de consulta una detrás de otra, sesiones de consejería interminables cargadas de emoción, importantes compromisos para hablar en público, además de tratar de atender mi organización como una gran líder y considerar la agitación que despedir a Hope y capacitar a su reemplazo causaría seguramente. Era un caso perdido de una doctora con los nervios crispados, privada del sueño, con el cerebro quemado y que no podía lidiar consigo misma. ¡Por favor! ¿En qué estaba pensando?

Bueno, finalmente volví a tener la cabeza bien puesta sobre los hombros, aplicando todos los conceptos que hemos explorado en este libro. Dejé de apestar como jefa y mi empresa recuperó su cultura anterior de servicio y responsabilidad. Me encanta trabajar allí, a los clínicos les encanta trabajar allí, y nuestros clientes consiguen la ayuda y el apoyo que necesitan en un ambiente seguro y cómodo. Nuestra nueva gerente de oficina, Jennifer, es cálida, inteligente y encantadora, y hace muy bien su trabajo. Todavía tropezamos con obstáculos o baches ocasionales en el camino, pero nuestro fuerte equipo supera rápidamente cualquiera de ellos. ¿Qué produjo el cambio? Después de mucha reflexión, reduje todo a tres reglas básicas y una simple fórmula que me ayudan a volver a la senda correcta cuando comienzo a apestar como líder.

Tres reglas simples

1. Buscar la autoconciencia.
2. Ayudar a otros a conseguir la autoconciencia.
3. Recordar que solo somos humanos, después de todo.

La fórmula

- Admitir el problema.
- Reconocer que mis pensamientos y acciones contribuyen al problema.
- Identificar las causas de esos pensamientos y acciones.
- Detectar los sesgos cognitivos involucrados.
- Idear nuevas formas de manejar las causas y los sesgos.
- Adecuar mi enfoque del liderazgo en consecuencia.
- Pedirles disculpas a la gente que herí.
- Esperar cometer más errores, pero esforzarme por manejarlos de un modo diferente.

A pesar del puñado de canas que obtuve con la experiencia, a la que cariñosamente he bautizado Hope, estoy contenta de haber cometido esos errores, porque aprendí mucho de ellos. Estoy contenta de vivir en un mundo lleno de seres humanos impredecibles, desordenados, complicados, ilógicos y falibles, que hacen que la vida y el trabajo sean tan fascinantes. Estoy contenta de poder ser tan impredecible, desordenada, complicada, ilógica y falible yo también. Esos rasgos de la naturaleza humana no desaparecerán nunca, pero a través de un compromiso con la autoconciencia podemos sintonizarnos mejor con las señales sutiles y no tan sutiles que a veces nos sacan de nuestro camino.

Cada uno de nosotros puede esforzarse todos los días por ser una mejor persona y un líder más eficaz. Debemos asumir la responsabilidad de ser los mejores líderes posibles para todos los que confían en nosotros. Cualquiera sea la naturaleza de tu actividad profesional, siempre estás en el negocio de las personas. Eres un ser social. Uno de los mejores líderes en la historia, Field Marshall Slim, lo dijo mejor: «El liderazgo es lisa y llanamente tú».

Referencias

CAPÍTULO 1

Adkin, Mark. *Goose Green: A Battle Is Fought to Be Won*. Londres: Orion, 2007.

Adler, Rachel F. y Raquel Benbunan-Fich. «Juggling on a High Wire: Multitasking Effects on Performance». *International Journal of Human-Computer Studies* 70, no. 2 (2012): pp. 156–68.

Bandura, Albert. *Social Learning Theory*. Englewood Cliffs, NJ: Prentice-Hall, 1977. [*Teoría del aprendizaje social*. Madrid: Espasa-Calpe, 1982.]

_____. «Self-Efficacy Mechanism in Human Agency». *American Psychologist* 37 (1982): pp. 122–47.

_____. *Social Foundations of Thought and Action: A Social Cognitive Theory*. Englewood Cliffs, NJ: Prentice-Hall, 1986. [*Pensamiento y acción: fundamentos sociales*. Barcelona: Martínez Roca, 1987.]

_____. *Self-Efficacy in Changing Societies*. Cambridge, UK: Cambridge UP, 1997. [*Autoeficacia: cómo afrontamos los cambios de la sociedad actual*. Bilbao: Desclée de Brouwer, 1999.]

Doll, Bradley B., Kent E. Hutchison y Michael J. Frank. «Dopaminergic Genes Predict Individual Differences in Susceptibility to Confirmation Bias». *Journal of Neuroscience* 31, no. 16 (2011): pp. 6188–98.

Hsee, Christopher K., Adelle X. Yang y Liangyan Wang. «Idleness Aversion and the Need for Justifiable Busyness». *Psychological Science* (junio de 2010): pp. 926–30.

Iyer, Pico. «The Joy of Quiet». *New York Times*, 29 diciembre 2011. http://www.nytimes.com/2012/01/01/opinion/sunday/the-joy-of-quiet.html?pagewanted=all&_r=0.

LaMarre, Heather L., Kristen D. Landreville y Michael A. Beam. «The Irony of Satire Political Ideology and the Motivation to See What You Want to See in *The Colbert Report*». *International Journal of Press/Politics* 14, no. 2 (2009): pp. 212–31.

Lord, Charles G., Lee Ross y Mark R. Lepper. «Biased Assimilation and Attitude Polarization: The Effects of Prior Theories on Subsequently Considered Evidence». *Journal of Personality and Social Psychology* 37, no. 11 (1979): pp. 2098–2109.

Pashler, Harold. «Dual-Task Interference in Simple Tasks: Data and Theory». *Psychological Bulletin* 116, no. 2 (1994): pp. 220–44.

Snyder, Mark. «Seek and Ye Shall Find: Testing Hypotheses About Other People». En *Social Cognition: The Ontario Symposium on Personality and Social Psychology*, editado por Edward T. Higgins, C. Peter Heiman y Mark P. Zanna, pp. 277–303. Hillsdale, NJ: Erlbaum, 1981.

Wardrop, Murray. «Swan Hunter Cranes Leave the Tyne, Ending 145 Years of Shipbuilding». *The Telegraph*, 6 abril 2009. http://www.telegraph.co.uk/news/

uknews/5112148/Swan-Hunter-cranes-leave-the-Tyne-ending-145-years-of-shipbuilding.html.

Westen, Drew, Pavel S. Blagov, Keith Harenski, Clint Kilts y Stephan Hamann. «Neural Bases of Motivated Reasoning: An fMRI Study of Emotional Constraints on Partisan Political Judgment in the 2004 U.S. Presidential Election». *Journal of Cognitive Neuroscience* 18, no. 11 (2006): pp. 1947–58.

CAPÍTULO 2

Centers for Disease Control and Prevention. «Zombie Preparedness». Centers for Disease Control and Prevention. http://www.cdc.gov/phpr/zombies.htm.

Davis, Matt. MRC Cognition and Brain Sciences Unit. http://www.mrc-cbu.cam.ac.uk/people/matt.davis/cmabridge/.

Escalas, Jennifer Edson. «Narrative Versus Analytical Self-Referencing and Persuasion». *Journal of Consumer Research* 34, no. 4 (2007): pp. 421–29.

French, John R. P. y Bertram Raven. «The Bases of Social Power». En *Group Dynamics*, editado por Dorwin Cartwright y Alvin Zander, pp. 259–69. Nueva York: Harper & Row, 1959. [*Dinámicas de grupo: investigación y teoría*. México: Trillas, 1972.]

Green, Melanie C., Jennifer Garst, Timothy C. Brock y Sungeun Chung. «Fact Versus Fiction Labeling: Persuasion Parity Despite Heightened Scrutiny of Fact». *Media Psychology* 8, no. 3 (2006): pp. 267–85.

Heider, Fritz y Mary Ann Simmel. «An Experimental Study of Apparent Behavior». *American Journal of Psychology* 57 (1944): pp. 243–49.

Hersey, Paul, Ken H. Blanchard y Dewey E. Johnson. *Management of Organizational Behavior: Leading Human Resources*, 8va. ed. Englewood Cliffs, NJ: Prentice Hall, 2000. [*Administración del comportamiento organizacional: liderazgo situacional*. México: Prentice Hall, 1998.]

Raven, Bertram H. y Arie W. Kruglanski. «Conflict and Power». En *The Structure of Conflict*, editado por P. G. Swingle, pp. 177–219. Nueva York: Academic Press, 1975.

Stephens, Greg J., Lauren J. Silbert y Uri Hasson. «Speaker-Listener Neural Coupling Underlies Successful Communication». *Proceedings of the National Academy of Sciences* 107, no. 29 (27 julio 2010). http://www.pnas.org/content/107/32/14425.long#aff-1.

Zak, Paul. J. «The Neurobiology of Trust». *Scientific American*, 19 mayo 2008.

Zak, Paul J., Robert Kurzban y William T. Matzner. «The Neurobiology of Trust». *Annals of the New York Academy of Sciences* 1032 (2004): pp. 224–27.

CAPÍTULO 3

American Psychological Association. «Stress in America: Our Health at Risk». 11 enero 2011. http://www.apa.org/news/press/releases/stress/2011/final-2011.pdf.

Beilock, Sian L. y Thomas H. Carr. «When High-Powered People Fail: Working Memory and 'Choking Under Pressure' in Math». *Psychological Science* 16 (2005): pp. 101–105.

Branch, Rhena y Rob Willson. *Cognitive Behavioral Therapy for Dummies*, 2da. ed. Hoboken, NJ: John Wiley, 2010.

Cleveland Clinic. «Stress Management and Emotional Health». Cleveland Clinic. http://my.clevelandclinic.org/healthy_living/stress_management/hic_stress_management_and_emotional_health.aspx.

Kobasa, Susan C. «Stressful Life Events, Personality and Health: An Inquiry into Hardiness». *Journal of Personality and Social Psychology* 37, no. 1 (1979): pp. 1–11.

Lazarus, Richard S. y Susan Folkman. *Stress, Appraisal and Coping*. Nueva York: Springer, 1984. [*Estrés y procesos cognitivos*. Barcelona: Martínez Roca, 1986.]

Seligman, Martin. *Learned Optimism*. Nueva York: Pocket Books, 1998. [*Aprenda optimismo*. Barcelona: Debolsillo, 2011.]

CAPÍTULO 4

Anthes, Emily. «Their Pain, Our Gain». *Scientific American Mind*, noviembre/diciembre 2010, pp. 33–35.

Barnes, Susan. «Behind the Face of the Gifted Bitch: A Profile of Gore Vidal, Novelist, Playwright, International Socialite». *The Sunday Times Magazine* (16 septiembre 1973): pp. 44–54.

Duffy, Michelle K., Kristin L. Scott, Jason D. Shaw, Bennett J. Tepper y Karl Aquino. «A Social Context Model of Envy and Social Undermining». *Academy of Management Journal* 55, no. 3 (2012): pp. 643–66.

Festinger, Leon. «A Theory of Social Comparison Processes». *Human Relations* 7 (1954): pp. 117–40. http://hum.sagepub.com/content/7/2/117.full.pdf+html.

Garcia, Stephen M. y Avishalom Tor. «Rankings, Standards, and Competition: Task vs. Scale Comparisons». *Organizational Behavior and Human Decision Processes* 102 (2007): pp. 95–108.

Hughes, Marsha y James B. Terrell. *The Emotionally Intelligent Team: Understanding and Developing the Behaviors of Success*. San Francisco: Jossey-Bass, 2007.

«Jealousy, Envy Common Problems at Workplace». *Windsor Star*, 2 octubre 2006. http://www.canada.com/windsorstar/news/business/story.html?id=da9df131-959c-4fa7-9bbf-6640a656327f.

Mettee, D. R. y G. Smith. «Social Comparison and Interpersonal Attraction: The Case for Dissimilarity». En *Social Comparison Processes: Theoretical and Empirical Perspectives*, editado por Jerry M. Suls y Richard L. Miller, pp. 69–101. Washington, D.C.: Hemisphere, 1977.

Osborne, Hilary. «Envy in the Workplace: Jealous Guise». *The Guardian*, 18 junio 2010. http://www.theguardian.com/money/2010/jun/19/envy-workplace-recession.

Parrott, W. G. «The Emotional Experiences of Envy and Jealousy». En *The Psychology of Jealousy and Envy*, editado por Peter Salovey, pp. 3–30. Nueva York: Guilford Press, 1991.

Sabini, John y Maury Silver. «Why Emotion Names and Experiences Don't Neatly Pair». *Psychological Inquiry* 16 (2005), pp. 1–10.

Schaubroeck, John y Simon S. K. Lam. «Comparing Lots Before and After: Promotion Rejectees' Invidious Reactions to Promotees». *Organizational Behavior & Human Decision Processes* 94 (2004): pp. 33–47.

Schopenhauer, Arthur. *The Essays of Arthur Schopenhauer: On Human Nature*. Hamburg, Alemania: Tredition Classics, 2011.

Smith, Richard. H., ed. *Envy: Theory and Research*. Nueva York: Oxford UP, 2008.

Smith, Richard H., W. Gerrod Parrott, Daniel Ozer y Andrew Moniz. «Subjective Injustice and Inferiority as Predictors of Hostile or Depressive Feelings in Envy». *Personality and Social Psychology Bulletin* 20, no. 6 (1994): pp. 705–711.

Takahashi, Hidehiko, Motoichiro Kato, Masato Matsuura, Dean Mobbs, Tetsuya Suhara y Yoshiro Okubo. «When Your Gain Is My Pain and Your Pain Is My Gain: Neural Correlates of Envy and Schadenfreude». *Science* 323, no. 5916 (13 febrero 2009), pp. 937–39.

van Dijk, Wilco W., Guido M. van Koningsbruggen, Jaap W. Ouwerkerk y Yoka M. Wesseling. «Self-Esteem, Self-Affirmation, and Schadenfreude». *Emotion* 11, no. 6 (2011): pp. 1445–49.

Vecchio, Robert P. y Kim Dogan. «Managing Envy and Jealousy in the Workplace». *Compensation Benefits Review* 33, no. 2 (2001): pp. 57–64.

Wood, Joanne V., Shelley E. Taylor y Rosemary R. Lichtman. «Social Comparison in Adjustment to Breast Cancer». *Journal of Personality and Social Psychology* 49 (1985): pp. 1169–83.

CAPÍTULO 5

Anderson, Ray C. y Robin A. White. *Confessions of a Radical Industrialist: Profits, People, Purpose: Doing Business by Respecting the Earth*. Nueva York: St. Martin's, 2009.

Brehm, Jack W. «Post-Decision Changes in Desirability of Alternatives». *Journal of Abnormal and Social Psychology* 52, no. 3 (1956): pp. 384–89.

Cook-Greuter, Susanne. «A Detailed Description of the Development of Nine Action Logics: Adapted from Ego Development Theory for the Leadership Development Framework». Fecha 2002. http://nextstepintegral.org/wp-content/uploads/2011/04/The-development-of-action-logics-Cook-Greuter.pdf.

Elliot, Andrew J. y Patricia G. Devine. «On the Motivational Nature of Cognitive Dissonance: Dissonance as Psychological Discomfort». *Journal of Personality and Social Psychology* 67, no. 3 (1994): pp. 382–94.

Festinger, Leon. «A Theory of Social Comparison Processes». *Human Relations* 7 (1954): pp. 117–40.

Harung, Harald, Fred Travis, Warren Blank y Dennis Heaton. «Higher Development, Brain Integration, and Excellence in Leadership». *Management Decision* 47, no. 6 (2009): pp. 872–94.

Hawken, Paul. *The Ecology of Commerce: A Declaration of Sustainability*. Nueva York: HarperCollins, 1994. [*La ecología del comercio: una declaración de sostenibilidad*. La Habana: Centro Félix Varela, 1999.]

Hawking, Stephen W. «Isaac Newton». En *On the Shoulders of Giants: The Great Works of Physics and Astronomy*, p. 725. Filadelfia, PA: Running Press, 2002.

Heracleous, Loizos y Luh L. Lan. «The Myth of Shareholder Capitalism». *Harvard Business Review* 88, no. 4 (2010): p. 24.

Hernández, Morela. «Promoting Stewardship Behavior in Organizations: A Leadership Model». *Journal of Business Ethics* 80, no. 1 (2007): pp. 121–28.

Interface. «Mission/Vision». Interface, Inc. http://interfaceglobal.com/Company/Mission-Vision.aspx.

Marques, Joan F. «Wakefulness: The Decisive Leadership Skill». *Management Services* 50, no. 3 (2006): pp. 5–6.

Mills, Judson. «Changes in Moral Attitudes Following Temptation». *Journal of Personality* 26 (1958): pp. 517–31.

Ronson, Jon. *The Psychopath Test: A Journey Through the Madness Industry*. Nueva York: Penguin, 2011. [*¿Es usted un psicópata?* Barcelona, Miami: Grupo Zeta, 2012.]

Rooke, David y William R. Torbet. «Seven Transformations of Leadership». *Harvard Business Review* 83, no. 4 (abril 2005): pp. 66–76. http://hbr.org/2005/04/seven-transformations-of-leadership/ar/1.

Rose, Jacob M. «Corporate Directors and Social Responsibility: Ethics versus Shareholder Value». *Journal of Business Ethics* 73 (2007): pp. 319–31.

CAPÍTULO 6

Auletta, Ken. «You've Got News: Can Tim Armstrong save AOL?». *The New Yorker*, 24 enero 2011. http://www.newyorker.com/reporting/2011/01/24/110124fa_fact_auletta.

Baumeister, Roy E., Ellen Bratslavsky, Mark Muraven y Diane M. Tice. «Ego Depletion: Is the Active Self a Limited Resource?». *Journal of Personality and Social Psychology* 74, no. 5 (1998): pp. 1252–65.

Bingemann, Mitchell. «Kodak's Demise Is a Warning to Telcos and Media to Adapt». *The Australian*, 6 enero 2012. http://www.theaustralian.com.au/business/companies/kodaks-demise-is-a-warning-to-telecos-and-mediato-adapt/story-fn91v9q3-1226237766519.

Bower, Joseph L. y Clayton M. Christensen. «Disruptive Technologies: Catching the Wave». *Harvard Business Review* (enero–febrero 1995): pp. 43–53.

Burmeister, Katrin y Christian Schade. «Are Entrepreneurs' Decisions More Biased? An Experimental Investigation of the Susceptibility to Status Quo Bias». *Journal of Business Venturing* 22, no. 3 (2007): pp. 340–62. http://opim.wharton.upenn.edu/risk/library/J2007JBV_KBur,CSchade_Entrepreneurs.pdf.

Carmon, Ziv y Dan Ariely. «Focusing on the Forgone: How Value Can Appear So Different to Buyers and Sellers». *Journal of Consumer Research* 27, no. 3 (2000): pp. 360–70.

Christensen, Clayton M. *The Innovator's Dilemma: When New Technologies Cause Great Firms to Fail*. Boston: Harvard Business School Press, 1997. [*El dilema de los innovadores: cuando las nuevas tecnologías pueden hacer fracasar a las grandes empresas*. Buenos Aires: Granica, 1999.]

Dawkins, Richard y T. R. Carlisle. «Parental Investment, Mate Desertion and a Fallacy». *Nature* 262 (1976): pp. 131–33.

Deutschman, Alan. «Change or Die». *Fast Company Magazine*, 1 mayo 2005. http://www.fastcompany.com/magazine/94/open_change-or-die.html.

Gilbert, Clark. «Newspapers and the Internet». *Nieman Reports*, verano 2002. http://www.nieman.harvard.edu/reports/article/101351/Newspapers-andthe-Internet.aspx.

Hummen, Patrick, John Morgan y Phillip Stocken. «A Model of Flops». Documento de trabajo, *RAND Journal of Economics*, Haas School of Business, Universidad de California, Berkeley (2010). http://faculty.haas.berkeley.edu/rjmorgan/Flops.pdf.

Johnson, Eric, John Hershey, Jacqueline Meszaros y Howard Kunreuther. «Framing, Probability, Distortions, and Insurance Risks». *Journal of Risk and Uncertainty* 7 (1993): pp. 35–51.

Jost, John T., Mahzarin R. Banaji y Brian A. Nosek. «A Decade of System Justification Theory: Accumulated Evidence of Conscious and Unconscious Bolstering of the Status Quo». *Political Psychology* 25 (2004): pp. 881–919.

Kahneman, Daniel, Jack L. Knetsch y Richard H. Thaler. «Experimental Tests of the Endowment Effect and the Coase Theorem». *Journal of Political Economy* 98, no. 6 (1990): pp. 1325–48.

————. «Anomalies: The Endowment Effect, Loss Aversion, and Status Quo Bias». *Journal of Economic Perspectives* 5, no.1 (invierno 1991): pp. 193–206. http://www.aeaweb.org/articles.php?doi=10.1257/jep.5.1.193.

Kahneman, Daniel y Amos Tversky. «Choices, Values and Frames». *American Psychologist* 39 (abril 1984): pp. 341–50. http://web.missouri.edu/~segerti/capstone/choicesvalues.pdf.

Kegan, Robert y Lisa Lahey. *Immunity to Change: How to Overcome It and Unlock Potential in Yourself and Your Organization*. Cambridge, MA: Harvard Business Press, 2009.

Samuelson, William y Richard J. Zeckhauser. «Status Quo Bias in Decision Making». *Journal of Risk and Uncertainty* 1 (marzo 1988), pp. 7–59.

Thaler, Richard H. «Toward a Positive Theory of Consumer Choice». *Journal of Economic Behavior and Organization* 1 (1980): pp. 39–60.

«The Last Kodak Moment?». *The Economist*, 14 enero 2012. http://www.economist.com/node/21542796.

CAPÍTULO 7

Allen, Vernon L. y John M. Levine. «Social Support and Conformity: The Role of Independent Assessment of Reality». *Journal of Experimental Social Psychology* 7, no. 1 (1971): pp. 48–58.

Asch, Solomon E. «Effects of Group Pressure upon the Modification and Distortion of Judgment». En *Groups, Leadership and Men*, editado por Harold Guetzkow, pp. 177–90. Pittsburgh: Carnegie Press, 1951.

Baron, Robert S., Joseph A. Vandello y Bethany Brunsman. «The Forgotten Variable in Conformity Research: Impact of Task Importance on Social Influence». *Journal of Personality and Social Psychology* 71, no. 5 (1996): pp. 915–27.

Barsade, Sigal G. «The Ripple Effect: Emotional Contagion and its Influence on Group Behavior». *Administrative Science Quarterly* 47 (2002): pp. 644–75.

Barsade, Sigal G. y Donald E. Gibson. «Why Does Affect Matter in Organizations?». *Academy of Management Perspectives* 21 (2007): pp. 36–59.

Bazerman, Max H., Toni Giuliano y Alan Appelman. «Escalation of Commitment in Individual and Group Decision Making». *Organizational Behavior & Human Performance* 33, no. 2 (1984): pp. 141–52.

Berns, Gregory S., Jonathan Chappelow, Caroline F. Zink, Giuseppe Pagnoni, Megan E. Martin-Skurski y Jim Richards. «Neurobiological Correlates of Social Conformity and Independence during Mental Rotation». *BiologicalPsychiatry* 58 (2005): pp. 245–53.

Bond, Rod. «Group Size and Conformity». *Group Processes Intergroup Relations* 8, no. 4 (2005): pp. 331–54.

Cheshin, Arik, Anat Rafaeli y Nathan Bos. «Anger and Happiness in Virtual Teams: Emotional Influences of Text and Behavior on Others' Affect in the Absence of Non-Verbal Cues». *Organizational Behavior and Human Decision Processes* 116, no. 1 (2011): pp. 2–16.

Cialdini, Robert B. *Influence: The Psychology of Persuasion*. Nueva York: Harper-Collins, 2001.

Cialdini, Robert B. y Noah J. Goldstein. «Social Influence: Compliance and Conformity». *Annual Review of Psychology* 55 (2004): pp. 591–621.

David, Barbara y John C. Turner. «Studies in Self-Categorization and Minority Conversion: Is Being a Member of the Outgroup an Advantage?». *British Journal of Social Psychology* 35 (1996): pp. 179–200.

_____. «Studies in Self-Categorization and Minority Conversion: The Ingroup Minority in Intragroup and Inter-Group Contexts». *British Journal of Social Psychology* 38 (1999): pp. 115–34.

Dietz-Uhler, Beth. «The Escalation of Commitment in Political Decision-Making Groups: A Social Identity Approach». *European Journal of Social Psychology* 26, no 4 (1998): pp. 611–29.

Dolinski, Dariusz y Richard Nawrat. «'Fear-Then-Relief' Procedure for Producing Compliance: Beware When the Danger Is Over». *Journal of Experimental Social Psychology* 34, no. 1 (1998): pp. 27–50.

Eagly, Alice H. y Linda L. Carli. «Sex of Researchers and Sex-Typed Communications as Determinants of Sex Differences in Influenceability: A Meta-Analysis of Social Influence Studies». *Psychological Bulletin* 90, no. 1 (1981): pp. 1–20.

Epstude, Kai y Thomas Mussweiler. «What You Feel Is How You Compare: How Comparisons Influence the Social Induction of Affect». *Emotion* 9, no. 1 (2009): pp. 1–14.

Fischer, Kurt W., Phillip R. Shaver y Peter Carnochan. «How Emotions Develop and How They Organize Development». *Cognition and Emotion* 4 (1990): pp. 81–127.

Fusaro, Peter y Ross Miller. *What Went Wrong at Enron: Everyone's Guide to the Largest Bankruptcy in U.S. History.* Hoboken, NJ: John Wiley, 2002.

Gigone, Daniel y Reid Hastie. «The Common Knowledge Effect: Information Sharing and Group Judgment». *Journal of Personality and Social Psychology* 65, no. 5 (1993): pp. 959–74.

Hollingshead, Andrea B. «Information Suppression and Status Persistence in Group Decision Making: The Effects of Communication Media». *Human Communication Research* 23 (1996): pp. 193–219.

Ingham, Alan G., George Levinger, James Graves y Vaughn Peckham. «The Ringelmann Effect: Studies of Group Size and Group Performance». *Journal of Experimental Social Psychology* 10, no. 4 (1974): pp. 371–84.

Isenberg, Daniel J. «Group Polarization: A Critical Review and Meta-Analysis». *Journal of Personality and Social Psychology* 50, no. 6 (1986): pp. 1141–51.

Janis, Irving L. *Victims of Groupthink.* Boston: Houghton Mifflin, 1972.

Jugert, Phillip, J. Christopher Cohrs y John Duckitt. «Inter- and Intrapersonal Processes Underlying Authoritarianism: The Role of Social Conformity and Personal Need for Structure». *European Journal of Personality* 23 (2009): pp. 607–621.

Latané, Bibb, Kipling Williams y Stephen Harkins. «Many Hands Make Light the Work: The Causes and Consequences of Social Loafing». *Journal of Personality and Social Psychology* 37, no. 6 (1979): pp. 822–32.

Karau, Steven J. y Kipling D. Williams. «Social Loafing: A Meta-Analytic Review and Theoretical Integration». *Journal of Personality and Social Psychology* 65, no. 4 (1993): pp. 681–706.

Kelly, Janice R. y Steven J. Karau. «Group Decision Making: The Effects of Initial Preferences and Time Pressure». *Personality and Social Psychology Bulletin* 25 (1999): pp. 1342–54.

Kim, Heejung y Hazel R. Markus. «Deviance or Uniqueness, Harmony or Conformity? A Cultural Analysis». *Journal of Personality and Social Psychology* 77 (1999): pp. 785–800.

Klucharev, Vasily, Kaisa Hytönen, Mark Rijpkema, Ale Smidts y Guillén Fernández. «Reinforcement Learning Signal Predicts Social Conformity». *Neuron* 61, no. 1 (2008): pp. 140–51.

Malmendier, Ulrike y Geoffrey Tate. «Who Makes Acquisitions? CEO Overconfidence and the Market's Reaction». *Journal of Financial Economics* 89, no. 1 (2008): pp. 20–43.

Milgram, Stanley. *Obedience to Authority*. Nueva York: Harper & Row, 1974. [*Obediencia a la autoridad*. Bilbao: Desclée de Brouwer, 1984.]

Odean, Terrance. «Volume, Volatility, Price, and Profit: When All Traders Are Above Average». *Journal of Finance* 53, no. 6 (1998): pp. 1887–1934.

Parkinson, Brian y Gwenda Simons. «Affecting Others: Social Appraisal and Emotion Contagion in Everyday Decision Making». *Personality and Social Psychology Bulletin* 35 (2009): pp. 1071–84.

Postmes, Tom, Russell Spears, Khaled Sakhel y Daphne de Groot. «Social Influence in Computer-Mediated Communication: The Effects of Anonymity on Group Behavior». *Personality and Social Psychology Bulletin* 27 (2001): pp. 1243–54.

Reitan, Harold T. y Marvin E. Shaw. «Group Membership, Sex-Composition of the Group, and Conformity Behavior». *Journal of Social Psychology* 64 (1964): pp. 45–51.

Ringelmann, Max. «Recherches sur les moteurs animés: Travail de l'homme». *Annales de l'Institut National Argonomique* 2e, tom. 12 (1913): pp. 1–40.

Schoenewolf, Gerald. «Emotional Contagion: Behavioral Induction in Individuals and Groups». *Modern Psychoanalysis* 15 (1990): pp. 49–61.

Schulz-Hardt, Stefan, Marc Jochims y Dieter Frey. «Productive Conflict in Group Decision Making: Genuine and Contrived Dissent as Strategies to Counteract Biased Information Seeking». *Organizational Behavior and Human Decision Processes* 88 (2002): pp. 563–86.

Sherif, Muzafer, O. J. Harvey, B. Jack White, William R. Hood y Carolyn W. Sherif (1961). *The Robbers Cave Experiment: Intergroup Conflict and Cooperation*. (Publicado originalmente como *Intergroup Conflict and Group Relations*.) Middletown, CT: Wesleyan UP, 1988.

Smith, Fiona. «Innoculate Against Emotional Contagion». *Financial Review*, 22 noviembre 2011. http://tools.afr.com/viewer.aspx?URL=EDP://c192e8a4-0ff9-11e1-ba88-8609d6e54817.

Sniezek, Janet A. y Rebecca A. Henry. «Accuracy and Confidence in Group Judgment». *Organizational Behavior & Human Decision Processes* 43 (1989): pp. 1–28.

Svenson, Ola. «Are We All Less Risky and More Skillful Than Our Fellow Drivers?». *Acta Psychologica* 47, no. 2 (1981): pp. 143–48.

Sy, Thomas, Stéphane Côté y Richard Saavedra. «The Contagious Leader: Impact of the Leader's Mood on the Mood of Group Members, Group Affective Tone, and Group Processes». *Journal of Applied Psychology* 90, no. 2 (2005): pp. 295–305.

Tajfel, Henri. «Experiments in Intergroup Discrimination». *Scientific American* 223 (1970): pp. 96–102.

Tajfel, Henri y John C. Turner. «The Social Identity Theory of Inter-Group Behavior». En *Psychology of Intergroup Relations*, editado por Stephen Worchel y William G. Austin, pp. 7–24. Chicago: Nelson-Hall, 1986.

Tajfel, Henri, M. G. Billing, R. P. Bundy y Claude Flament. «Social Categorization and Intergroup Behaviour». *European Journal of Social Psychology* 1, no. 2 (1971): pp. 149–78.

Tong, Eddie M. W., Cindy R. M. Tan, Nareeman A. Latheef, Mohammad F. B. Selamat y Dennis K. B. Tan. «Conformity: Moods Matter». *European Journal of Social Psychology* 38, no. 4 (2008): pp. 601–611.

Turner, Marlene E. y Anthony R. Pratkanis. «Twenty-Five Years of Groupthink Theory and Research: Lessons from the Evaluation of a Theory». *Organizational Behavior and Human Decision Processes* 73, no. 2–3 (febrero 1998): pp. 105–115.

Walker, Thomas G. y Eleanor C. Main. «Choice Shifts and Extreme Behavior: Judicial Review in the Federal Courts». *Journal of Social Psychology* 291, no. 2 (1973): pp. 215–21.

Yates, J. Frank. *Judgment and Decision Making.* Englewood Cliffs, NJ: Prentice-Hall, 1990.

Zappos.com, Incorporated. «Zappos.com, Inc. Code of Business Conduct and Ethics». http://www.zappos.com/c/code-of-conduct.

Zarnoth, Paul y Janet A. Sniezek. «The Social Influence of Confidence in Group Decision Making». *Journal of Experimental Social Psychology,* 33 (1997): pp. 345–66.

CAPÍTULO 8

Abraham, Rebecca. «Organizational Cynicism: Bases and Consequences». *Genetic, Social, and General Psychology Monographs* 126, no. 3 (2000): pp. 269–92.

Amabile, Teresa M. y Steven J. Kramer. «The Power of Small Wins». *Harvard Business Review* 89, no. 5 (2011): pp. 70–80.

———. *The Progress Principle: Using Small Wins to Ignite Joy, Engagement, and Creativity at Work.* Cambridge, MA: Harvard Business Press, 2011. [*El principio del progreso: la importancia de los pequeños logros para la motivación y la creatividad en el trabajo.* Bogotá: Norma, 2012.]

Avey, James B., Fred Luthans y Carolyn M. Youssef. «The Additive Value of Positive Psychological Capital in Predicting Work Attitudes and Behaviors». *Journal of Management* 36, no. 2 (2010): pp. 430–52.

Bal, P. Matthijs, Annet H. D. Lange, Paul G. W. Jansen y Mandy E. G. Van Der Velde. «Psychological Contract Breach and Job Attitudes: A Meta-Analysis of Age as a Moderator». *Journal of Vocational Behavior* 72, no. 1 (2008): pp. 143–58.

Blessing White, Inc. «Employee Engagement Report: Beyond the Numbers: A Practical Approach for Individuals, Managers, and Executives». Diciembre 2011. http://www.blessingwhite.com/content/reports/blessingwhite_2011_ee_report.pdf.

Bordia, Prashant, Simon Lloyd D. Restubog, Sarbari Bordia y Robert L. Tang. «Breach Begets Breach: Trickle-Down Effects of Psychological Contract Breach on Customer Service». *Journal of Management* 36, no. 6 (2010): pp. 1578–1607.

Bordia, Prashant, Simon Lloyd D. Restubog y Robert L. Tang. «When Employees Strike Back: Investigating Mediating Mechanisms Between Psychological Contract Breach and Workplace Deviance». *Journal of Applied Psychology* 93, no. 5 (2008): pp. 1104–1117.

Conference Board. «Employee Engagement». http://www.conference-board.org/topics/subtopics.cfm?topicid=40&subtopicid=250.

Conway, Neil y Rob B. Briner. *Understanding Psychological Contracts at Work: A Critical Evaluation of Theory and Research.* Oxford, Reino Unido: Oxford UP, 2005.

Dean, James W., Pamela Brandes y Ravi Dharwadkar. «Organizational Cynicism». *Academy of Management Review* 23 (1998): pp. 341–53.

REFERENCIAS

Deci, Edward, L. «Effects of Externally Mediated Rewards on Intrinsic Motivation». *Journal of Personality and Social Psychology* 18, no. 1 (1971): pp. 105–115.

Deci, Edward L., Richard Koestner y Richard M. Ryan. «A Meta Analytic Review of Experiments Examining the Effects of Extrinsic Rewards on Intrinsic Motivation». *Psychological Bulletin* 125, no. 6 (1999): pp. 692–700.

Deery, Stephen J., Roderick D. Iverson y Janet T. Walsh. «Toward a Better Understanding of Psychological Contract Breach: A Study of Customer Service Employees». *Journal of Applied Psychology* 91, no. 1 (2006): pp. 166–175.

Deloitte. «Managing Talent in a Turbulent Economy: Keeping Your Team Intact. A Special Report on Talent Retention». Septiembre 2009. http://www.deloitte.com/view/en_US/us/Services/additional-services/talent-human-capital-hr/882be382ed8c3210VgnVCM100000ba42f00aRCRD.htm.

Harter, James K., Frank L. Schmidt y Theodore L. Hayes. «Business-Unit-Level Relationship Between Employee Satisfaction, Employee Engagement, and Business Outcomes: A Meta-Analysis». *Journal of Applied Psychology* 87, no. 2 (2002): pp. 268–79.

Harter, James K., Frank L. Schmidt y Emily A. Killham. «Employee Engagement, Satisfaction, and Business-Unit-Level Outcomes: A Meta-Analysis». Documento técnico, Gallup Organization, julio 2003.

Hirschman, Albert O. *Exit, Voice, and Loyalty: Responses to Decline in Firms, Organizations, and States.* Cambridge, MA: Harvard UP, 1970. [*Salida, voz y lealtad: respuestas al deterioro de empresas, organizaciones y estados.* México: Fondo de Cultura Económica, 1977.]

Johnson, Jonathan L. y Anne M. O'Leary-Kelly. «The Effects of Psychological Contract Breach and Organizational Cynicism: Not All Social Exchange Violations are Created Equal». *Journal of Organizational Behavior* 24, no. 5 (2003): pp. 627–47.

Kalimo, Raija, Toon W. Taris y Wilmar B. Schaufeli. «The Effects of Past and Anticipated Future Downsizing on Survivor Well-Being: An Equity Perspective». *Journal of Occupational Health Psychology* 8, no. 2 (2003): pp. 91–109.

Kelloway, Kevin E., Niro Sivanathan, Lori Francis y Julian Barling. «Poor Leadership». En *Handbook of Work Stress*, editado por Julian Barling, E. Kevin Kelloway y Michael R. Frone, pp. 89–112. Thousand Oaks, CA: Sage, 2005.

Lawrence, Paul R. y Nitin Nohria. *Driven: How Human Nature Shapes Our Choices.* San Francisco: Jossey-Bass, 2002.

Lipkin, Nicole A. y April J. Perrymore. *Y in the Workplace: Managing the Me First Generation.* Pompton Plains, NJ: Career Press, 2009.

Marciano, Paul L. *Carrots and Sticks Don't Work: Build a Culture of Employee Engagement with the Principles of RESPECT.* Nueva York: McGraw-Hill, 2010.

Maslach, Christina y Michael P. Leiter. «Stress and Burnout: The Critical Research». En *Handbook of Stress Medicine and Health*, editado por Cary L. Cooper, pp. 155–72. Londres: CRC Press, 2005.

Rousseau, Denise M. «Psychological and Implied Contracts in Organizations». *Employee Responsibilities and Rights Journal* 2 (1989): pp. 121–39.

_____. *Psychological Contracts in Organizations: Understanding Written and Unwritten Agreements.* Thousand Oaks, CA: Sage, 1995.

_____. «Schema, Promise and Mutuality: The Building Blocks of the Psychological Contracts». *Journal of Occupational and Organizational Psychology* 74 (2001): pp. 511–41.

REFERENCIAS

Rusbult, Caryl E., Dan Farrell, Glen Rogers y Arch G. Mainus. «Impact of Exchange Variables on Exit, Voice, Loyalty, and Neglect: An Integrative Model of Responses to Declining Job Satisfaction». *Academy of Management Journal* 31 (1998): pp. 599–627.

Smoking Gun.com. «Enron's "Code of Ethics"». 30 enero 2006. http://www. thesmokinggun.com/documents/crime/enrons-code-ethics.

Turnley, William H. y Daniel C. Feldman. «The Impact of Breaches of Psychological Contracts on Exit, Voice, Loyality, and Neglect». *Human Relations* 52, no. 7 (1999): pp. 895–922.

Wagner, Rodd y James K. Harter. *12: The Elements of Great Managing*. Omaha: Gallup Press, 2006.

Wanous, John P., Arnon E. Reichers y James T. Austin. «Cynicism About Organizational Change: Measurement, Antecedents, and Correlates». *Group and Organization Management* 25, no. 2 (2000): pp. 132–53.

_____. «Cynicism About Organizational Change: An Attribution Process Perspective». *Psychological Reports* 94 (2004): pp. 1421–34.

Warr, Peter B. *Work, Unemployment and Mental Health*. Oxford, Reino Unido: Clarendon Press, 1987.

Withey, Michael J. y William H. Cooper. «Predicting Exit, Voice, Loyalty, and Neglect». *Administrative Science Quarterly* 34 (1989): pp. 521–39.

Zhao, Hao, Sandy J. Wayne, Brian C. Glibkowski y Jesús Bravo. «The Impact of Psychological Contract Breach on Work-Related Outcomes: A Meta-Analysis». *Personnel Psychology* 60, no. 3 (2007): pp. 647–80.

Índice

Acerca de la autora

NICOLE LIPKIN, SOLICITADA CONFERENCISTA Y consultora, posee un doctorado en Psicología Clínica y una Maestría en Administración de Empresas de la Universidad Widener, en Chester, Pensilvania. Es presidente de la Sociedad de Psicólogos Clínicos de Filadelfia, conferenciante, entrenadora y consultora. Ha aparecido en numerosos programas en medios tales como NPR, NBC, CBS, Fox Business News y otros. Nicole tiene su residencia en Filadelfia, Pensilvania.

CPSIA information can be obtained
at www.ICGtesting.com
Printed in the USA
BVHW030405080522
636392BV00006B/41